중국의 국가 정체성과 대북정책의 신진대사

상대적 지위, 국가 성격, 국가 이익을 중심으로

중국의 국가 정체성과 대북정책의 신진대사

상대적 지위, 국가 성격, 국가 이익을 중심으로

이신 지음

인간사랑

들어가면서

이 책에서는 탈냉전 이후 북한의 세 차례 핵위기에 대한 중국 정책의 변화를 분석함으로써, '북중동맹은 왜 다른 동맹과 달리 비대칭 동맹관계가 되었는지'를 밝히고자 한다. 기존 연구는 주로 중국의 대북정책에 영향을 주는 변수로 '파워'와 '이익'에 초점을 맞추었는데, 이들의 시각은 국가의 행위를 명확히 분석하는 장점을 갖고 있지만 국가정책 결정과정의 복잡성을 간과하기도 한다. 따라서 외교정책 결정이라는 블랙박스 내부의 힘, 이익, 관념의 작용 원리에 대한 규명이 필요하다. 이에 본 연구는 북핵에 대한 중국의 정책이 변하는 과정을 설명하기 위해 구성주의 시각에서 국가 정체성의 역할에 초점을 맞춘다.

중국의 북핵정책은 탈냉전 이후 중국의 대북정책에서 가장 중요한 이슈이고, 북핵문제는 중국의 부상에 대한 제약 요소이자 동아시아 지역 안보에 있어 가장 중요한 현안이다. 탈냉전기 세 차례의 북핵위기에 대한 중국의 대응을 살펴보면 시기별로 관망, 제한적 개입, 포괄적 개입으로 정책적 변화가 있었음을 알 수 있다. 이 책은 이러한 북핵정책 변화의 원인은 각 시기마다 다르게 변화한 중국의 지배적 국가 정체성 때문이라고 주장한다. 국가 정체성은 상대적 힘에 대한 인식으로 인해 형성되는데 그중에서 미국에 대한 인식이 가장 중요하다. 지배적 정체성 담론과 국가 이익은 서로 영향을 주면서 중국의 북한 인식과 북핵 인식, 나아가 대북정책까지 영향을 미친다.

1차 북핵위기 때 중국은 미국과의 큰 경제적 격차로 인해 자국의 국가 정체성을 개발도상국으로 규정했으며 경제발전 추구를 가장 중요한 국가이익으로 여겼다. 정치이익과 안보이익은 둘 다 중요한 국가이익이지만 경제를 중심으로 국가의 정책을 전개하는 과정에서 정치이익과 안보이익의 긴박성은 약화되었다. 이에 따라 중국은 이 시기의 북핵문제를 북미대립의 문제로 간주하였고 미국과 북한 양쪽의 불만을 회피하기 위해 관망적 정책을 전개하였다. 그 결과 중국은 북핵문제 해결과정에서 소외감을 느꼈고 북중관계는 냉각되었다.

2차 북핵위기 때는 동상이몽의 미중관계 속에서 중국은 "중국위협론"에 대응하기 위해 주권과 국제적 위상을 중시하며 책임을 지는 국가론을 제기하였다. 책임지는 국가론과 개발도상국론이 공존하면서도 이 시기에는 대외정책에 있어 책임을 지는 국가론이 지배적이었다. 이에 따라 중국은 과거와 같이 북중 양자관계를 고려할 뿐만 아니라 동아시아 지역의 시각을 고려하여 북핵문제를 인식하게 되었다. 중국은 6자회담을 통해 북핵문제에 제한적으로 개입하였지만, 그로 인해 중국이 북핵에 개입하는 순간 오히려 대북 영향력을 상실하게 되었다.

3차 북핵위기 때 미중 간 국력의 격차가 축소됨에 따라 국제사회에서 중국은 개발도상국 및 책임대국과 더불어 강대국의 역할을 맡게 되었다. 미국의 동아시아 재균형 정책과, 이에 대한 중국의 반균형 정책은 중국의 강대국 정체성 인식을 강화시켰다. 중국은 핵심이익을 제기하면서 경제이익, 정치이익, 안보이익을 포함한 포괄적 국가이익을 제시하였다. 그 때문에 중국은 북핵문제를 북미 양자의 대립 문제뿐만 아니라 지역 안보의 문제로, 나아가 향후 중국의 대국화에 영향을 미치는 변수로 보게 되었다. 따라서 북핵문제에 대해 군사 충돌 방지, 정치 소통, 경제협력 강화라는 방법을 통해 포괄적으로 개입하였다.

이러한 분석을 통해 내린 이 책의 결론은 다음과 같다. 첫째, 중국의 대외정책에서 물질적 변수 못지않게 정체성이라는 관념적 변수가 중요하다. 둘째, 상대적 힘에 대한 평가는 국가 정체성과 국가이익 성격 규정에 대한 변화를 야기한다. 셋째, 각 시기마다 국가는 단 하나의 국가 정체성을 가지는 것이 아니라 복수의 국가 정체성의 혼합 속에 지배적 정체성을 발현한다. 넷째, 정체성과 국가 이익의 성격에 대한 담론은 국가의 인식을 통해 정책을 변화시킨다.

또한, 이 책은 다음과 같은 네 가지 함의를 가진다. 첫째, 당-국가 체제인 중국에서 국가 정체성과 같은 관념적 요소는 중국의 비전과 발전 방향을 제시하는 데 있어 결정적 요인이다. 이는 다른 체제를 가진 국가들과의 차이점이다. 변덕스러워 보이는 중국의 대북정책은 중국의 정체성이라는 큰 범주의 영향 하에 내적 일관성을 가진다. 둘째, 지배적 국가 정체성과 국가 이익의 상호작용을 통해 구체적 대외정책 결정이 도출된다. 셋째, 북중동맹은 비대칭적 동맹임에도 불구하고 명확한 안보와 자율성 교환이 존재하지 않는 이유에 대한 설명이 요구된다. 하나는 약소국 북한의 자주성 때문이고, 다른 하나는 북중의 공유된 이데올로기적 정체성이 사라졌기 때문이다. 넷째, 중국의 강대국으로의 성장이 지속되면서 향후 중국은 북핵문제에 대해 포괄적으로 개입할 가능성이 높고 이는 동아시아 지역의 세력 구조에 영향을 미칠 것이다.

차례

제1부
서론

제1장 문제제기 및 연구목적

1. 탈냉전 시대의 북중관계

북중동맹은 중국이 유지하고 있는 유일한 동맹관계이며 이는 북한도 마찬가지이다. 1961년 북중 양국은 "조중 우호협력 및 상호원조 조약"을 체결하면서 북중동맹을 수립하였다. 냉전기에도 북중동맹에 문제점이 없었던 것은 아니지만, 전략적 이해의 공유, 이데올로기의 동질성, 인적 유대관계의 유지 등의 요인 때문에 비교적 안정적으로 유지될 수 있었다. 그러나 탈냉전 이후 북중관계는 롤러코스터처럼 부침을 반복하였다. 그 중 세 번의 결정적인 계기가 북중동맹에 근본적인 변화를 초래했다.

첫째, 탈냉전과 1992년 한중수교이다. 탈냉전 추세와 더불어 1989년 천안문사건으로 인해 국가 이미지가 훼손되자, 중국은 미국과 서방국가의 압박을 탈피하기 위해 주변국인 한국과의 관계 개선을 추진하게 되었다.[1] 한중수교를 시작하면서 중국은 북한만을 인정하는 '하나의 조선(One Korea)'이라는 기존의 한반도 정책을 포기했다. 이에 따라 북한은 중국을 배신자로 인식했다. 한중수교 이후에 북중 고위급 방문이 중단되고 상호 교류도 상당 부분 줄어들었다.[2]

둘째, 2006년 7월 북한의 미사일 발사와 같은 해 10월의 핵실험은 북중동맹을 한층 더 약화시켰다. 중국은 공식, 비공식 채널을 통해 핵실험에 반대한다는 입장을 북한에 전달했지만, 북한은 중국의 경고에 상관없이 핵실험을 강행했다. 중국의 입장에서 보면, 북한의 핵실험은 동아시아 지역의 안정을 위협하는 것이었다. 또한 북한의 핵실험 지역이 북중 접경 지역이었기 때문에 이는 중국에 대한 도전으로도 받아들여질 수 있었다. 북한 핵실험 직후 중국 외교부는 "제멋대로"(悍然)[3]라는 표현을 쓰며 북한

1 천안문사건 이후, 미국과 유럽의 대중 제재 때문에 미·중 관계와 중·유럽 관계는 급속히 악화되었다. 미국과 유럽의 대중 제재에 대해서는 Dianne E. Rennack, *China: U.S. Sanctions*, CRS Report for Congress, Library of Congress, Congressional Research Service 1997, http://www.european-council.europa.eu/media/848998/1989_june_-_madrid__eng_.pdf 참고. 중국은 외교적 고립과 대외무역의 곤경을 벗어나기 위해 1989년 한국과 직접무역을 개시했다. 1991년 소련의 해체로 인한 북방삼각관계가 사라지면서 남북관계 개선, 남북한의 유엔 동시 가입, 미중관계의 개선 등과 함께 한중수교가 추진되었다. 錢其琛,『外交十記』, 北京: 世界知識出版社, 2003, 第五章; 張庭延, "跨越歷史的時刻,"『當代韓國』, 2005年第4期, pp. 1-3; 2006年第1期, pp. 6-8; 안병준, "구소련해체 후 미중관계와 향후 전망,"『전략연구』 통권 9호, 1997, pp. 7-30.

2 일례로 1992년부터 1999년까지 중국공산당 기관지《人民日報》의 북한 관련 보도와 기사는 기념일과 방문단의 보도를 제외하고 대폭 감소했다. 특히 양국 간 우의에 대한 찬양과 평가의 기사가 크게 줄었다. 반면 한중 고위급 회담에 관한 보도, 한중관계의 발전과 관련된 기사들이 크게 증가했다.

3 이전까지 중국은 "悍然"이라는 표현을 미국이나 일본과 같은 적대 국가들을 비난

을 강력히 비판하고 유엔 안보리의 대북제재 제1718호 결의에도 찬성했다. 이처럼 1992년 한중수교와 2006년 북한의 미사일 발사 및 핵실험을 거치면서 북중 "혈맹"의 성격은 크게 퇴색되었다.

셋째, 2009년 북한 2차 핵실험 이후 중국은 유엔 안보리의 제1874호 대북제재 결의에 찬성하고 대북제재에 동참하였다. 북한은 미국과 그 추종세력이 봉쇄를 시도할 경우 전쟁행위로 간주하고 단호히 군사적으로 대응하겠다고 선언하였다.[4] 북핵을 둘러싼 북중의 갈등만 본다면 북중관계는 개선되기 어렵고 북중동맹의 미래도 비관적으로 진행될 것이라 예측되었으나 실제 상황은 반대로 진행되었다. 2009년 10월 원자바오(温家宝) 중국 총리는 북한을 방문하고 김정일 국방위원장과 회담하였다. 이 때 두 국가는 「경제기술 협조에 관한 협정」과 「경제원조에 관한 교환문서」 등을 통해 산업, 교육, 관광 등 광범위한 영역에서 교류 협정을 체결하였다. 이는 탈냉전 이래 양국이 맺은 가장 광범위한 경제협력이었다.[5] 이로 인해 유엔 제1874호 결의안은 실질적으로 무력화되었다. 또한 2010년 천안함 사건과 연평도 포격 사건에도 불구하고 김정일 국방위원장은 일 년 동안 세 차례나(2010년 5월, 2010년 8월, 2011년 5월) 중국을 방문했다. 북중관계가 재정상화된 것이다. 이를 두고 한반도 전문가들은 북중 양국 간 전략적 협력관계가 향후 지속될 가능성이 높다고 전망하였다.[6]

할 때만 사용하였다. 그만큼 강력한 반대와 비판의 의미를 갖는다.

4 《로동신문》, 2009년 6월 14일.

5 이종석, 『2차 핵실험 이후 북한-중국 관계의 변화와 함의』(성남: 세종연구소), 2012, p. 8.

6 북한의 2차 핵실험 이후 북중 간 협력적 관계가 지속적으로 발전한다고 주장한 한반도 전문가로는 이종석(『2차 핵실험 이후 북한-중국 관계의 변화와 함의』(성남:

그러나 이러한 우호적 관계는 2013년에 또다시 변화를 맞이한다. 2013년 2월 북한이 3차 핵실험을 실시한 이후, 중국의 동조 아래 유엔 대북제재 2094호 결의안이 만장일치로 통과된 것이다. 같은 해 3월 8일 중국 외교부 대변인은 정례브리핑에서 "북중 양국은 정상 국가관계이며 중국은 북한의 핵실험에 단호히 반대하고 한반도의 비핵화를 단호히 지지한다."라고 공식적으로 발언하였다.[7] 또한 4월에는 중국이 「유엔 안전이사회 2094호 결의안의 집행에 관한 통지」[8]를 각 정부부서에 공지하면서 "보기 드물 정도로 엄격한 대북 제재"[9]를 실행하였다. 그리고 5월에는 중국은행이 "조선무역은행에 대한 계좌 폐쇄 및 모든 금융 거래의 중단"[10]을 공고함으로써 제재를 강화하였다. 2013년 2월 중국은 파이프를 수리한다는 명목으로 북한에 한 달 동안 원유 수출을 중단하였고[11] 2014년 1분기에도 대북 원유 수출은 전무했다.[12] 특히 2016년 1월과 9월, 2017년 9월 등 세

세종연구소), 2012, 전병곤("천안함 이후 북중관계의 변화와 영향," 『한중사회과학연구』 19권 0호, 2011); 중국 전문가로는 이희옥("북중관계의 새로운 발전," 『동아시아 브리프』 5권 2호, 2010)이 대표적이다.

7 중국 외교부 대변인 정례브리핑, http://www.fmprc.gov.cn/mfa_chn/wjdt_611265/fyrbt_611275/t1019798.shtml(검색일: 2013년 3월 15일).

8 中國交通運輸部, "關于執行聯合國安理會第2094號決議的通知)," http://www.moc.gov.cn/zizhan/siju/guojisi/duobianhezuo/guojiheyue/duobiantiaoyue/201304/t20130425_1402013.html(검색일: 2013년 5월 18일).

9 "中國罕見要求嚴格執行朝鮮制裁決議," http://news.sohu.com/20130428/n374393969.shtml(검색일: 2013년 5월 18일).

10 "路透社 : 中國銀行關閉朝鮮外貿銀行賬戶," http://news.xinhuanet.com/cankao/2013-05/08/c_132367451.htm, http://www.hani.co.kr/arti/international/china/586413.html(검색일: 2013년 5월 18일).

11 "外電稱中國中斷向朝鮮出口原油," http://news.xinhuanet.com/cankao/2013-03/23/c_132256872.htm(검색일: 2013년 4월 8일).

12 "중국 올해 1분기 대북 원유수출 제로" 〈코트라〉, http://www.yonhapnews.co.kr/

차례의 핵실험을 강행한 북한에 대해 중국이 2375호 결의안에 의해 "북한 노동자 신규 허가 금지하고 기존 노동자는 기간 만료 시 추가 허용 불가"[13]를 공고함으로써 제재를 확대했다. 그러나 2018년 들어 이미 주지한 바 김정은 위원장이 1년간 4차례 중국을 방문했고, 2019년에는 시진핑 주석도 북한을 방문(중국 주석으로 14년 만에 방북)하면서 북중 밀월이 다시 시작되었다.

이러한 북중관계의 특성 및 변화는 기존 동맹이론의 일반적인 예측과 설명을 벗어난다. 먼저 냉전의 종식과 중국의 부상에도 불구하고 북중동맹이 영구화되고 있으며, 또한 비대칭 동맹에서 발생하는 자율성과 안보교환도 뚜렷하지 않기 때문이다.

1) 북중동맹의 영구화 현상

60년 넘게 지속된 북중동맹은 일반적 동맹의 예외적 사례이다. 동맹의 역사를 살펴보면, 대개 군사동맹의 지속 기간은 20년을 넘기지 못한다.[14] 신현실주의 동맹이론에 따르면, 동맹은 위협에 의해 수립되므로 위협

---

bulletin/2014/04/24/0200000000AKR20140424140400083.HTML?from=-search(검색일: 2014년 4월 26일).

13 商務部工商總局關於執行聯合國安理會第2375號決議關閉涉朝企業的公告 http://www.mofcom.gov.cn/article/b/f/201709/20170902652390.shtml(검색일: 2019년 10월).

14 김우상, 『신한국전략』(서울: 나남), 2007, pp. 56-57.

이 사라지면 동맹은 아무런 의미가 없다.[15] 따라서 냉전이 종식되면 북중동맹은 소멸할 것이라고 예측되었다. 그러나 냉전의 종식과 동맹 내부의 우여곡절에도 불구하고 북중동맹은 현재까지 지속되고 있다. 또한 일반적인 동맹이론에 따르면, 국가의 상대적 국력이 강해질수록 타국과의 동맹의 필요성이 줄어들기 때문에 동맹관계를 맺지 않거나, 이미 맺은 상태라 하더라도 파기할 가능성이 높아진다.[16] 중국의 국력이 강해지는 상황에서는 소위 "악의 축"인 북한과 더 이상 동맹관계를 유지할 필요성이 사라지는 것이다. 그러나 북중동맹은 기존 동맹이론들이 예상했던 바와 달리 60년 동안 갈등과 불신이 적지 않았음에도 불구하고 전략적 동맹관계로 변화하면서 동맹을 유지해왔다.

물론 북중동맹의 유지에 대한 주요한 원인으로 '한미동맹'의 존재를 들 수 있다. 즉 한미동맹에 대한 의구심과 미래 한반도 상황에 대한 불확실성이 남아있는 이상 북중동맹이 중국에 주는 효용성이 사라지지 않는다는 것이다.[17] 현실주의 이론에 기반을 둔 이러한 주장의 근거는 다음 두 가지이다. 하나는 미중관계에 근거한 것이다. 미중관계에서 미국과 중국은

---

15 Stephen Walt, *The Origins of Alliances,* Ithaca and London: Cornell University Press, 1987; Glenn Snyder, "The Security Dilemma in Alliance Politics," *World Politics,* Vol. 36 No. 4, 1984.

16 James D. Morrow, "Alliance and Asymmetry: An Alternative to the Capability Aggregation Model of Alliances," *American Journal of Political Science*, Vol. 35, 1991.

17 최명해, 『중국북한 동맹관계-불편한 동거의 역사』(서울: 오름), 2009, pp. 407-408; 박홍서, "중국의 부상과 탈냉전기 미중 양국의 대한반도 동맹전략: 동맹전이 이론의 시각에서," 『한국정치학회보』, 제42집 제1호, 2008; 汪偉民·李辛, "韓美同盟再定義與韓國的戰略選擇," 『當代亞太』, 2011年第2期.

"적극적 경쟁자이며 소극적 협력자",[18] 즉 적대관계가 우호관계보다 강한 관계이다. 한미동맹의 존재는 중국에 위협이 되기 때문에 그 위협에 대처하기 위해 북중동맹의 유지와 강화는 정당한 조치인 것으로 간주된다. 또 다른 하나는 중국의 국력에 근거한 것이다. 비록 중국이 경제적으로 급부상하였지만 아직까지는 미국을 배제하고 주도적으로 동아시아 질서를 변화시킬 능력이 부족하다. 북한 및 한반도의 불안정이 야기될 수 있는 불확실한 상황 속에서 이를 관리할 능력 또한 미비하다.[19] 중국이 미국을 초월한 경제력 및 군사력을 갖춘다면 북한을 포기하는 것이 가능해질 수도 있겠지만, 현 단계에서는 현상유지(status quo)가 중국의 국익에 가장 부합한다는 것이다.

그러나 현실주의의 힘(power)의 분배에 따른 세력균형론을 토대로 도출된 이러한 주장은 다음과 같은 중요한 사실들을 간과하고 있다. 예컨대 미국은 1957년 한국에 전술핵무기를 배치하였다. 신현실주의 세력균형이나 위협균형 이론에 따르면, 미군의 전술핵 배치에 따라 중국군이 북한에 계속 주둔하는 것이 중국의 국익에 가장 부합하는 결정이었다. 그러나 한미동맹의 강화로 인한 위협의 증가에도 불구하고 중국은 1954년부터 1958년까지 단계적으로 북한 주둔 지원군을 모두 철수시켰다. 1994년 정전위원회에서 중국대표단의 철수 또한 이와 유사한 사례라고 할 수 있다. 미군의 한국 주둔에 변함이 없음에도 불구하고 중국은 정전위원회 중국

18 閻學通, "中美是敵大于友的關系," http://news.xinhuanet.com/herald/2010-03/22/content_13221096.htm (검색일: 2013년 12월 8일).

19 孫學峰, "掘起困境與冷戰後中國的東亞政策,"『外交評論』, 2010年第4期. 孫學峰, 『中國掘起困境: 理論思考與戰略選擇』, 北京: 社會科學文獻出版社, 2011年8月.

대표단을 철수시켰다. 정전위원회 대표단 철수는 한반도에서 자신의 영향력을 감소시키는 것이며, 한반도 정세의 안정에도 역행하는 것이었다.[20] 중국은 자국의 이익과 한반도 세력의 균형을 계산하지 않고 1950년대에는 북한 주둔 지원군을, 그리고 1990년대에는 정전위원회 중국대표단을 철수시킨 것이다.[21] 이러한 사실을 살펴보면 힘의 분포에 따른 세력균형 및 위협균형이라는 개념만으로 중국의 대북정책이나 대한반도 정책을 결정 과

---

20 이종석,『북한–중국관계: 1945–2000』(서울: 중심), 2000, p. 273.

21 지원군 철수의 원인은 북한 복구건설 종료설, 김일성의 요구설, 중국의 북한 부담에 대한 축소설, 지원군 철수 및 연안파 교환설을 들 수 있다. 지원군 철수의 원인, 과정, 영향에 대해서는 이상숙, "1958년 북한 주둔 중국인민지원군 철수의 원인과 영향: 북한의 대중국 협력 확대와 대중동원 경제노선 강화를 중심으로,"『북한연구학회보』, 제13권 제1호, 2008; 박종철, "북한에서 '중국인민지원군'의 철군을 둘러싼 북중관계연구,"『군사사연구논총』, 제5집, 2008; 와다하루키 저, 서동만·남기정 역,『북조선: 유격대국가에서 정규군국가로』(서울: 돌베개), 2000, p. 120; 이종석,『북한–중국관계: 1945–2000』, 2000, pp. 201–205; 沈志華·董潔, "朝鮮戰後重建與中國的經濟援助,"『中國黨史硏究』, 2011年第3期; 沈志華, "毛澤東因中朝關系大局撤出志願軍,"『鳳凰衛視訪談』, 2013年8月20日http://v.ifeng.com/history/lishijiemi/201308/0185db09–91d1–4559–bc1c–05ecb2be5f46.shtml(검색일: 2013년 10월 4일); 沈志華, "志願軍爲什麽撤出朝鮮,"『鳳凰衛視解密』, 2006年 3月, http://military.china.com/zh_cn/dljl/kmyc/01/11043607/20060328/13201670.html(검색일: 2013년 10월 4일).

정전위원회 중국대표단의 철수 원인에 대해서 이종석은 중국이 김일성의 사망, 북한 외교고립이라는 대내외적 위기 상황을 고려하여 북한의 요구를 받아들인 것으로 분석한다. 이종석,『북한–중국관계: 1945–2000』, 2000, p. 273.《중앙일보》1994년 9월 2일 참고.

기존연구의 대다수는 지원군 및 대표단의 철수를 약소국으로서 북한이 발휘한 외교적 힘으로 해석했다. 문제는 중국이 왜 북한의 요구를 그대로 수용했느냐는 점이다. 주지하다시피 김일성이 있던 1950년대에는 북중 양국 간 이데올로기를 공유했던 1세대 지도자의 혁명적 동지애를 철수의 원인으로 해석할 수 있다. 하지만 1994년 7월 김일성 사망 이후 북중 간 인적 유대가 크게 약화하면서 한중수교로 인해 북중관계는 상당 기간 냉각된 상태였다.

정을 분석할 수 없다는 점을 알 수 있다.

한편 중국의 한미동맹에 대한 인식은 냉전의 종식과 한중수교 이후 크게 달라졌다. 물론 한미동맹은 한반도 냉전의 잔존이라는 구조적인 문제를 나타내기 때문에 중국은 여전히 이를 부정적으로 인식할 수밖에 없다. 그러나 중국에 대한 한미동맹의 견제 여부에 따라 중국의 한미동맹에 대한 평가는 상이했다.

한중수교부터 노무현 정부(1992–2007년)에 이르는 시기에 한미동맹의 목적이 중국 견제라는 인식에서 동아시아 지역질서를 유지하는 규제적 기능을 가지고 있다는 인식으로 점차 바뀌었다. 이 시기에 한중관계는 수교 이후 눈부신 발전을 이루었고 한중 밀월기가 전개되었다.[22] 이와 같이 안보 영역에서 한미동맹에 대한 중국의 위협 인식이 줄어들었다.

탈냉전 이후 한국 정부는 평등한 한미관계를 추구한다고 역설하였다. 예컨대 한국은 1994년 미국으로부터 평시 작전통제권을 환수했고, 김대중 정부는 일본 및 대만과 달리 미국의 MD(Missile Defense)체제에 가입하지 않았으며, 노무현 정부는 '동북아 균형자론'을 제기했다. 이는 한국

22 1992년 수교 당시 한중관계는 '우호협력관계'로 규정되었다. 1998년 김대중 대통령의 방중을 계기로 '21세기를 향한 협력 동반자관계', 2003년 노무현 대통령의 방중을 계기로 '전면적 협력 동반자관계'로 격상되었다. 그리고 2008년 이명박 대통령의 방중을 통해 '전략적 협력 동반자관계'로 다시 격상되었다. 한중관계에 대한 전반적인 연구는 조영남, "한중관계의 장래," 장달중·한택영 편, 『21세기 한국 외교와 국가이익』(서울: 사회평론), 2012, p. 268; 조영남, 『중국의 꿈』(서울: 민음사), 2013; 김태호, "한중관계의 명(明)과 암(暗): 다층적 맥락 및 한미동맹을 중심으로," 백권호 편, 『미래지향적인 한중관계』(서울: 폴리테이아), 2009, pp. 21–60; 이동률, "한·중관계의 쟁점과 과제," 전성흥·이종화 편, 『중국의 부상』(서울: 오름), 2008, pp. 227–277; 정재호, 『중국의 부상과 한반도의 미래』(서울: 서울대학교출판문화원), 2011 참고.

이 대미정책을 조정하여 더욱 평등한 한미동맹관계를 추구하는 것이라고 해석되었다. 동시에 9·11사건 이후 중동의 수렁에 깊이 빠져든 미국은 동아시아에 대한 전략적 투입을 상대적으로 줄였다. 또한 미국은 진보적 행정부 시기 한국 내 "친미냐, 반미냐"의 분위기 속에서 한미동맹의 갈등이 적지 않다고 인식했으며, 미국 내에서 혐한 정서가 표출되기도 했다.[23] 또한 김대중 정부와 노무현 정부 시기 북한에 대한 햇볕정책과 포용정책은 중국의 대 한반도 자주적 평화 통일정책과 비교해 보았을 때 "자주"를 강조하는 측면이 일치했다. 미국도 통일을 강조하지만, 자주는 강조하지 않는다.[24] 중국은 한미동맹의 결속력이 북핵문제, 한미 양국 정권의 교체, 동아시아 역내 질서의 변화 등에 따라 계속 변화한다고 인식하며, 특히 탈냉전 이후부터 노무현 정부까지 한미동맹에 대한 탈냉전화가 진행된 것으로 평가한다. 한미동맹이 냉전기에 북한의 위협과 공산권의 확산을 억제하는 "이중억제"의 기능에서 탈냉전기에는 북한과 한반도 주변국가의 행

---

23 陳向陽·種昕, "韓美同盟研討會紀要,"(『現代國際關系』 2006年第12期)에서 진찬룽(金燦榮)의 발언. 박명림에 따르면 한미동맹 60년 역사를 돌아보면 갈등이 없던 시기는 거의 없었다. 그러나 본 연구에서는 한미동맹이 어떻게 변화하는가의 문제 자체보다 중국이 한미동맹에 대해 어떻게 평가하는가에 주목한다. 따라서 한국의 입장에서 보면 중국 측의 한미동맹에 대한 평가는 편차가 있을 수 있다. 박명림, "순응과 도전, 적응과 저항: '미국의 범위'와 한미관계 총설," 『역사비평』, 통권 86호, 2009. 한미동맹에 대한 중국의 연구는 汪偉民, 『美韓同盟的再定義與東北亞安全(修訂版)』, 上海: 上海辭書出版社, 2013年; 石源華·汪偉民, "美日, 美韓同盟比較研究－兼論美日韓安全互動與東北亞安全," 『國際觀察』, 2006年第1期; 汪偉民·李辛, "美韓同盟再定義與韓國的戰略選擇: 進程與爭論," 『當代亞太』, 2011年第2期.

24 Jaeho Chung, "China's Evolving Views of the Korean－American Alliance, 1953－2012," *Journal of Contemporary China*, Vol. 23, 2014; 陳向陽·種昕, "韓美同盟研討會紀要," 『現代國際關系』 2006年第12期에서 치바오량(戚保良)의 발언.

동을 규제하려는 "이중규제"로 전환하고 있다는 것이다.[25]

그러나 이명박 정부의 등장은 한미동맹이 중국에 유리한 방향으로 조정되어 간다는 중국의 인식을 좌절시켰다. 이명박 정부 시기(2008-2013년) 중국은 한국과 미국이 다시 중국을 견제한다고 인식하게 되었다. 무엇보다 미국의 동아시아로의 회귀(Pivot to Asia) 정책과 함께 한미동맹을 통한 대중 견제 의도가 나타났기 때문이다. 일례로 주한 미군 기지의 경기도 평택 이전에 대해 중국은 평택이 베이징과 상하이를 비롯한 중국 동북의 주요 도시에 직접 타격을 할 수 있는 중요한 위치라고 인식했다. 또한 한미동맹은 과거의 군사동맹에서 경제동맹(한미 FTA), 가치를 공유하는 가치동맹으로 재규정되었고, 한국과 미국은 일본과의 외교안보협력 강화에도 합의하였다. 이러한 배경 하에서 2008년 이명박 대통령 방중 시 중국 외교부는 "한미군사동맹은 역사가 남긴 산물이며, 냉전 시기의 소위 군사동맹을 가지고 당면한 지역안보문제를 처리하려는 것은 불가능하다"고 발언하였다.[26] 조영남에 따르면, 이는 중국이 한미동맹을 비판한 것으로 한국 대통령이 중국을 공식방문하는 날에 맞추어 발언한 것은 외교상의 결례라고 지적했다.[27] 2010년 천안함 사건 이후에 한국이 미국의 핵잠수함과 함께 황해에서 진행한 한미연합군사훈련에 대해서 중국은 이를 한반도의 긴장 국면을 조성하는 행위로 보고, 표면적으로는 북한을 대상으로 한 군

25 王傳劍, "從雙重遏制到雙重規制—戰後美韓軍事同盟的歷史考察,"『美國硏究』, 2002年第2期.

26 "秦剛就中韓關系、六方會談、中美人權對話等答問, "http://news.xinhuanet.com/world/2008-05/27/content_8264427.htm(검색일: 2011년 10월 4일).

27 조영남,『21세기 중국이 가는 길』(서울: 나남), 2009, p. 219.

사훈련이지만 실제로는 중국을 견제하려는 의도로 간주했다.[28] 한미일 남방 삼각동맹의 부활이라는 인식 하에 중국은 한미동맹이 중국을 견제하기 위한 것이라고 확신했다.[29]

위에서 살펴보았듯이 한미동맹에 대한 균형이 북중동맹의 영구화 현상을 설명해줄 수 있는 핵심적인 요인은 아니다. 특히 탈냉전기에 접어들어 한중수교를 이룬 이후 중국의 주된 관심사는 한미동맹이 중국을 견제하는 장치인가이지 한미동맹 존재 자체는 아니다. 중국은 미국이 만든 동맹체제에 대해서는 불만을 갖고 있지만, 미국이 지탱하고 있는 동아시아 질서에 편승하려는 경향도 있다. 따라서 중국의 대북정책 변화는 한미동맹의 결속력과 동맹의 강도 변화에 따라 북중동맹을 통해 세력균형을 시도하려는 단순한 관점으로 파악될 성질의 것이 아니다.

2) 비대칭적 동맹의 자율성과 안보교환 문제

비대칭동맹에서 약소국은 강대국과의 동맹관계를 통해 자국의 안

---

28 "聚焦黃海,韓美軍演給誰看", http://www.huanqiu.com/zhuanti/mil/meihan/(검색일: 2014년 4월 28일); 펑광첸(彭光謙), "項莊舞劍,意在沛公"(항우가 검무를 추는 의도는 유방을 죽이는 데 있다)http://news.ifeng.com/mil/media/detail_2010_11/30/3276140_0.shtml(검색일: 2014년 4월 28일).

29 이명박 정부 시기의 한미동맹의 강화와 한중관계에 대한 최근의 연구는 정재호·김애경·신경진·신상진·조영남·주장환·최명해, 『중국을 고민하다』(서울: 삼성경제연구소), 2011; 李永春, "試論中韓關系中朝鮮因素和美國因素," 『亞太地區發展報告2013』; 汪偉民, 『美韓同盟再定義與東北亞安全』, 2013, 제7-8장; 조영남, "한미동맹과 북중동맹은 양립 가능한가," 『중국의 꿈』, 2013, pp. 319-361.

보를 공고히 할 수 있지만, 자국의 자율성을 그만큼 잃게 된다. 반면 강대국은 동맹관계를 통해 안보적 측면에서 약소국에 지원하는 만큼 약소국의 정치, 경제, 사회에 개입하여 이익을 얻을 수 있다. 비대칭 동맹의 당사자 사이에는 안보와 자율성 간의 교환이 존재하는 것이다.[30] 이러한 관점에 따르면, 북중동맹은 비대칭 동맹으로서 강대국인 중국이 약소국인 북한에게 안보를 제공함으로써 북한의 정치결정과정에 영향력을 행사할 수 있다. 북한은 약소국으로서 동맹관계에서 안보적 측면을 보장받을 수 있지만, 일부 자율성을 중국에 양도해야 한다.

그러나 북중동맹의 전개과정에서는 기존의 비대칭동맹 이론과 어긋나는 현상이 많았다. 한국전쟁 시기에 중국은 막대한 인력 및 물자를 지원하여 북한을 도왔으나, 북한은 한국전쟁이 끝난 지 얼마 지나지 않은 1956년에 친중 세력으로 알려진 연안파를 숙청하였다. 사실 북한의 중국에 대한 불신과 불만은 한국전쟁 와중에도 빈번하게 발생했다. 중국 인민해방군 총사령관 주더(朱德)와 김일성 사이에 작전 지휘권, 정전 시기 등에 대한 갈등이 적지 않았다.[31] 또한 김일성의 요청으로 중국군은 1958년까지 북한에서 완전 철수하였다. 1960년대 중소분쟁 때에도 북한은 중소

---

30 베넷(Scott Bennett)은 1816–1984년 동안 존재한 207개 동맹을 고찰하여 비대칭 동맹 하의 안보–자율성 교환 모델의 동맹과 국내정치체제가 유사한 동맹이 가장 오래 지속된다고 주장했다. Scott Bennett, "Testing Alternative Models of Alliance Duration, 1816–1984," *American Journal of Political Science*, Vol. 41 No. 3, 1997, pp. 846–878.

31 沈志華, "試論朝鮮戰爭期間的中朝同盟關系,"『歷史教學問題』, 2012年第1期; 沈志華, "朝鮮戰爭期間中朝高層的矛盾、分歧及解決,"『晚霞』, 2008年1–3期.

갈등을 이용해 자국의 이익을 도모하였다.[32] 북중동맹이 비대칭 동맹임에도 불구하고 북한의 자율성 상실은 크지 않았으며, 오히려 북한은 친중 세력을 배제하고 중국군을 철수시킴으로써 자주독립의 대외정책을 펼쳤다.

한편 중국은 북한의 내정에 개입할 의도와 능력이 없다. 중국은 1954년 "평화적 공존의 5원칙"[33]이라는 대외관계의 원칙을 제기하였다. 5원칙 중에는 상호 내정 불간섭이라는 조항이 포함되어 있다. 내정 불간섭 원칙은 자국 외의 다른 국가나 국제조직에 대해 경제, 정치 및 사회 등의 관할 사항에 대해서 간섭하지 않으며, 이는 그 나라 국민의 자유의사에 의해 결정되어야 한다는 것이다. 식민지 역사의 아픔을 겪었던 중국은 건국 직후에는 소련 일변도 정책을 실시했지만, 이후 소련에 구속 받지 않는 독립 자주적 외교노선을 취하여 제3세계의 지지를 얻고자 하였다. 내정 불간섭 원칙은 냉전기부터 후진타오 정부 시기까지 중국 대외정책의 기본 방침으로 확립되었다.[34]

---

32 成曉河, "主義與安全之爭 : 六十年代朝鮮與中蘇關系的演變," 『外交評論』, 2009年第2期; 이종석, 『북한중국관계 1945−2000』(서울: 중심), 2000년, pp. 201−236.

33 1953년 12월에 중국이 인도와 양국 접경지역 영토 분쟁 문제에 대해 협상하며 저우언라이(周恩來) 총리가 처음 제기했다. 이는 영토와 주권의 상호 존중, 상호불가침, 상호 내정불간섭, 평등호혜, 평화공존 등의 다섯 항목으로 구성된다. 이 5원칙은 1954년 4월 29일에 체결된 '중국과 인도 양국 간의 중국의 티베트 지방과 인도 간의 무역 및 교통협정'(中印關于中國西藏地方和印度之間的通商及交通協定) 전문에 포함되어 있다. 다음 해 인도네시아의 반둥에서 열린 아시아·아프리카 회의에서 5원칙을 확대하여 아시아·아프리카 국가의 주권평등과 협력의 촉진을 주창한 반둥 원칙이 채택되었다. 그 후 5원칙은 1972년 미중 상하이 코뮤니케, 중일 공동성명, 1989년 중소 베이징 코뮤니케에도 명기되었다.

34 마오쩌둥 시기부터 덩샤오핑, 장쩌민, 후진타오 정부까지 중국은 계속 '평화적 공존의 5원칙'을 견지했다. 일례로 후진타오가 유엔 설립 69주년 정상회의에서 행한 다음의 연설을 들 수 있다. 胡錦濤, "努力建立持久和平共同繁榮的和諧世界," 유

내정 불간섭은 외교적 수사로 간주될 수도 있지만 중국은 실제로 제3세계 및 공산주의 진영의 형제국인 북한의 지지를 얻기 위해서 불간섭 정책을 실행할 수밖에 없었다. 심지어 주권 문제에서 중국이 북한에 양보하기도 하였다. 이를테면 1962년 체결한 『북중국경조약』과 1964년 체결한 『북중국경의정서』[35]를 통해 중국은 백두산 천지 전체 면적의 45.5%를 소유하고 북한이 54.5%를 차지하게 되었다. 조선과 청나라가 합의하여 백두산정계비를 세웠을 때 백두산 천지에 대한 논의는 없었으나, 1962년 조약 체결 과정에서 중국 정부는 백두산과 천지 일부를 북한에 양보하였다. 중국의 양보는 영토 주권이라는 국가 이익을 북한에 일부 양도하는 것이었

엔 설립 69주년 정상회의에서 연설문(2005년 9월 15일, 뉴욕). 중국의 급부상과 제5세대 지도부가 서서히 면모를 드러내면서 2007년 이후 불간섭 정책을 계속 견지해야 되는가라는 문제가 학계에서 제기되었다. 근래 중국 외교의 개입에 대한 연구는 王逸舟, 『創造性介入 : 中國外交新取向』, 北京: 北京大學出版社, 2011年; 이 책 번역판은 왕이저우 지음, 정원식 옮김, 『중국 외교의 창조적 개입』(서울: 차이나하우스), 2013.

35 『중화인민공화국과 조선민주주의인민공화국 간의 국경조약』 1962년 10월 12일 체결. 『중화인민공화국 정부와 조선민주주의인민공화국 정부의 중조 국경에 관한 의정서』 1964년 3월 20일 체결. 북중 양국은 두 조약을 아직 공개하지 않았다. 2000년 10월 16일 《중앙일보》의 기사에 따르면, 1974년 6월 중국 지린성 혁명위원회 외사판공실이 편집한 『중조, 중소, 중몽 유관조약 협정, 의정서 총집』(『中朝, 中蘇, 中蒙 有關條約, 協定, 議定書匯編』)이라는 소책자에서 두 조약의 전문을 찾아냈다고 한다. 한 달 뒤 세종연구소 이종석 교수의 『북한-중국관계 1945-2000』에서 북중 변경조약과 북중 변경의정서가 부록으로 공개되었다. 두 조약의 원문은 이종석, 『북한-중국관계 1945-2000』, 2000, pp. 321-343 참고. 조약에 대한 중국 학계의 연구로는 沈志華, "中朝邊界爭議的解決(1950-64)," 『二十一世紀雙月刊』, 第124期, 2011, pp. 34-51; 楊昭全, 『中朝關系通史』, 長春: 吉林人民出版社, 1996, pp. 551-567, 733-775; 蔡建, "中朝邊界爭執與'圖們江中韓街舞條款'," 『韓國研究論叢』, 2004年第11期, pp. 186-201; 李花子, "朝鮮王朝的長白山認識," 『中國邊疆史地研究』, 2007年第2期, pp. 126-150.

다. 중국이 왜 국가의 핵심적 이익을 북한에 쉽게 양보했는가에 대해서는 여전히 추가적인 검토가 필요하지만, 이는 북중동맹관계가 일반적 비대칭 동맹관계와 다르다는 점을 보여준다.

동맹국 북한으로 인한 중국의 부담 증가는 탈냉전기에도 계속되었다. 소련이 해체된 1991년부터 중국은 소련 대신 북한의 최대 무상 원조국가가 되었다.[36] 1차 북핵위기 이후 중국은 냉각된 북중관계를 회복하기 위해 1996년 북한에 15만 톤의 식량과 40만 톤의 코크스를 무상 제공하였으며, 1997년에는 2000만 위안의 물자 및 8만 톤의 원유를, 1998년에는 10만 톤의 식량과 8만 톤의 원유를 무상 지원하였다. 또한 1999년부터 2002년까지 중국은 북한에 총 175만 톤의 원유를 제공하였다. 2003년 2차 북핵위기로 인해 북중관계가 악화되었을 때도 중국은 북한에 47216톤(약 7,646만 달러)의 원유를 원조하였다.[37] 북중관계의 민감성과 지원의 다양성 때문에 대북 원조의 구체적인 통계수치를 알기는 어렵지만, 적어도 2000년 이후 연평균 1.2억 달러의 원유, 식량, 인프라 등을 무상 지원하였다.[38] 중국의 국가이익에 비추어 볼 때, 대량의 대북 원조는 북중관계의 회복, 북한과 접경한 중국 동북의 낙후한 지역의 경제 발전, 동북아 지역의 안정을 도모하기 위한 것이다.

그러나 월트(Walt)에 따르면, 원조가 동맹의 형성과 공고화에 반드

---

36 "合作情況簡介," 中朝經濟合作網(중조경제협조망) http://www.idprkorea.com/qzchz/hzjj.asp.

37 중국의 대북 원조에 대한 통계는《人民日報》1996年 6月 4日; 劉金質·潘京初·潘榮英·李錫遇,『中國與朝鮮半島國家關系文件資料匯編』, p. 13; 孔軍·程浩, "中國對朝鮮經濟援助內幕,"『國防時報』, 2009年 6月 19日.

38 陳墾, "淺析21世紀初的中朝經貿關系,"『今日中國論壇』, 第99期, pp. 58-61.

시 영향을 미치는 것은 아니다.[39] 중국이 대북 무상 지원과 더불어 핵개발에 대한 명백한 반대의사를 표명했음에도 북한이 2000년 이후 세 차례의 핵실험을 강행하여 실질적인 핵보유국이 됨으로써 중국이 발휘할 수 있는 영향력의 한계는 분명히 드러났다. 북핵문제뿐만 아니라 연평도 포격 사건에서도 중국의 대북정책이 갖는 딜레마를 살펴볼 수 있다. 연평도 포격 이후에 중국은 국제사회의 압력과 국내 언론의 지적에도 불구하고 북한을 비판하지 않았다. 한 중국인 학자가 연평도 포격 사건을 "제2의 한국전쟁"[40]이라고 부를 정도로 중국은 북한의 도발로 인한 부담이 큰 상황이었다. 이처럼 국제정치 이론가들이 강조하는 비대칭동맹 하의 강대국과 약소국 간 안보 및 자율성의 교환이 북중동맹에서는 나타나지 않는다.

60년 넘게 지속되고 있는 북중동맹은 비대칭동맹임에도 불구하고, 안보와 자율성의 교환 현상이 발생하지 않았다. 또한 다양한 대북 지원에도 불구하고 중국의 북한에 대한 영향력은 제한적이며, 중국이 영토까지 양보한 예외적인 경우도 존재한다. 심지어 중국 정부는 북한에 대한 강경한 입장과 의견을 제기하는 자국 학자들에게 "발언 금지(禁言)"를 강제하고 처벌을 내리기도 한다.[41] 상기와 같은 사실들 때문에 전통적 비대칭 동

39 Stephen Walt, *The Origins of Alliances,* 1987, pp. 46–48.

40 2011년 11월 베이징에서 열린 중국의 한반도 전문가 세미나에서 장 교수는 연평도 폭격 사건 이후 중국의 외교적 부담을 재차 강조하였다. 張璉瑰, "朝鮮半島國際政治生態發生深刻變化,"『環球』, 2011年第1期.

41 예컨대 중국에서 대북 강경 입장을 갖고 있는 주펑(朱鋒), 장롄구이(張璉瑰) 등의 학자들은 대북정책에 대한 강경한 발언 때문에 수차례 발언 금지 처분을 받았다. 또한 2004년 북한에 대한 비판적 내용을 담은 "새로운 시각에서 바라본 북한문제와 동북아 형세"(王忠文, 以新視角審視朝鮮問題與東北亞形勢)라는 논문을 게재했던 학술잡지『전략과 관리』(戰略與管理)는 북한의 항의로 인해 폐간 조치되

맹으로 알려진 북중동맹관계와 중국의 대북정책에 대해 재고찰이 필요한 것이다.

중국의 북한에 대한 양보와 연루에 대해서는 북한의 외교 전략을 "약소국의 힘"[42]이라는 시각으로 해석하는 주장들이 설득력을 갖는다. 그러나 중국이 어떠한 이유로 북한의 힘을 수용하는가에 대한 분석은 미진하다. 북중 비대칭동맹에서 중국이 북한에 쓸 수 있는 카드는 대북 원유 수출, 경제원조, 무기수출 등 다양하다. 그러나 중국은 북한에 영향력을 발휘하지 못하고 있는데, 그 원인은 과연 무엇인가?

본 연구는 북중관계의 롤러코스터 같은 변화와 동맹이론과 어긋나는 "이상한 동맹" 현상에 대한 질문에서 출발한다. 이 책은 북중관계의 이러한 예외성을 설명하기 위해 북핵위기에 초점을 두고 중국의 대북정책의 변화 과정과 원인을 분석한다.

구체적으로 이 책은 중국의 대(対)북핵정책의 변화라는 문제를 분석하기 위해 다음의 질문을 제기한다. 첫째, 북핵에 대한 중국의 정책은 일관성 있게 지속되었는가, 상황에 따라 변화했는가? 변화했다면, 어떤 변화 과정을 겪었는가? 둘째, 중국의 대북정책의 지속 및 변화를 야기하는

었다. 최근의 사례로는 2013년 초 북한의 3차 핵실험 이후, 중국이 북한을 버려야 한다는 요지의 논평을 실었던 중앙당교 학습시보(學習時報) 부편집인 덩위원(鄧聿文)이 정직 처분을 받았다. 중국 매체들은 북한 관련 보도 시 매우 신중한 태도를 유지하며, 북한 관련 저서의 출판은 외교부 허락을 받아야 한다.

42 약소국의 힘으로 북중동맹을 분석한 연구로는 이상숙, "북한·중국의 비대칭관계에 대한 연구: 베트남·중국의 관계와의 비교", 동국대학교 박사학위논문, 2008; 박홍서, "북핵위기 때 중국의 대북 동맹안보딜레마 관리 연구," 『국제정치논총』, 제46집 1호, 2006; 김보미, "중소분쟁과 북한의 병진노선 채택," 『2013년 북한연구학회 추계학술회의 발표문집』, 북한연구학회, 2013.

동인은 무엇인가? 이러한 동인이 대북정책에 영향을 미치는 메커니즘은 무엇인가? 셋째, 그러한 중국 대북정책 변화의 동인은 어떤 함의를 가지고 있는가?

제2장 연구대상, 연구방법, 자료 및 논문구성

1. 연구대상

상술한 문제의식을 가지고 본 연구는 북핵문제를 중심으로 중국의 대북정책을 분석하고자 한다. 이 책의 연구대상은 구체적으로 다음 세 가지이다.

첫째, 북핵문제를 중국 대북정책의 핵심사례로 분석한다. 방법론적 측면에서 다수의 복수 사례를 통한 비교연구가 좋은 연구방법이라고 할 수 있지만, 대표성을 지닌 중요한 사례가 있다면 복수 사례의 활용은 오히려 거추장스러운 반복일 수 있다.[43] 본 연구에서 살펴보고자 하는 탈냉전

43 정재호, "방법론과 중국연구," 『중국연구방법론』, pp. 20–25.

이후 북한의 핵문제는 중국의 대북정책 및 대외정책에서 가장 중요한 이슈로서 북중관계 분석을 위해 고려해야 하는 대표적인 사례라고 할 수 있다. 중국은 북핵문제의 중요성을 인식하여 4자회담과 6자회담을 주도적으로 만들었으며, 다자주의를 통해 한반도 비핵화와 핵확산을 관리하려고 시도하였다. 북핵문제는 중국의 대북정책과 외교정책을 반영하는 핵심적인 사례인 것이다.

또한 북핵문제는 북중관계에서도 매우 중요하다. 중국의 역대 지도부는 북핵문제를 매우 중요시해왔다. 시진핑 주석은 2013년 6월 오바마 대통령과의 첫 번째 정상회담에서 한반도 비핵화를 위해 공동 노력하기로 합의했으며, 양제츠(楊潔篪) 외교담당 국무위원도 북핵문제와 아프가니스탄 문제를 해결하는 것이 미중 간 신형대국관계에서 중요하다고 언급했다.[44] 장쩌민, 후진타오 등 역대 중국 지도자들도 한반도 비핵화에 대해 지속적인 관심을 보였다. 한편 북핵문제로 파생되는 주변 전략 환경의 불안정성은 중국 부상의 제약적 요소가 되고 있다. 북핵문제는 중국의 국내정치와 외교정책에 딜레마를 가져온다. 국내정치의 측면에서 북한의 핵실험 때마다 국민의 건강과 생명에 대한 위협, 동북 지역의 환경 문제 등이 제기되고 있다. 대외적으로는 북핵문제로 인해 미국의 대북 선제공격 가능성, 일본의 핵개발 및 우경화, 동아시아의 군사적 업그레이드 등 지역 안보 환경의 긴장 국면이 심화되고 있으며, 경제적으로도 가장 중요한 무역

44 "中方表述中美新型大國關系的核心內涵和努力方向," http://www.chinanews.com/gn/2013/06-09/4917512.shtml(검색일: 2013년 10월 9일).

파트너인 미국, 일본 및 한국의 관계에 악영향을 끼칠 수 있기 때문이다.[45] 북한이 경제적 어려움을 해결하기 위해 핵기술 및 핵연료의 확산을 시도할 가능성도 배제할 수 없다. 북핵위기를 둘러싼 동아시아 및 세계정세의 변화는 중국의 외교 및 대북정책에서 매우 중요한 위치를 차지할 수밖에 없다. 중국이 북한의 2차 핵위기 이후 4자회담과 6자회담을 연달아 제기하고 북핵문제를 풀기 위해 많은 외교적 노력을 했다는 사실이 이를 증명한다. 북핵문제는 중국에게 가장 골치 아픈 외교 문제인 동시에 미중관계의 중요한 변수이자 동아시아 및 한반도와 관련한 중요한 현안인 것이다.

둘째, "이상한 동맹"인 북중관계에 대한 중국의 시각을 분석할 필요가 있다. 탈냉전기 이후 북중동맹의 변화는 일차적으로 중국의 대 북한, 대 한반도정책 변화로 야기된 것이며, 북한의 도발이나 대응은 이에 대한 대응적 성격이 강하기 때문이다.

구체적으로 1991년 중국이 기존의 '하나의 조선'(One Korea) 원칙을 포기하고 한국과 유엔에 동시 가입할 것을 북한에 설득하면서 1992년 한국과 중국의 수교가 이루어졌고,[46] 2차 북핵위기 때에도 중국은 6자회담을 제안하여 북한에 영향력을 행사하며 압력을 가했다.[47] 2006년 북한의

---

45 "中國成爲超級大國的3個硬傷," http://news.xinhuanet.com/mil/2008-05/07/content_8119693.htm(검색일: 2012년 10월 3일).

46 당시 중국 외교부장 첸치천(錢其琛)의 회고록에 따르면, 김일성은 중국의 압력으로 '하나의 조선' 원칙을 포기하게 된 점을 큰 좌절로 간주했다. 자세한 내용은 첸치천 저, 유상철 옮김『열 가지 외교이야기』(서울: 랜덤하우스코리아), 제5부.

47 이는 중국이 1950년대 이후 줄곧 주장한 내정불간섭의 외교 원칙을 깨는 것이었다. 내정불간섭은 북한과 중국 간의 당 관계, 국가 관계에서는 특히 금기였던 사항이었다.

1차 핵실험 이후에는 유엔의 대북결의안에 찬성하고 강도 높은 규탄을 병행했으며, 2009년 2차 핵실험에서는 국제사회의 흐름과 달리 북한과의 관계를 강화했다.

탈냉전기 북한의 핵개발과 각종 도발로 조성된 한반도 긴장은 중국에 대한 대응인 측면도 있다. 북한은 미국은 물론 중국과의 협상에서 핵카드를 이용하여 안보를 확보하고자 했던 것이다. 이후 상세히 언급하겠지만, 1993년 북한의 NPT 탈퇴로 일어난 1차 핵위기는 1992년 한중수교에 대한 반발인 측면이 있었다. 또한 1997년 황장엽 망명을 중국이 승인하면서 이에 대한 북한의 대응으로 북중관계는 돌이킬 수 없을 정도로 악화되었다. 2002년 2차 핵위기, 그리고 2006년 1차 핵실험, 2009년 2차 핵실험 등 북중동맹을 악화시킨 일련의 사건들은 중국의 배신과 무시에 대한 북한의 대응이라는 측면을 간과할 수 없는 것이다.

셋째, 탈냉전기 중국의 대북정책을 분석하고자 한다. 중국의 대북정책 연구는 주로 냉전기를 중심으로 진행되어 탈냉전기 중국의 대북정책에 대한 연구는 아직 미진한 부분이 많다. 소련과 중국의 냉전기 외교문서가 공개[48]되면서 중국 학계의 대북정책 연구는 주로 냉전기를 중심으로

---

48 소련 해체 이후 냉전기 외교문서가 공개되어 일부 학자들이 소련 외교문서를 통해 냉전사에 대한 새로운 연구들이 출현했다. 이 중 대표적인 중국학자가 션즈화이다. 그는 90년대 초 소련의 외교문서를 구입하여 『朝鮮戰爭: 俄國檔案文件』, 臺北: 中央研究院近代史研究所, 2003; 『毛澤東, 斯大林與朝鮮戰爭』, 廣州: 廣東人民出版社, 2004; 『中蘇同盟與朝鮮戰爭研究』, 桂林 : 廣西師範大學出版社, 1999 등을 출간했다. 중국 외교부당안관(문서관)도 2006년 2차 외교당안 공개를 실시했는데, 이를 통해 1940년대 초반부터 1970년대 초반까지 냉전기의 외교문서가 공개되었다. 그러나 북중관계의 민감성 때문에 공개된 외교문서는 극소수에 불과하다.

전개되었는데, 관련 연구는 대체로 한국전쟁, 북중동맹 조약이라는 두 가지 주제를 다루었다.[49] 이에 반해 탈냉전기 연구는 비교적 짧은 기간을 대상으로 하고 있다.[50] 또한 탈냉전기 중국의 대북정책에 대한 연구는 북한의 핵위기를 중심으로 전개되는 경우가 많지만, 대부분 개별 사안 분석에 집중하여 탈냉전기 북중관계의 전체 흐름을 분석하지 못하고 있다.[51] 이런 점에서 탈냉전기 중국의 대북정책과 북중관계는 이론적 틀을 통해 체계적으로 분석될 필요가 있다.

사실 본 연구가 제기하는 중국 대북정책의 변화는 새삼스러운 연구 대상이나 문제제기는 아니다. 그러나 중국의 대북정책의 많은 내용들이 학계에서 여전히 논쟁이 진행 중이며, 주요한 가설들이 심도 있게 검증되지 못하고 있다. 본 연구는 많은 1차 자료를 바탕으로 다음과 같은 질문에 대한 답을 구함으로써 중국의 대북정책에 대한 쟁점들에 기여하고자 한다. 중국의 북핵에 대한 인식은 무엇인가? 중국의 북핵정책은 변화하고 있는가? 그렇다면 중국은 어떤 정책 결정 과정을 통해 이 같은 정책을 수립하는가? 아울러 중국이 북핵정책을 수립하고 이행하는 과정에서 어떠한 메커니즘을 통해서 대외정책을 형성하는지에 대한 새로운 가설 및 접근

49 한국전쟁에 관한 대표적 연구자로는 와다 하루키, 션즈화. 북중동맹에 관한 대표적 연구자로는 이종석, 최명해, 이상숙, 유지이다.

50 문대근, 『중국의 대북정책: 정책 결정 요인 연구』(서울: 늘품프러스), 2013, pp. 26–35.

51 이종석은 『2차 핵실험 이후 북한–중국관계의 변화와 함의』에서 2009년 이후 변화된 중국의 대북정책과 북중관계를 집중 분석하고 있다. 이종석의 평가에 따르면, 중국의 대북정책 연구는 다양한 해석과 주장들이 혼재해 있으며, 관심의 대상인 2009년 이후 변화된 중국의 대북정책에 대한 심층적인 연구가 부족한 실정이다.

법을 제시하고자 한다.

2. 연구방법 및 자료

1) 연구방법

본 연구는 북핵위기를 둘러싼 중국 대북정책의 변화를 중심으로 전개된다. 이러한 점에서 본 연구는 사례분석으로 볼 수 있을 것이다. 사례분석은 단순 사례분석, 해석적 사례분석, 가설창출적 사례분석, 이론확증용 사례분석, 이론논박용 사례분석, 이례분석 등 여섯 가지 유형으로 구분할 수 있다. 이 중 이례분석은 이미 정립된 통칙에서 벗어나는 사례에 관한 연구이다.[52] 본 연구는 기존 동맹이론으로 북중관계가 설명되지 못한다는 점을 규명하려는 이례분석의 하나라고 할 수 있다.

또한 본 연구는 북핵문제를 단일 사례로 분석하지만, 세 차례 핵위기 시기에 중국의 대북정책 변화를 시계열적으로 비교하여 분석한다. 즉 다른 동맹과의 비교, 타국에 대한 중국 대외정책의 비교와 같은 공간적 비교와 달리 시기별로 중국의 대북정책이 어떻게 변화했는가를 분석한다. 중국이 북한의 세 차례의 핵실험 이후에 상이한 정책적 대응을 했다는 점

52 아렌트 레이파트, "비교정치연구와 비교분석방법," 김웅진·박찬욱·신윤환, 『비교정치론강의』(서울: 한울아카데미), 2006, pp. 23-56.

에서 이러한 시계열적 분석이 필요하다. 미리 설명하자면, 중국은 1차 북핵위기 때에는 관망정책을, 2차 북핵위기 때에는 제한적 개입정책을, 3차 북핵위기 때에는 포괄적 개입정책을 택하였다.[53]

2) 연구자료

문헌자료

본 연구의 1차 자료는 중국공산당 및 정부의 북핵에 대한 공식 문서와 발언 등의 담론이다. 담론은 행위자에 따라 공산당 및 정부 기관의 관방 담론, 정책 자문 및 연구 기관의 반관방 담론, 그리고 영향력 있는 소위 공공 지식인의 담론으로 구분될 수 있다. 우선 관방 담론의 자료는 『중국공산당 당대회 보고서』(1992-2012년), 『중국 정부업무보고』(1990-2014년), 정치국 집단 학습(2002-2014년)에서 대외적으로 발표되는 내용들, 중국공산당 중앙위원회의 기관지 《인민일보》 등이다. 이를 통해 중국 지도부의 담론을 분석한다. 『중국공산당 당대회 보고서』는 5년마다 열리는 당대회에서 공산당의 5년 동안의 내정 및 외교성과를 평가하고 앞으로 5년 동안의 국내정치 및 대외관계 방향을 제시하는 문헌이다. 따라서 『당대회 보고서』는 중국의 내정과 외교뿐만 아니라 중국공산당의 국가 발전에 대

53 북한의 핵실험과 핵위기에 대한 중국의 대북정책의 지속과 변화에 대해 학계의 입장은 여전히 논쟁적이다. 북한의 1, 2, 3차 핵위기(1993년, 2002년, 2006년)와 1, 2, 3차 핵실험(2006년, 2009년, 2013년)의 시작 및 종료 시기를 구분할 것이다. 시기별 중국 대북정책의 지속과 변화는 본문 제2부 참고.

한 비전, 이념, 그리고 국가 정체성의 변화를 확인할 수 있다.『정부업무보고』는 각급 정부가 전국 및 지방 인민대표대회(人民代表大会)에 제출하는 업무보고이다. 본 연구는 지방정부의 업무보고를 제외하고 중앙정부의 업무보고만을 분석한다. 중앙정부의 업무보고는 국무원 총리가 전국인민대표대회(이하 "전국인대") 및 정치협상회의(이하 "정협"), 즉 이른바 양회(两会)에 제기하고 양회의 심의를 통해 집행하는 보고이다.『정부업무보고』는 올해 정부 업무의 내용과 이에 대한 평가, 다음 해의 임무와 계획 그리고 정부 건설 등 세 가지 부분이다. 또한 외교부 및 대외연락부의 기자회견 및 브리핑, 그리고『장쩌민 문선』과 같은 주요 지도자들의 저서와 지도자들의 공식 발언 등도 관방 담론 분석 대상에 포함한다. 다음으로 정책 자문 및 연구 기관의 담론은 주로 이들이 발간하는 정책 보고서 등을 중심으로 분석하고, 문헌자료의 한계를 인터뷰를 통해 보충하고자 한다. 마지막으로 공공 지식인의 담론이다. SNS의 확산 등으로 최근 중국에서 공공 지식인들이 대중의 정서를 자극하여 여론을 주도하고 경우에 따라서는 인적 동원까지 가능하게 되었다. 특히 그중에서 애국주의, 민족주의 성향을 가진 네티즌들이 여론의 힘을 통해 외교정책에 일정한 영향을 미치고 있다.

세 종류의 담론 중에서 당연하게도 관방 담론이 대북정책의 결정과 집행에 대한 핵심적 지위를 차지한다. 따라서 관방담론이 중국의 국가 정체성과 대북정책 분석에서 가장 핵심이 될 수밖에 없다. 그러나 싱크탱크들의 보고서와 SNS에서 활발한 공공 지식인들의 담론이 무의미한 것은 아니다. 개혁기 이후에 갈수록 정책 결정과정이 개방되고 있기 때문에 싱크탱크 및 공공 지식인들의 외교정책에 대한 영향력을 무시할 수 없게 되었다. 싱크탱크의 일부 핵심 연구자들은 직접 공산당과 정부의 대외정책에 대하여 조언을 하기도 한다. 특히 중국의 연구기관 대부분은 정부와 종속적 관계를 갖는다.[54] 싱크탱크는 정부를 대상으로 연구를 진행하면서도 정부에 종속된 모순적 역할을 하고 있기 때문에 오히려 정부의 동향을 분석하기에 유리하다. 일부 연구자는 각종 정책 자문으로서 직접 정부의 정책 결정에 참여한다. 일종의 정부고문 역할을 제도화한 "국무원 참사(国務員参事)"라는 직책이 좋은 예이다. 일부 연구자는 언론에 등장하여 대중의 인식에 영향을 미쳐 여론 변화를 주도하기도 한다. 그리고 SNS의 사용 증가와 더불어 민족주의와 애국주의 정서의 확산으로 공공 지식인이 대중을 쉽게 동원할 수 있기 때문에 공산당과 정부도 이들을 이전처럼 완전히 무시할 수 없다.[55] 따라서 본 연구는 관방의 담론을 중심으로 분석하되 싱크탱크 및 공공 지식인의 담론도 중요한 요소로 분석할 것이다.

인터뷰자료

대북정책이나 북중관계는 중국 내부에서 매우 민감한 사안이다. 냉전 시기의 유산으로 중국공산당-조선로동당의 당제 관계 때문에 주로 정부 소속 연구기관(예컨대 중국 안전부 소속의 현대국제관계연구원, 중공중앙대외연락부 소속의 당대세계연구중심, 외교부 소속의 국제문제연구소), 반관방의 싱크탱크기구(예컨대 중국사회과학원, 상하이 사회과학원 및 각 지방 사회과학원) 및 각 대학의 해당 연구센터만 북한을 연구하고 관련 내용을 출판할 수 있었다. 최근 북한과 대북정책에 대한 금지는 많이 완화됐지만, 여전히 북한문

---

54 陳廣猛, "論思想庫對中國外交政策的影響," 『外交評論』, 2010年第1期.

55 蔣昌建·沈逸, "大衆傳媒與中國外交政策的制定,"『國際觀察』, 2007年第1期.

제의 민감성 때문에 문헌자료 분석만으로는 한계가 있다. 문헌자료의 한계점을 감안하여 2011년 7월, 2012년 7월 두 차례에 걸쳐 베이징에서 앞서 언급한 연구기관의 연구원들 일부를 인터뷰했다. 또한 이들의 연구동향과 인식의 변화를 계속 추적 조사하였다. 인터뷰 자료의 자의성을 줄이고 신뢰성을 확보하기 위해 기존연구와의 교차 검증(cross-checking)을 통해 인터뷰 자료를 사용한다.[56]

아울러 2차 자료로 북중관계에 대한 기존연구 성과를 충분히 참고하면서 계승, 보완하고자 한다.

3. 논문 구성

이 책은 서론을 포함하여 총 6장으로 구성되어 있는데, 구체적으로 아래와 같다.

1장에서는 연구의 문제의식을 제기한다.

2장에서는 기존연구의 비판적 검토를 통해 본 연구의 분석틀, 범위, 구성에 대해 살펴본다.

3장에서는 1차 북핵위기 때 중국의 대북정책을 다루겠다. 1차 북핵

56 중국에서 북한과 관련해서 모든 문제를 다루기에는 아직 한계가 있다. 따라서 인터뷰 대상자가 신분 노출에 동의하는지 여부를 확인하지만 민감한 사안 때문에 인터뷰 응답자가 정치적 피해를 입지 않도록 인터뷰 대상자의 신분을 밝히지 않을 것이다. 단지 각주에서 인터뷰 시간과 장소만을 밝힐 것이다.

위기 때 중국은 미국과의 큰 경제적 격차로 인해 자국의 국가 성격을 개발도상국으로 규정하게 되었으며, 이로 인해 경제발전과 여기서 비롯된 경제이익의 추구는 가장 중요하고 긴박한 국가이익으로 여겨졌다. 북핵문제는 북미대립의 문제로 간주되고 한미 및 북한 양쪽의 불만을 회피하기 위해 중국은 북핵에 대한 관망적 정책을 전개하였다. 그 결과 중국은 북핵문제에 소외감을 느끼고 북중관계가 냉각되었다.

4장에서는 2차 북핵위기 때 중국의 대북정책을 다루겠다. 2차 북핵위기 때 미중 국력 차에 대한 평가에 기초해 중국은 경제이익과 정치이익이라는 복잡한 이익을 중시했다. 미중관계의 구조적 변화는 없었지만 내용과 함의가 1차 북핵위기 때와 달라졌다. 중국은 개발도상국이면서 책임을 지는 대국으로 정의되었다. 특히 대외정책에 있어 국제적 책임의 담보가 강조되었다. 북핵문제는 북미대립과 동아시아 지역문제 두 가지 측면에서 재평가되었다. 결국 중국은 6자회담을 통해 북핵에 제한적으로 개입하였지만 개입하는 순간부터 오히려 영향력이 없어졌다.

5장에서는 3차 북핵위기 때 중국의 대북정책을 다루겠다. 2008년 경제위기 이후 미중 국력의 격차가 축소됨에 따라 국제사회에서 중국은 개발도상국 및 책임대국과 더불어 강대국의 역할을 맡게 되었다. 미국의 동아시아 재균형과 중국의 반균형 정책은 중국의 강대국 정체성을 강화시켰다. 중국은 핵심이익을 제기하면서 경제이익, 정치이익과 안보이익을 포함한 포괄적 국가이익을 제시하였다. 북핵문제는 북미 양자 및 지역 안보와 함께 중국의 대국화에 영향을 미치는 변수로 설정되었다. 따라서 중국은 북핵에 대한 군사 충돌 방지, 정치 소통, 경제협력 강화를 통해 포괄적 개입에 나서게 되었다.

6장에서는 전체 논의를 요약하며 본 연구의 논지와 함의를 정리하고, 향후 중국의 북핵정책을 전망한다.

제2부
기존연구 검토 및 분석틀

제1장 기존연구에 대한 비판적 검토

본 연구에서 일반적 동맹이론으로 설명되지 않는 북중관계의"이상한 동맹"의 양태를 분석하는 것은 국제정치의 이론적 범주에 해당한다. 또한 북핵문제에 대한 중국의 국가 행위와 전략 선택은 외교정책 결정과정에 해당한다. 따라서 동맹이론과 외교정책 이론의 맥락에서 기존의 중국 대북정책에 대한 연구들이 어떠한 설명을 하고 있는지 먼저 검토하고자 한다.

대북정책에 대해 다양한 해석이 가능하지만, 국기리는 행위자로서 중국도 우선 일반적인 대외정책결정의 패턴을 따른다. 국가 중심 모델의 행위이론(action theory)의 관점에서 대외정책은 대외환경에 대한 국가의 반응적 조치이자 자국의 필요를 반영하는 것이다.[1] 이러한 관점에서 국가가

1 김웅,『외교정책론』(서울: 법문사), 1995, p. 22.

대외정책을 어떻게 결정하는가 하는 점이 국제정치연구의 주요한 내용이 된다. 대외정책의 결정 요인은 크게 물질주의와 비물질주의 시각으로 구분할 수 있다. 물질주의는 대외정책이 국가의 힘이나 이익(interest)에 달려 있다는 관점이며, 비물질주의는 정체성(identity)에 달려 있다는 관점이다.[2]

현실주의는 외교정책의 결정 요인이 국가의 힘이라고 주장하며, 국가는 생존과 힘을 극대화하기 위한 행위자일 뿐이므로 외교정책에서 각 국가의 개별적 정체성은 무의미하다고 본다. 반면 신제도주의 및 구성주의는 정체성이 국가의 외교정책에 영향을 미친다고 본다. 하지만 이익과 정체성의 관계에 대해 신제도주의와 구성주의는 상반된 견해를 갖고 있다. 신제도주의는 이익이 정체성을 만든다는 입장인 반면, 구성주의는 국가의 정체성이 국가의 이익을 규정하며, 따라서 정체성에 대한 규정 없이는 국가의 이익이 명확할 수 없다고 본다.

본 연구는"이상한 동맹"으로서의 북중관계를 분석하기 위해 기존 국제정치이론의 관점을 검토하고자 한다. 국제정치이론에 비추어 볼 때, 중국의 대북정책에 대한 기존 연구들은 힘, 이익, 정체성 가운데 무엇을 강조하는지에 따라 크게 세 가지 관점으로 구분될 수 있다.

---

2 Telhami, Barnett, eds., *Identity and Foreign Policy in the Middle East,* Ithaca and London: Cornell University Press, 2002, p. 16.

1. 파워론

대다수의 기존 연구는 현실주의 이론을 기반으로 역사적 맥락에서 북한과 중국의 협력과 갈등의 상호작용을 분석한다.[3] 이 중 상당수는 항일 무장 투쟁 시기와 국공내전, 한국전쟁 시기를 관통하며 북중관계가"순망치한(脣亡齒寒)"의 관계가 되었다고 본다.[4] 특히 이들은 양국의 상호적 필요성에 주목한다. 북한에게는 안전보장과 경제발전을 위해 중국이 필요했다. 중국의 입장에서는 중국 동북부의 안보가 북한의 상황에 의해 좌우된다는 지정학적 인식이 중요했다.[5]

요우지(You Ji)는 이러한 입장에 대한 비판적 관점에서 북중관계를 분석하여 북중관계가 표면적으로 보이는 혈맹이나 형제관계가 아니며, 실

---

3 이종석, 『북한·중국 관계 1945−2000』, 2000; 최명해, 『중국·북한 동맹관계: 불편한 동거의 역사』, 2009; 이상숙, "북한·중국의 비대칭관계에 대한 연구: 베트남·중국의 관계와의 비교," 동국대학교 박사학위논문, 2008; 박종철, "1960년대 중반의 북한과 중국: 긴장된 동맹," 『한국사회』, 제10집, 2호, 2009; John Bradbury, "Sino−Soviet Competition in North Korea," *The China Quarterly*, Vol. 6, 1961; B.C. Koh, "North Korea and the Sino−Soviet Schism," *The Western Political Quarterly*, Vol. 22 No.4, 1969; Yufan Hao and Zhihai Zhai, "China's Decision to Enter the Korean War: History Revisted," *The China Quarterly,* 1990; Xiaohe Cheng , "The Evolution of the Sino−North Korean Relations in 1960s," *Asian Perspective*, Vol. 2, 2010; Jaeho Chung and Myunghae Choi, "Uncertain Allies or Uncomfortable Neighbors? Making Sense of China−North Korea Relations, 1949−2013," *The Pacific Review*, 2013.

4 박종철, "순망치한(脣亡齒寒)의 혈맹: 중국의 북한 지원을 중심으로(1953−55년)," 『사회과학연구』, 제31집, 2007.

5 이종석, 『북한−중국관계 1945−2000』, 2000; 히라이와 슌지 저, 이종국 역, 『북한·중국관계 60년: '순치관계'의 구조와 변용』(서울: 선인), 2013.

제로는 북중 간 공유된 역사 이데올로기나 경제적인 측면이 축소되고 있다고 주장한다. 그에 따르면, 표면적인 혈맹관계에도 불구하고 북중 간에는 협력보다 불신과 갈등이 더 많다.[6] 요우지의 연구는 북중관계의 갈등 측면을 보려는 시도로서 북중관계 연구의 전환점이 되었다. 북중관계의 갈등에 대한 인식이 심화되면서 양국 관계의 비대칭성에 주목한 연구들이 확대되었다. 이들은 양국 관계를 긴장된 동맹(strained alliance)으로 규정하고,[7] 주로 북중 협력과 갈등의 상호작용 문제에 집중하면서 양국 관계의 현안을 중심으로 논의를 전개한다.[8] 이러한 연구들은 북중 양국이 공식적으로 선전하는 우호적 측면을 넘어 갈등 관계를 함께 고려한다는 점에서 중국 대외정책은 물론, 동맹이론에도 함의를 갖는다. 특히 이들 연구는 중국의 대북정책의 지속과 변화가 중국 국력의 부침에 달려 있다고 보면서 아래와 같이 동맹의 기능을 외적 균형(balancing)과 내적 결박(internal tethering)으로 구분하여 중국 대북정책의 논리와 변천 과정을 분석한다.

6 Ji You, "China and north Korea: a fragile relationship of strategic convenience, " *Journal of Contemporary China*, Vol. 10 No. 28, 2001.

7 Jian Chen, "Limits of the 'Lips and Teeth' Alliance: An Historical Review of Chinese–North Korean Relations," *Uneasy Allies: Fifty Years of China–North Korea Relations,* Washington: Woodrow Wilson Center, 2003, pp. 4–10.

8 박종철, "1960년대 중반의 북한과 중국: 긴장된 동맹, " 『한국사회』, 제10집, 2호, 2009; 이상숙, "북한·중국의 비대칭관계에 대한 연구: 베트남·중국의 관계와의 비교, " 동국대학교 박사학위논문, 2008.

1) 외적 균형론

현실주의는 동맹을 국력의 함수로 본다. 국제체제에서 힘의 불균형이 발생하면 세력균형을 위한 수단으로 동맹이 발생하고 지속된다. 따라서 세력균형이 필요하다면 언제든지 동맹이 발생하고 유지될 수 있다. 세력균형의 시각에서 국가 간 힘의 변화에 따라 국제체제의 힘의 분포가 변화하면 동맹을 재구축함으로써 균형이 유지될 수 있다.[9]

역사 및 지리 등을 상수로 취급하면서 힘의 균형을 강조하는 세력균형이론은 북중동맹이 미국과의 균형을 맞추기 위해 지속되었다고 본다. 중국은 북중 접경지역에서 미군의 직접적인 군사위협을 예방하기 위해 한국전쟁에 참전할 수밖에 없었는데,[10] 이후 냉전기 동안 한국전쟁의 유산 및 지정학적 원인으로 중국은 특수한 대북정책을 형성하였다. 냉전기 미

---

9 케네스 월츠 지음, 박건영 옮김, 『국제정치이론』(서울: 사회평론), 2000, pp. 161–200; Stephen Walt, "Alliance formation and the balance of world power," *International security,* Vol. 9 No. 4, 1985.

10 중국의 한국전쟁 참전 원인은"미국 위협설", "중국 혁명설", "소련 음모설", "북중소 공모설" 등 다양하다. 중국의 참전 원인에 대한 연구로는 다음을 참조. 박명림, 『한국전쟁의 발발과 기원』(서울: 나남), 2003. 박내균, 『한국전쟁: 끝나지 않은 전쟁, 끝나야 할 전쟁』(서울: 책과함께), 2005; 金景一, "中國參加朝鮮戰爭起源", 首爾: 韓國論衡學術出版社, 2005年; 金東吉, "'三國同謀論'分析 : 朝鮮戰爭起源的再思考," 『當代中國史硏究』, 2006年第2期; 沈志華, 『毛澤東、斯大林和朝鮮戰爭』, 廣州: 廣東人民出版社, 2004年; Allen S. Whiting, *China Croses the Yalu: The Decision to Enter the Korean War,* New York: Stanford University Press, 1960. Tang Tsou, *Americas Failure in China, 1941–1950,* Chicago: University of Chicago Press, 1963; Chen Jian, *China's Road to the Korean War: The Making of the Sino–American Confrontation,* New York: Columbia University Press, 1994; Yufan Hao and Zhihai Zhai, "China's Decision to Enter the Korean War: History Revisted", *The China Quarterly,* 1990.

국과 소련 간의 세력 균형을 맞추기 위해 선택된 대북정책은 탈냉전기 미국과 균형을 맞추기 위해 지속되었다. 미중관계에서는 협력과 경쟁이 모두 공존하지만, 장기적으로 동북아 지역에서는 견제와 대립이 지속될 수밖에 없다. 동북아에서 사실상(de facto)의 세력전이가 진행될 가능성이 높아지고 있는 것이다.[11]

중국은 대미관계의 중요성이 높아지거나 우호적이 될수록 북한을 제어하려는 강압외교의 경향을 보였다.[12] 반면 미중관계가 악화되거나 미국에 대한 기대치가 낮아지면, 북한과의 동맹을 강화하여 동아시아 역내에서 미국과의 경쟁을 심화시키는 모습을 보였다. 2006년 2차 북핵위기 때 중국의 대북 강압정책에서 전자의 모습을 볼 수 있으며, 2009년 미국의 동아시아 재균형 전략이 본격화된 이후에 북한과 동맹 결속력을 강화했던 것은 후자의 사례라고 할 수 있다.

이처럼 중국의 대북정책에 관한 다수의 연구들은 미중관계의 부침을 주요한 변수로 설정하고 중국 대북정책의 변화를 설명한다. 2000년대 초반 이후 중국의 급부상으로 동아시아 지역, 특히 한반도와 북핵문제에

11 이희옥·박용국, "중국의 대북한 동맹안보딜레마 관리: 대미인식과 북한지정학의 재구성을 중심으로," 『중소연구』, 제37권 3호; 김흥규, "21세기 변화 중의 미중관계와 북핵문제," 『한국과국제정치』, 27권 1호, 2011; 김흥규, "중국의 북핵외교," 윤영관·신성호 편, 『북핵문제와 한반도 평화정착』(파주: 한울), pp. 198−248; HeungKuy Kim, "From a Buffer Zone to a Strategic Burden: Evolving Sino−North Korea Relations during Hu Jintao Era," *The Korean Journal of Defense Analysis*, Vol. 22 No. 1, 2010; Xiuyu Fang and Hua Xin, "The China−U.S. Relations and The Security of the Korea Peninsula," *The Korean Journal of Defense Analysis*, Vol. 25 No. 3, 2013.

12 박홍서, "북핵위기 때 중국의 대북 동맹안보딜레마 관리 연구: 대미관계의 변화를 주요 동인으로," 『국제정치논총』, 제46집 1호, 2006.

서 미중관계의 변화가 체제적 요인으로 작용했기 때문이다. 하딩(Harry Harding)에 따르면, 중국 지도부는 강대국 간 힘의 변화를 중요시하며, 근대 역사를 '강대국의 흥망성쇠'의 역사로 보고 있다. 중국 지도부는 자국의 안보와 주권 문제를 항상 국제적 배경 하에서 사고하는 것이다.[13] 대표적으로 옌쉐퉁(閻学通)은 중국의 지속적인 부상으로 인해 미중의 구조적 모순이 점점 심화되고, 이에 따라 국제체제의 주요 모순도 심화될 것이라고 보았다.[14] 사실 중국뿐만 아니라 거의 모든 나라들의 대외정책이 구조적으로 제약을 받고 있다. 개별 국가의 의도와 목표보다는 국가 간 객관적인 힘의 구조와 국제체제의 조건이 더 큰 영향을 발휘한다는 구조 결정론적 시각이 상당히 설득력을 가지고 있는 것도 사실이다.[15]

하지만 중국의 대북정책을 구조적 현실주의의 균형론의 관점으로 설명할 경우, 북핵에 대한 중국 정책의 변화는 잘 설명되지 않는다. 예컨대 탈냉전기에 접어들어 세계적 패권국가가 된 미국은 객관적 힘의 측면에서 중국보다 압도적인 우위에 놓여 있었다. 이와 동시에 클린턴 행정부는 강대하고 안정적이며 번영하는 중국이 미국의 장기적인 이익과 부합한다고 보면서 중국에 대한 전면적 관여정책(Comprehensive Engagement)을 수립하였다. 세계정치의 단극화, 클린턴 행정부의 대중 관여정책을 고려하면, 중국이 북한의 핵개발을 반대하는 미국에 편승하는 것은 가장 합리적이다.

---

13 Harry Harding, "China's Changing Role in Contemporary World", in Harry Harding ed., *China's Foreign Relations in the 1980s*, Yale University Press, 1984, pp. 213–214.

14 閻學通, "對中國安全環境的分析與思考,"『世界經濟與政治』, 2000年第2期.

15 서진영, 『21세기 중국 외교정책: 부강한 중국과 한반도』(서울: 폴리테이아), 2006, pp. 54–56.

그러나 중국은 1990년대 초 유엔안보리 대북제재안에 기권표를 던졌고, 1999년 주룽지(朱鎔基) 총리는 북한이 주권국가로서 미사일이나 핵무기를 개발하는 것은 중국과 상관이 없다며[16] 북한의 핵개발에 대한 포용적인 태도를 표시했다. 2003년 미국이 이라크 전쟁을 일으킨 이후에는 핵무기 개발을 이유로 미국의 대북 공격 가능성이 적지 않다고 판단하여 4자회담과 6자회담을 제기하였다. 중국은 북핵의 직접적 위협 때문이 아니라, 미국의 대북 공격으로 인한 한반도의 전쟁 가능성을 감소시키기 위해 북핵문제를 해결하는 데 나섰다.[17]

또한 2009년 이후의 중국과 북한의 동맹 강화와 2013년 이후의 북중관계의 냉각에 대한 기존 연구들의 해석도 현실주의 이론의 한계를 드러낸다. 이 시기 북중관계에 대하여 일부 연구들은 2008년 미국이 동아시아 귀환 정책을 펼치면서 중국이 미국에 대한 재균형(rebalancing)을 위해 북한과의 동맹을 강화하였다고 분석한다.[18] 이러한 주장은 2009년부터 2011년의 중국 대북정책을 설명할 수 있으나, 미국의 재균형이 심화되었음에도 불구하고, 불과 3년 밖에 지나지 않은 2012년부터 북중동맹이 다시 냉각된 원인을 설명하기 어렵다. 허드슨(Hudson)이 주장하듯이 체제적 속성의 최종 결과는 결국 외교정책을 결정하는 사람들이 결정하여 만들어 내는 것이다.[19] 체제의 속성이 외교정책에서 고려되어야 할 중요한 요인

16 朱鋒, "中國朝核政策的變化與發展,"『中國戰略』, 2004年第3期.

17 朱鋒, "中國朝核政策的變化與發展,"『中國戰略』, 2004年第3期.

18 이희옥·박용국, "중국의 대북한 동맹안보딜레마 관리: 대미인식과 북한지정학의 재구성을 중심으로",『중소연구』, 제37권 제3호, 2013.

19 벨러리 허드슨 지음, 신욱희·최동주·조윤영·김재천 옮김,『외교정책론』(서울: 을유문화사), 2009, p. 272.

임에는 틀림없지만, 개별 국가의 특수성과 지도부의 인식과 의지를 간과해서는 안 된다. 이러한 맥락에서 이 시기 중국의 정책 변화를 설명하기 위해서는 구조적 조건과 더불어 중국이라는 개별 행위자의 특수성을 고려해야 할 필요가 있다.[20]

2) 내적 결박론

세력균형 이론이 중국 대북정책에 대한 외적 접근법이라면, 북중 양자관계를 상대적으로 중시하고 협력과 긴장 사이에서 중국 대북정책의 딜레마를 설명하는 결박론은 내적 접근법이라고 할 수 있다. 내적 결박론은 북중관계에서 중국이 직면하는 대북동맹의 딜레마를 통해 북핵에 대한 중국 정책의 특수성, 모호성, 한계성을 설명한다.

우선 중국 대북정책의 특수성을 통해 중국의 대북한, 대북핵정책을 설명하는 이종석의 연구를 살펴보자. 이종석은 북중관계의 형성과 발전의 역사를 통해 양국 간 역사적 유대감을 강조하면서 양국의 특수관계가 탈냉전기 이후에 전략적 협력관계로 이행했다고 주장한다.[21] 전략적 협력

20 Randall L. Schweller, "The Progressiveness of Neoclassical Realism," in Colin Elaman and Miriam Fendius Elman, eds., *Progress in International Relations Theory,* Cambridge: MIT Press, 2003, p. 317.

21 이종석은 북중관계에 관한 다양한 자료를 바탕으로 북중관계의 형성기인 항일 무장투쟁 시기부터 유래된 중국공산당과 북한노동당 간의 역사적 유대를 강조하면서 한국전쟁과 전후 복구 시기부터 2000년대 초반까지를 통시적으로 분석하고 있다. 이종석,『북한–중국관계: 1945–2000』, 2000. 이 저서에서 중국의 북핵정책 변

관계란 중국이 북한의 국가존립 또는 체제의 안정에 관한 문제에 대해서는 근본적 이익으로 간주하여 적극적으로 대처하지만, 그 밖의 문제에 대해서는 선택적으로 협력하거나 지원하는 관계를 의미한다. 북핵문제 또한 마찬가지이다. 중국의 대북정책 목표인 체제안정과 비핵화가 양립하기 어려운 딜레마에 빠져있는 상황에서 중국은 2009년 북한 2차 핵실험 이후에 비핵화보다 북한 체제의 안정, 북핵 상황의 안정적 관리를 선택하였다.[22] 이종석은 북한체제의 안정과 비핵화 간의 양립 불가능성을 중국 대북정책의 딜레마로 지적하면서 결국 중국이 북한체제의 안정에 집중할 것이라고 결론 내린다.

선즈화(沈志華)는 중국의 대북정책이 갖는 딜레마와 모호성이 북중동맹의 수립 시기부터 이미 형성되었다고 본다. 중국의 대북 동맹정책 채택을"국가 대 국가" 관계의 틀만으로는 이해하기 어렵다는 점을 지적하면서"사회주의 당제관계(党際関系)"의 개념을 통해 1950년 중국이 한국전쟁 당시 북한에 인민지원군을 파병했을 때부터 북중동맹관계가 사실상 확정되었다고 주장한다.[23] 그는 중국의 참전 요인에 대해 체제론이 충분히 설명하지 못한 원인을 분석하고, 구조적 현실주의가 간과한 국내정치 및 지

화는 많은 비중을 차지하지 않지만, 역사적, 제도적 관성과 중국 실용주의적 외교정책으로 인한 중국 대북정책의 연속성과 변화를 잘 설명해준다. 탈냉전기 이후 북중관계가 전략적 관계로 변화하는 주장에 대해서는 pp. 282–284 참고.

22 이종석, 『2차 핵실험 이후 북한–중국 관계의 변화와 함의』(성남: 세종연구소), 2012.

23 沈志華, "唇齒相依還是政治聯姻–中朝同盟的建立及其延續,"『中央研究院近代史研究所集刊』, 臺北 : 中央研究院近代史研究所, 2009, pp. 147–194.

도자 개인의 중요성을 다시 한번 강조했다.[24] 또한 그는 북중동맹의 형성은 양국 지도자 개인을 중심으로 진행되었으며, 북중관계는 과거의 조공체계와 현대 사회주의의 영향을 모두 받았다고 본다. 대표적으로 마오쩌둥(毛沢東)은 과거 중국의 황제들처럼 대국의 통치자로서 주변 약소국을 보호해야 한다는 의무감과 사회주의 진영의 지도자로서 아시아 사회주의 국가들을 돕고 지원해야 한다는 책임감을 가지고 있었다.[25] 특히 소련과 동유럽, 중국의 외교문서("당안자료")를 바탕으로 북중 양국 정부가 홍보하는 동지적 관계와 달리 한국전쟁 시기부터 냉전기 내내 존재했던 양국의 갈등과 불신을 설명했다.[26] 결론적으로"내재적 불안정성"과"다변성" 때문에 북중관계가 중국의 안전과 통치 정당성을 확보하는 도구로 기능한다고 평가한다.[27]

최명해는 션즈화의 연구를 수용하여 사회주의 국제관계의"내장된 불안정성" 개념을 통해 사회주의 국제관계의 갈등과 협력을 설명한다. 그

---

24 구조적 현실주의의 관점에서 한국전쟁 시기 중국과 미국의 힘의 격차를 고려하면, 중국이 미국의 직접 공격 대상이 되지 않는 이상 막강한 미국과의 전쟁을 선택할 이유가 없다.

25 沈志華, "朝鮮戰爭期間的中朝同盟,"『歷史教學問題』, 2011年1期; 沈志華, 『毛澤東斯大林與朝鮮戰爭』, 廣東人民出版社, 2003年, pp. 295−313.

26 션즈화는 1950년 중국이 북한에 파병했을 때부터 쌍방의 동맹관계가 사실상 이미 확정되었음을 지적한다. 1946년 여름 중국과 북한의 비공식적인"동지관계" 수립부터 1950년 10월의 한반도 파병, 1956년 조선로동당의 8월 종파사건, 1958년 중국 인민지원군의 철수와 1961년 북중조약의 체결까지 주요 사건들의 배경을 분석한다. 북중동맹의 성격을"정치적 결혼"에 비유하면서 북중동맹이 1950년 한국전쟁 때부터 사실상 형성되었음을 밝힌 것이다.

27 沈志華, "朝鮮戰爭期間的中朝同盟," 『歷史教學問題』, 2011年1期; 『毛澤東斯大林與朝鮮戰爭』, 2003, pp. 295−313.

는 동맹의 외적 동인과 내적 동인을 모두 고려하면서 북중동맹의 체결은 북한의 대내적 요인(domestic factor), 중소분쟁이라는 체계적 요인(systemic factor), 김일성의 외교 능력이라는 개인적 요인(individual factor)이 복합된 결과라고 주장한다. 특히 탈냉전기 이후에는 북중동맹의"외적 기능"이 약화되고"내적 기능"이 강화되었다고 본다. 이러한 주장은 북중동맹의 체결 원인과 배경을 주로 체제적 요인인 중소분쟁으로 보는 기존의 견해를 보완한다.[28] 이러한 관점에서 분석하면, 북중동맹은 '공동위협에 대한 안보협력'을 전제로 한 군사동맹적 성격보다는 양자관계의 '바람직한' 규범을 정의하는 정치동맹적 성격이 오히려 강하다.[29] 또한 그는 탈냉전기 북한의 핵개발을 미국과의 관계정상화를 통해 체제안정성을 실현하기 위한 협상 카드로 본다. 북한은 자국의 지정학적 위상을 부각시키는 방법이나 핵무장과 같은 자구책으로 동맹에 대한 의존을 낮추는 방법을 선택하고 있다. 이러한 북한의 행위는 중국의 연루 우려를 자극하여 결국 중국으로 하여금 결박 기능을 통해 북한의 행동을 관리하는 데에 주력하도록 할 것이라고 예측한다.[30]

박홍서도 동맹의 결박 기능을 인정하면서 중국이 북핵위기 때 북핵으로 인한 연루 가능성과 북한의 동맹관계 포기 가능성을 동시에 대응하는 방식으로 북핵정책을 전개했다고 본다.[31] 이희옥과 박용국은 2차 북핵

28 최명해,『중국·북한 동맹관계: 불편한 동거의 역사』, 2009, p. 33.

29 최명해,『중국·북한 동맹관계: 불편한 동거의 역사』, p. 402.

30 최명해,『중국·북한 동맹관계: 불편한 동거의 역사』, pp. 404–406.

31 박홍서, "북핵위기 때 중국의 대북 동맹안보딜레마 관리 연구: 대미관계 변화를 주요 동인으로,"『국제정치론총』, 제46집 1호, 2006.

위기 이후 중국은 새로운 대북 포용정책을 통해 북한을 관리하고자 했다고 설명한다.[32] 송주영(Song Jooyoung)은 북중관계의 딜레마 상태에서 북한 체제가 안정된 경우에 한해서만 중국이 미국의 대북제재에 동참하고 북한을 벌주는 정책을 취한다고 주장한다.[33] 이러한 내적 결박론은 외적 균형론이 간과하는 중국과 북한이라는 행위자의 특수성을 강조하여 균형론을 보완하는 의미를 지닌다.

그러나 내적 결박론의 시각에도 두 가지 문제점이 있다. 첫째, 내적 결박론은 중국이 북중동맹을 어떻게 관리하는가를 설명하고 있지만, "연루"와"포기"라는 동맹딜레마 개념 때문에 동맹관리의 여타 정책결정 과정을 간과한다. 동맹에서 중요한 것은 동맹 체결 이후 동맹에 대한 관리이다. 북중동맹은 강대국인 중국이 동맹 관리를 통해 동맹의 내적 기능을 유지하는 동맹이다. 동맹 관리(management)는 동맹을 유지하고 자국의 이익을 증가시키는 과정이다.[34] 사실"연루" 및"포기"의 두 가지 딜레마는 동맹 실패의 결과라고 할 수 있다.[35] 연루와 포기에 대한 두려움만을 동맹의 동학으로 강조하면, 동맹 관리를 비롯한 다른 전반적인 동맹의 동학을 간과하게 된다.

---

32 이희옥·박용국, "중국의 대북한 동맹안보딜레마 관리: 대미인식과 북한지정학위 재구성을 중심으로,"『중소연구』, 제37권 제3호, 2013.

33 Jooyoung Song, "Understanding China's Response to North Korea's Provocations," *Asian Survey,* Vol. 51 No. 6, 2011.

34 Glenn H. Snyder, "The security dilemma in alliance politics." *World politics,* Vol. 36 No. 4, 1984.

35 Glenn H. Snyder, "The security dilemma in alliance politics." *World politics,* Vol. 36 No. 4, 1984.

둘째, 스나이더가 제기한 "연루와 포기"의 딜레마는 동맹의 와해에 대한 공포감에서 비롯되지만, 모든 국가가 동일한 수준의 공포감을 느끼는 것은 아니다.[36] 또한 동일한 국가도 시기에 따라 연루와 포기에 대한 공포감을 다르게 느낄 수 있다. 예컨대 북한의 핵실험에 대해 중국이 느끼는 공포감은 시기마다 달랐다. 1차 북핵위기 때에는 중국은 다분히 방관하는 태도였던 반면 2차 북핵위기 때에는 적극적으로 개입하였다는 점을 생각해 본다면, 중국이 북핵으로 느끼는 연루와 포기의 공포감이 동일한 수준이 아니라는 것을 알 수 있다. 따라서 연루와 포기에 대한 정적인 관점은 중국 대북정책의 역동적 변화를 설명하지 못한다는 한계를 지닌다.

2. 이익론

1) 이익균형

이익균형을 주장하는 연구자들은 세력균형 이론에 대한 비판과 이론적 수정을 통해서 구조적 현실주의 이론의 설명력을 한층 강화하는데, 슈웰러(Randall Schweller)가 제기하는 이익균형(balance of interest) 이론이 대

36 이는 2011년 칭화대학교 "정치학 및 국제관계 공동체 회의"에서 푸단대 탕스핑(唐世平) 교수와의 토론을 통해 서술되었다. 탕스핑의 동맹관리에 대한 연구는 蘇若琳·唐世平, "相互制約 : 聯盟管理的核心機制," 『當代亞太』, 2012年第3期.

표적이다. 그는 구조나 체제수준뿐만 아니라 국내정치, 이익, 인식을 비롯한 단위 수준의 변수를 함께 고려하여 국가의 대외정책을 정밀하게 분석해야 한다고 주장한다.[37] 스나이더도 신현실주의적 시각에서 동맹을 분석할 경우 간결성(parsimony)을 유지할 수 있으나, 동맹의 다양한 형태와 함의를 놓칠 수 있다고 지적했다. 단위의 특성(unit attributes)과 구조(Structure)를 모두 고려하여 그들의 상호작용을 분석해야 한다는 것이다.[38] 슈웰러에 따르면, 국가는 힘에 변화에 따라 균형을 맞추려고 대외정책을 펼치는 것이 아니라 개별 국가의 선호(preference) 혹은 거래비용에 따라 정책을 수립한다.[39] 이들은 이익이라는 자유주의의 핵심 개념을 수용하고, 이익균형이라는 새로운 이론으로 이익의 개념을 분석한다.

이러한 맥락에서 보면 신흥 강대국인 중국은 현상유지(status quo) 국가로서 세력균형의 논리에서 벗어나 패권국 미국과의 협력적인 관계를 형성하고, 북한에 대해서도 공동 관리하려는 행태를 보인다. 중국은 최고의 국가목표인 경제발전을 위해 미국이 주도하는 현 국제질서 속에서 현상유지 국가로서 행동해야 할 전략적 필요성이 있으며, 미국 역시 효율적으로 자국의 헤게모니를 유지하기 위해서 주요한 국제문제에 대하여 중국의 협력이 필요하다. 이러한 관점에서 한반도 비핵화라는 미중 양국의 공동

37 Randall L. Schweller, "The Progressiveness of Neoclassical Realism," in Colin Elaman and Miriam Fendius Elman, eds., *Progress in International Relations Theory*, Cambridge: Mit Press 2003, p. 317.

38 Glenn H. Snyder, "The security dilemma in alliance politics." *World politics,* Vol. 36 No. 4, 1984.

39 Randall L. Schweller, "Unanswered threats: A neoclassical realist theory of underbalancing," *International Security*, Vol. 29 No. 2, 2004.

적 목표를 매개로 하여 양국이 협력관계를 유지할 수 있다.[40]

하지만 이익균형론에 대하여 다음과 같은 두 가지 비판이 제기될 수 있다. 우선 이론적 측면에서 이익이라는 자유주의의 핵심 개념을 차용하여 이익균형이라는 개념을 창출한 것에 대하여 자유주의 이론으로부터의 밀수라는 비판이 존재한다.[41] 물론 이는 상호 보완을 통한 이론의 발전이라는 관점으로 수용될 수도 있지만, 지속적인 새로운 개념의 도입으로 이론으로서의 기능이 희생된다고 볼 수도 있다.

둘째, 북핵이라는 사례분석에서 이익균형론의 관점이 예측하듯이 미중 협력이 가능하냐는 의문이다. 박홍서가 주장하듯이 미중 양국이 모두 북한의 비핵화라는 공동의 목표에 따라 협력할 수도 있다. 관리된 강대국 관계(Managed Great Power Relations/MGPR) 모델의 관점에서 두 강대국이 북한의 핵위기를 관리할 수도 있다.[42] 그러나 강대국 간 공동 이익의 존재가 반드시 국가 간 협력을 야기하는 것은 아니다. 올슨(Mancur Olson)이 지적하듯이 집단적인 공동의 이익이 존재하더라도 강제적인 수단이나 특수한 조건이 갖추어지지 않는다면 공동의 이익을 위한 집합행동은 발생

---

40 박홍서, "탈냉전기 미중 간 '협조체제'의 출현?: 9·19공동성명 후 북핵문제에 대한 미중 간 협력," 『국제정치론총』, 제47집 3호, 2007.

41 Jeffrey W. Legro and Andrew Moravcsik, "Is Anybody Still a Realist?" *International Security*, Vol. 24 No. 2, 1999. 현실주의자들의 이에 대한 반론은 P. D. Feaver, G. Hellmann and R. L. Schweller, "Correspondence: Brother, Can You Spare a Paradigm?(Or Was Anybody Ever a Realist?)," *International Security*, Vol. 25 No. 1, 2000.

42 Zhao Quansheng, "Managed Great Power: Do We See 'One Up and One Down?'" *Journal of Strategic Studies*, Vol. 30 No. 4–5, 2007.

하지 않을 수 있다.[43] 이는 국가 간 관계에도 적용된다. 북한의 비핵화는 분명 중국과 미국의 공동 이익이라 할 수 있으며, 양국 모두 자국의 이익을 위해서 북핵문제에 대해 협력할 유인을 갖는다는 점은 부정할 수 없다. 하지만 북한의 비핵화에 대하여 중국과 미국은 서로 다른 목표를 가지고 있다. 미국은 북한체제의 붕괴라는 최종 목표를 갖고 있지만 중국은 북한체제의 안정을 최우선한다.[44] 중국의 더 큰 관심사는 북한 체제의 존립이기 때문에 핵개발이나 미사일 개발을 사활이 걸린 문제라고 생각하지 않는다.[45] 이는 4자회담, 6자회담과 같은 강대국 주도의 다자협상기제를 통한 북한 비핵화의 실현이 어렵다는 주장의 이론적 근거가 되며, 북핵에 대한 미중 협력이 동상이몽에 불과한 것임을 보여준다. 따라서 북한 비핵화에 대한 이익균형론의 낙관적 전망은 성취되기 어렵다.

2) 지정학 및 지경학적 이해관계

탈냉전기 중국의 대북정책에 대한 연구들은 정책결정 시기의 중국의 이익이나 이해관계를 정책결정의 핵심 변수로 삼는 경우가 많다.[46] 또한

---

43 奧爾森著, 陳郁譯,『集體行動的邏輯』, 上海: 上海人民出版社, p. 2. 1995.

44 王俊生,『朝核問題與中國角色: 多元背景下的共同管理』, 北京: 世界知識出版社, 2012, pp. 138−139; 鄭永年, “中國在朝核問題上應吸取的教訓,”『聯合早報』, 2009年 7月 7日.

45 이종석, “북한과 중국 관계의 성격,” 아산정책연구원 북한−중국관계의 현주소, AIPS ROUNDTABLE No. 2, 2010년 4월.

46 이희옥, “북중관계의 변화와 한국의 대응,” 이장규 편,『중국의 부상에 따른 한국의

중국 대북정책 변화의 요인을 지정학적, 지경학적 이익으로 설정한다.[47] 지정학적 이익에서 보면 북한의 완충지대(buffer zone)로서의 역할이 바로 중국의 안보이익이다.[48] 저비스(Robert Jervis)가 지적하듯이 완충지대의 존재는 안보딜레마를 어느 정도 해소해 줄 수 있다.[49]

순망치한(唇亡齒寒)이라는 단어가 보여주듯이 역사적으로 중국과 한반도의 정치세력들은 운명공동체로 간주되는 경우가 많았다. 임진왜란, 청일전쟁, "항미원조(抗美援朝)"가 대표적 사례이다. 최근 중국의 한반도

국가전략연구』, 대외경제정책연구원, 2009; 이희옥, "한반도 통일에 대한 중국의 입장," 『세종정책연구』 세종연구소, 2011; 이희옥·박용국, "중국의 대북한 동맹안보딜레마 관리 대미인식과 북한지정학의 재구성을 중심으로," 『중소연구』, 제37권 제3호, 2013; 김흥규, "21세기 변화 중의 미중관계와 북핵문제," 『한국과 국제정치』, 제27권 제1호; 김흥규, "시진핑 시기 미중 새로운 강대국 관계 형성 전망과 대한반도 정책," 『국방연구』, 제56권 3호, 2013; 안인해, "북한핵실험 이후: 중국의 대북정책 현황과 전망," 『한국국제정치학회 학술대회 발표논문집』, 2006; 신상진, "대만문제와 북핵문제를 둘러싼 미중관계: 동북아 안보위기의 협력적 관리," 『국가전략』, 제13권 3호, 2007; 문흥호, "후진타오 집권기 중국의 대 북한 인식과 정책: 변화와 지속," 『중소연구』, 제33권, 2호; 전병곤, "중국의 세계금융위기 인식과 대북정책: 지속과 변화," 『중국학연구』, 제50집, 2009; 이동률, "북중 정상회담 이후 한반도 정세," 『EAI논평』, 제20호, 2011; 黃河·吳雪, "新形勢下中國對朝外交政策的調整,"『東北亞論壇』, 2011年5期. 金景一·金强一, "朝鲜半島的地缘政治及其對我國的影響研究," 『延邊大學學報』, 2008年第4期 (『人大復印資料中國外交』全文轉載); Cheng Xiaohe, "The Evolution of Sino-North Korean Relations in the 1960s," *Asian Perspective*, Vol. 34, 2010.

47 국제관계의 지리학은 보통 지정학(Geo-politics), 지경학(Geo-economics) 및 지리문화(Geo-civilization)로 구분할 수 있다. 潘忠岐, "地緣學的發展與中國的地緣戰略--一種分析框架," 『國際政治研究』, 2008年第2期.

48 박창희, "지정학적 이익 변화와 북중동맹관계: 기원, 발전, 그리고 전망," 『중소연구』, 통권 113호, 2007.

49 Robert Jervis, "Cooperation Under the Security Dilemma," *World Politics*, Vol. 30 No. 2, 1978.

전문가들은 북한을 자산으로 보느냐, 부담으로 보느냐에 따라 크게 전통파와 전략파로 구분된다.[50] 하지만 양자 모두 북한의 완충지대 역할에 대해서는 부정하지 않는다.[51] 북핵문제의 반복적 발생이 동북아 안정에 악영향을 끼치지만, 북한이 중국의 완충지대 역할을 한다는 사실은 아직 유효하다는 것이다.[52] 따라서 일부 중국 학자들은 갈등과 불신에도 불구하고 북한과 관계를 단절할 수 없고 채찍과 당근을 모두 사용하여 북한을 순응하도록 만드는 것이 바람직한 대북정책이라고 본다.[53]

지정학적 시각이 안보적 측면에서 중국의 이익을 분석한다면, 지경학적 시각은 북중경협을 통해 중국이 얻는 경제적 이익을 분석한다. 지경학적 입장에서 보면 북한은 아시아 경제권 및 중국의 주변 경제권에 속하며, 북중경협은 중국의 이익이 될 수 있다. 우선 북중 경제협력을 통해 중국 동북지역의 낙후한 공업지대를 활성화시킬 수 있다.[54] 대북 원조의 측면에서도 투입 비용을 줄이기는 어렵지만, 직접적인 원조인 이른바"수혈

50 International Crisis Group, "Shades of Red:China's Debate over North Korea," Asia Report No. 179, 2009.

51 예컨대 전통파는 치바오량(戚保良), 위메이화(于美華), 김경일, 김강일, 위샤오화(虞少華), 박건일, 조호길, 왕이성(王宜勝), 리쥔(李軍), 수하오(蘇浩), 스위안화(石源華), 정지융(鄭繼永), 류밍(劉鳴), 류아밍(劉阿明), 공커위(龔克瑜), 뤼차오(呂超), 리자청(李家成) 등을 들 수 있으며, 전략파로는 주펑(朱鋒), 옌쉐퉁(閻學通), 장롄구이(張璉瑰), 스인훙(時殷弘), 쑨저(孫哲), 청샤오허(成曉河), 선딩리(沈丁立), Simon Shen, 양시위(楊希雨), 왕쥔성(王俊生) 등을 들 수 있다.

52 姜龍范, "朝鲜半島的地緣政治意義與中朝關系的未來走向,"『東北亞硏究』2011年第1期; 치보아량, "중국의 대한 정책-불현한 전략적 동반자 관계," 문정인 저, 『중국의 내일을 묻다』, 서울: 삼성경제연구소, 2010, p. 329.

53 중국 국제문제 전문가 인터뷰, 2011년 7월 15일, 베이징.

54 金景一·金强一, "朝鲜半島的地緣政治意義及其對我國的影響硏究,"『延邊大學學報』, 2008年.

(輸血)" 방식에서 북한의 자립능력을 강화하는"조혈(造血)" 방식으로 전환시킨다는 점에서 중국의 부담을 줄일 수 있다.[55]

그러나 이와 같은 지리적 이익론은 다음과 같은 세 가지 한계를 가지고 있다. 첫째, 지정학적 이익론은 미중 간 적대적 관계에 기초한 이해관계이다. 이러한 설명은 미중 양국의 적대적 관계를 전제로 한다. 미중관계는 항상적인 적대 관계로 설정되는데, 한반도 문제에서 미중 양국이 협력하는 경우를 간과한다. 예컨대 2006년 북한 1차 핵실험 이후 중국은 미국과 함께 대북제재에 참여하면서 협력적인 자세를 취하였다. 중국과 미국은 상호 경쟁하기도 하고 상호 협력하기도 한다. 특히 핵의 비확산 등 국제적인 이슈에 대해 미중 양국은 공통의 이해관계를 갖는다. 만일 양국이 협력적 관계를 지속적으로 유지할 수 있다면 북한의 완충지대론은 무효화될 수도 있다.[56] 완충지대론은 미중 양국이 체제, 제도, 정치문화와 이데올로기의 차이 때문에 상호 이해와 신뢰가 부족하다는 점,[57] 그리고 중국이 미국과 그 동맹국인 한국에 대해 경계심을 가질 수밖에 없다는 전제를 바탕으로 하기 때문이다.

둘째, 북한이 과연 중국의 완충지대 역할을 수행할 수 있는가의 문

---

55 呂超·張萬裏, "中朝經濟關系的現狀與前景,"『東北亞論壇』, 2009年第4期; 袁學哲, "21世紀初中國朝鮮半島政策硏究,"吉林大學 2013年博士論文; 郭銳·蘇紅紅, "朝鮮式特區經濟與中朝邊境經濟合作,"『亞太經濟』, 2013年2期; 陳龍山, "中朝經濟合作對朝鮮經濟的影響,"『當代亞太』2006年1期.

56 중국 국제관계 전문가 인터뷰, 2012년 5월, 서울.

57 미중 양국의 전략적 불신에 대해서 Kenneth Lieberthal and Wang Jisi, *Addressing US.–China Strategic Distrust,* Brookings John L. Thornton China Center, Mar., 2012.

제이다. 용어의 의미대로 해석하면 완충지대는 안정적이고, 부드러우며, 비용이 적게 들 때(stable, soft, costless) 제 역할을 수행할 수 있다.[58] 냉전기 이데올로기를 기반으로 수립한 중국공산당 정권과 북한노동당 정권은 미중 화해, 중국의 개혁개방, 한중수교 등 일련의 변화로 이데올로기에 기초한 공통의 집권 정당성이 점차 사라졌다. 중국은 이데올로기 대신 경제개혁과 대외개방을 통한 경제발전에서 체제 정당화의 수단을 찾았으나, 북한은 대미관계 정상화를 실현하지 못한 채 사회주의 완전승리라는 표어 아래 체제를 고수하는 국가발전 방식을 추구하고 있다. 이러한 상이한 경로로 인해 북중관계는 과거의 순망치한 관계로 되돌아갈 수는 없다. 중국은 더 이상 북한을 형제라고 생각하지 않고 있다. 일방적으로 주도하는 북한의 도발이 발생할 때마다 중국은 북한을 부담으로 인식한다. 예컨대 북중 접경지역에서 시행된 세 차례의 핵실험을 중국은 불편해할 수밖에 없다. 핵물질이 유출된다면 미국이 아닌 바로 중국에 실질적 위협이 되기 때문이다. 따라서 완충지대론 또는 지정학적 시각으로 중국의 대북 인식을 설명하는 것은 불완전하다.

셋째, 북한과 관련된 중국의 지경학적 이익은 동북 지역이라는 국부적 범위에 국한되기 때문에 중국 전체에 미치는 영향력은 한계가 있다. 2000년대 초 중국은 동북진흥계획(東北振興規劃)을 수립하고, 이에 따라 동북의 지방정부들이 북한과의 경제 일체화를 촉진한 바 있다.[59] 그러나

58 최명해, "북중 경제관계와 안보," Asan Conference, 2012.

59 동북지역진흥계획에 대한 중국 관방의 발언은 http://www.gov.cn/gzdt/2007-08/20/content_721632.htm(검색일: 2012년 10월 9일).

중국 의존도의 증가를 우려한 북한은 중국의 투자와 경제 협력에 대해 경계심을 가졌다. 아울러 자국의 광물 및 자연자원을 탐내는 중국 기업에 대한 반감도 있었다. 중국 측에서는 북한 투자환경의 낙후성 때문에 시양 그룹(西洋集团)을 비롯한 많은 기업들이 투자금을 한 푼도 건지지 못한 채 일방적으로 계약을 파기당하고 쫓겨난 것이 문제가 되었다.[60] 따라서 중국이 자국의 이익을 위해서든, 북중 공동의 이익을 위해서든 지경학적 측면에서 북중 경제협력을 도모했음에도 불구하고, 북한의 태도와 중국 기업의 입장 등과 경제협력의 딜레마와 문제가 산적해있다는 점에서 중국이 지경학적 이익을 대북정책의 핵심기조로 삼고 있다고 보기는 어렵다.

중국의 국가이익을 구분하자면 경제이익, 안보이익, 정치이익, 문화이익 등으로 나눌 수 있다. 그중에서 안보이익과 경제이익이 가장 중요하다고 할 수 있다.[61] 2009년 워싱턴에서 열린 1차 미중 전략경제대화에서 당시 국무위원 다이빙궈(戴秉国)는 핵심이익의 개념을 본격적으로 제기하였다. 이익이 중요한 변수라면, 대북정책이나 대외정책 결정 시 해당 정책은 중국의 핵심적 국가이익에 부합하여야 한다.

큰 틀에서 보면 탈냉전기 이후 북한을 둘러싼 중국의 국가이익이

60 2007년부터 2011년 9월까지 4년 동안 시양그룹이 북한 황해남도 옹진군에 있는 옹진철광에 2억4000만 위안을 투자하여 철광석 선광(選礦) 공장을 건설했다. 2011년 7월 3만 톤의 철광석 분광을 생산하는 데 성공한 직후, 북측이 갖가지 트집을 잡아 계약을 파기했다. 이러한 내용이"西洋集團在北韓投資的噩夢"이라는 제목으로 중국판 트위터인 웨이보(微博)와 블로그 등에 널리 퍼졌다. 이에 대해 『환구시보』가 북한의 입장과 반발을 같이 소개한 바 있다."中企稱在朝投資是噩夢 朝駁中企'投資被騙'指責," http://world.huanqiu.com/exclusive/2012-09/3100324.html(검색일: 2012년 10월 9일).

61 閻學通,『中國國家利益分析』, 天津人民出版社, 1996, pp. 66-71.

근본적으로 변하지는 않았다. 지속적인 경제발전을 위해 한반도의 평화가 요구되었기 때문에 중국은 한반도의 평화와 안정, 비핵화, 대화를 통한 한반도 문제의 해결을 계속 강조했다. 이익론의 관점에 따르면, 이익이 정책을 결정한다. 따라서 중국의 국가이익이 변하지 않았다면 대외정책에도 변화가 없을 것이다. 그러나 국가이익이 근본적으로 변하지 않았음에도 중국은 1, 2차 북핵위기 때 핵실험을 강행한 북한에 대해서 완전히 다른 정책을 취하였다. 1차 북핵위기 때 소극적으로 방관했던 중국은 2차 북핵위기 때에는 셔틀외교(shuttle diplomacy)를 통해 적극적으로 문제를 해결하려고 했다.[62] 이는 국가이익이 변하지 않았음에도 외교정책이 변화한 사례로서 이익론이 가지는 한계점을 잘 드러낸다.

또한, 신현실주의 이익론이나 자유제도주의 이익론은 모두 이익을 물질적 차원으로만 정의하고 관념 차원을 도외시한다는 한계를 가지고 있다. 이익은 단순한 비용 계산의 문제만은 아니다. 이익은 외생적으로 주어진 개념이기보다는 행위자인 국가가 자신의 이념과 정체성에 따라 다양하게 정의할 수 있는 것이다.[63] 예컨대 1차 북핵위기 때 중국은 방관 정책이 국익에 부합하다고 인식했다. 그러나 2차 북핵위기 때에는 인식의 변화를 기쳐 유엔의 대북제새에 찬성하면서 북핵문제를 해결하기 위한 4자회담과 6자회담의 추진이 국익으로 간주되었다.

뿐만 아니라, 중국의 이익에 대한 관점이 역사적으로 다를 수도 있

62 Hochul Lee, "China in the North Korean Nuclear Crises: 'interest' and 'identity' in foreign behavior," *Contemporary China,* Vol. 22 No. 80, 2013.

63 亞歷山大·溫特 著, 秦亞青 譯, 『國際政治的社會理論』, 上海: 上海人民出版社, 2000, p. 410.

다. 한 중국학자는 중국이 의리를 중시하고 이익을 가벼이 여기는("重義輕利") 외교전략 사상을 가지고 있어 외교정책에서 이익보다 의리를 중요시하는 결함이 발생한다고 주장한다.[64] 이러한 주장의 적실성 여부는 차치하더라도 중국의 이익 개념이 서구의 국제정치 이론으로 포섭되지 않을 가능성도 있는 것이다. 결론적으로 이익 개념은 냉전기부터 오늘날까지 중국 대북정책의 지속성을 설명할 수 있으나, 탈냉전기 중국의 대북정책이 겪은 미묘한 변화를 설명하기에는 부족하다.

3. 관념 및 정체성

국가의 대외정책결정에 대한 관점은 힘과 이익을 변수로 하는 물질적 접근법과 이념이나 정체성을 더 중요시하는 비물질적 접근법으로 나눌 수 있다. 비물질적인 접근 중 구성주의는 국가의 대외정책 결정과정을 문화론적인 측면에서 분석한다. 구성주의는 학자들의 시각에 따라 다양한 패러다임으로 존재한다. 러기(John Ruggie)에 따르면, 구성주의는 신고전적 구성주의(neo-classical constructivism), 포스트모더니즘 구성주의(post-modernist constructivism), 자연 구성주의(natural constructivism)로 세분

64 金一南, "中國外交中利益判斷與價值判斷," 牛軍主編,『中國對外政策分析： 歷史與前景』, 世界知識出版社, 2013年, pp. 100-101.

화된다.[65] 카첸슈타인(Peter Katzenstein)은 전통적 구성주의(conventional constructivism), 포스트모더니즘(postmodernism), 비판적구성주의(critical constructivism)로 분류한다.[66] 웬트(Alexander Wendt)는 구성주의를 급진적 구성주의(radical constructivism)와 온건적 구성주의(moderate constructivism)로 구분한다.

구성주의는 국제정치의 주류 패러다임인 현실주의와 자유주의가 간과한 관념적 요소를 핵심적 변수로 삼는다."국가의 태도와 행위는 그 국가의 정체성과 밀접한 연관이 있으며, 정체성을 달리 규정하는 국가들은 서로 다른 관념과 정책을 취한다. 그러므로 한 국가의 정체성 규정의 변화는 국제사회에 대한 관념과 정책의 변화를 초래"하게 된다.[67] 이처럼 구성주의는 규범, 관념, 정체성이 핵심변수라고 주장한다. 신현실주의자들이 관념 요소의 중요성을 무시하고, 자유주의자들이 관념을 주어진 것으로 주장한 것과 달리 구성주의자들은 관념을 내생적 요소로서 규정하고, 관념이 국가 이익을 만들며 국가의 행위에 영향을 미친다고 설명한다.[68] 그러나 이러한 주장이 물질적 변수들의 중요성을 무시하는 것은 아니다. 카첸

---

65 John Gerard Ruggie, "What Makes the World Hang Together? Neo−utilitarianism and the Social Constructivist Changes," *International Organization,* Vol. 52 No. 4, 1998.

66 Peter Katzenstein, Robert O. Keohane and Stephen D. Krasner, "International Organization and the Study of World Polities," *International Organization*, Vol. 52 No. 4, 1998.

67 Ronald Jepperson, Alexander Wendt and Katzenstein, New York: *The Culture of National Security,* Columbia University Press, 1996, p. 52.

68 Ronald Jepperson, Alexander Wendt and Katzenstein, *The Culture of National Security,* 1996, p. 2.

스타인은 물질적 변수인 국가의 힘, 이익과 관념적 변수인 국가의 문화를 모두 고려하는 것은 현실주의와 자유주의에 대한 전면적 반박이 아니라, 그들이 경시했던 관념이라는 요소를 통해 보완하는 의미를 갖는다고 주장했다. 존스턴(Alastair Johnston)은 이러한 관점에서 중국의 현실주의적인 행위는 아나키의 국제정치체제 때문이 아니라 학습효과 때문이라고 분석한다.[69] 웬트의 주장과 마찬가지로 현실주의적 행위의 기원이 한 국가의 정체성과 국가의 세계관이라는 것이다. 웬트는 정체성을 행위자 수준에 의한 개체적(personal or corporate) 정체성, 유형(type) 정체성, 역할(role) 정체성, 집합적(collective) 정체성 등 네 가지로 유형화한다. 웬트는 그중에서 집합적 정체성이 국가 간 관계를 설명하는데 중요한 변수라고 주장하며, 집합적 정체성을 자아와 타자의 관계가 동질화되는 것이라 정의한다.[70]

구성주의의 정체성의 관점에서 중국의 대북정책을 연구한 김애경과 이호철은 1차와 2차 북핵위기 때 중국의 대북정책이 왜 다르게 나타났는지 분석하며, 이를 중국의 정체성 변화에서 찾는다. 이들은 1, 2차 북핵위기 때 중국의 역할 정체성 변화에 근거하여 대북정책을 분석한다.[71] 이호

69 Alastair Iain Johnston, “”Cultural Realism and Strategy in Maoist China,” in Ronald Jepperson, Alexander Wendt and Katzenstein, *The Culture of National Security,* 1996. 존스턴은 고대 중국에는 현실주의 및 이상주의라는 두 가지 전략문화가 공존하며, 공상주의 중국의 대외정책은 중국의 강한 현실주의 사상 때문이라고 주장한다. 필자는 존스턴의 일부 주장에 동의하지만 현대 중국이 왜 현실주의를 계승하는가, 왜 이상주의를 버리는가에 대한 언급이 없다는 것은 아쉬운 점이라고 생각한다.

70 Alexander Wendt, *Social theory of international politics,* New York: Cambridge University Press, 1999, pp. 224–233, 229.

71 김애경, “중국의 대외정체성 인식 변화: 제1, 2차 북핵위기에 대한 중국의 역할변화 분석을 사례로”,『국가전략』, 제10권 4호, 2004.

철은 중국의 국가"이익"이 변하지 않더라도 정체성의 변화로 인해 상이한 대북정책이 등장했다고 주장한다. 이들의 연구는 기존 파워론이나 이익론에 기반한 중국의 대북정책 연구를 보완하고 있다. 그러나 이들의 연구는 다음과 같은 한계를 갖는다. 첫째, 정체성 개념에 대한 정의의 문제이다. 김애경은 역할 정체성을 중심으로 중국 대북정책의 변화를 설명하고 있지만, 웬트가 정의하는 여러 가지 정체성 중에서 역할 정체성이 왜 중요한지에 대한 설명이 없다.

둘째, 정체성이 어디서 기원하는가에 대한 언급이 없다. 즉 정체성에 영향을 미치는 변수가 무엇인지 명확히 제시하지 못하는 문제가 있다. 정체성에 영향을 주는 변수를 제시하지 못하면 현실주의와 자유주의자가 주장하듯이 이익이 정체성을 만든다는 순환 논리에 빠질 수 있다.

셋째, 정체성과 행동 간 인과관계의 문제이다. 중국의 정체성이 변화했더라도 변화된 정체성이 대북정책의 변화를 반드시 야기하는 것은 아닐 수도 있다. 행위자가 특정한 정체성을 보유하는 것과 행위자의 행위 사이에는 필연적인 인과관계가 없으며, 어떤 원인으로 인해 행위자의 정체성이 행동에 작용하며 어떤 실질적인 영향을 주는지가 정체성 연구에서 가장 중요한 내용이 된다.[72] 따라서 중국 정체성의 변화뿐만 아니라, 중국의 정체성이 대외정책에 효과적으로 작동하는 원인에 대해 설명할 필요가 있다.

72 Rawi Abdelal, Yoshiko Herrera, Alastair Iain Johnston and Rose Mcdermott, eds., *Measuring Identity: a Guide for Social Scientists*, New York: Cambridge University Press, 2009, pp. 3–4.

마지막으로 이호철은 1, 2차 북핵위기 때 중국의 정체성 변화로 대북정책에서 차이가 발생했다고 주장하지만, 이는 2009년 이후의 정체성의 변화를 간과한 것이다. 즉 2차 북핵위기 이후 중국은 적극적으로 북핵 문제를 해결하려는 외교정책을 펼쳤지만, 2009년을 기점으로 다시 변화가 발생했다. 2009년 북한의 2차 핵실험 이후에 중국은 2002년부터 실시한 강력한 대북 개입정책을 포기하고 온건한 대북정책으로 선회하여 밀월기라고 불릴 만큼 북중관계를 복원시켰다.[73] 그렇다면 2009년 전후 중국의 대북정책의 변화의 원인은 무엇인가에 대한 분석이 필요하다.

73 이종석, 『2차 핵실험 이후 북한 중국 관계의 변화와 함의』(성남: 세종연구소), 2012.

제2장 이론적 논의

1. 중국의 국가 정체성

1) 국가 정체성 연구의 필요성

앞서 설명한 것처럼 중국의 대북정책 연구는 파워론, 이익론, 문화론, 즉 현실주의, 자유주의 및 구성주의의 시각에 따라 진행되어 왔다. 대북정책의 변화를 분석한 기존 논의들은 주로 현실주의와 자유주의 시각에서 파워, 이익에만 주목하였다. 이들의 시각은 국가의 행위를 명확히 분석하는 장점을 갖고 있지만 대외정책 결정과정의 복잡성을 간과하기도 한다. 외교정책 결정이라는 블랙박스 내부의 힘, 이익, 관념의 작용 원리에 대한 보다 설득력 있는 규명이 필요하다. 현실주의와 자유주의와 달리 구성주의는 규범과 정체성을 중시한다. 이 중 규범에 대한 연구는 규범을 발생, 전파, 쇠퇴 및 소멸 등의 측면으로 구분하여 일반적인 연구 모델을 수립하였으며, 해당 모델에 대한 다양한 연구가 진행되어 상당한 진전을 이루었다. 그러나 정체성에 대해서는 개념,[74] 형성,[75] 연구 경로,[76] 집단 정체성의 형성과 국제정치[77] 등에 대해서 여전히 많은 쟁점이 있다. 따라서 기존 연구에서 강조하지 못한 정체성은 심층적으로 탐구할 만한 과제이다.

국가 정체성 연구가 미진한 이유로 많은 연구자들이 정체성 연구의 필요성을 주장하고 있다. 예컨대 신현실주의 위협동맹 이론을 주장하는 월트는 위협의 근원을 종합국력(aggregate power), 지리적 위치의 근접성(geographic proximity), 공격 능력(offensive power) 그리고 공격 의도(aggressive intentions) 네 가지 요소로[78] 정의한다. 월트가 공식적으로 지적하지는 않았지만, 이 중 공격 의도는 타자에 대한 인식(perception)이라고 할 수 있다. 비록 의도가 능력과 마찬가지로 위협의 변수로 설정되어 이론적 불확실성을 야기하는 측면이 있다는 비판도 있지만,[79] 공격 의도라는 관념적 변수

74 Rawi Abdelal, Yoshiko Herrera and Alastair Iain Johnston, eds., *Mesuring Identity: A Guide for Social Science*, New York: Cambridge University Press, 2009.

75 Richard Ned Lebow, "Identity and International Relations," *International Relation*, Vol. 22 No. 4, 2008.

76 Charlotte Epstein, "Who Speaks? Discourse, the Subject and the Study of Identity in International Politics," *European Journal of International Relations*, Vol. 17 No. 2, 2011.

77 Brian Greenhill, "Recognition and Collective Identity Formation in International Politics," *European Journal of International Relations,* Vol. 14 No. 2, 2008.

78 Stephen Walt, *The Origins of Alliances*, 1987, pp. 21–26.

79 Jeffrey W. Legro and Andrew Moravcsik, "Is Anyody Still a Realist," *International Security*, Vol. 24 No. 2, 1999.

는 힘, 능력, 지리 등과 함께 고려할 만한 변수가 될 수 있다.

신자유주의 패러다임도 정체성 연구의 유용성을 무시하지 않았다. 1989년에서 1991년까지 세 차례에 걸쳐 진행된 관념과 외교정책에 관한 학술회의의 성과를 반영한 저서인 *Ideas and Foreign Policy: Beliefs, Institutions and Political*은 관념적 요인이 물질적 요소와 같이 국가의 외교정책에 영향을 미친다고 결론 내린다. 여기서 골드스타인과 커헤인(Goldstein and Keohane)은 자유주의적 제도주의 관점에서 관념의 중요성을 강조하면서 관념을 관념에 대한 세계관, 원칙 관념, 인과 관념 등 세 가지로 유형화한다. 이들에 따르면, 관념은 국가 행동의 로드맵을 제공하고 정치제도를 통해 내재화된다.[80] 나아가 커헤인은 외교정책의 결정 요인은 물질적 요소 및 관념적 요소를 모두 포함하며 웬트가 주장하듯이 물질적 요소와 관념적 요소를 대립적으로 보는 것은 무의미하다고 비판한다.[81]

한편 정치경제학적인 방법론으로 국제정치를 분석하는 길핀(Gilpin)은 국가를 수정주의 국가와 현상유지 국가로 구분한다. 이는 정체성의 개념을 상세히 구분하지 않았기 때문이다.[82] 커헤인이 지적하듯이 이러한 연구들은 관념의 기원을 설명하지 않으며 관념의 결과와 작용에 대해서만 관심을 갖는다. 또한 이익이 관념에 미치는 효과는 중요시하면서도 관념이나 규범이 이익을 구축하는 효과는 간과하고 있다.

---

80 Judith Goldstein and Robert Keohane, *Idea and Foreign Policy: Beliefs, Institutions and Political,* New York: Cornell University Press, 1993.

81 Robert Keohane, "Ideas part−way down." *Review of International Studies,* Vol. 26, No, 1, 2000. 秦亞青, "國際政治的社會建構", 『歐洲』, 2001年第3期.

82 Robert Gilpin, *War and Change in World Politics*, Cambridge University Press, 1983.

구성주의는 다른 국제정치 이론들보다는 정체성을 더욱 강조한다. 대표적으로 웬트는 국가의 태도와 행위가 그 국가의 정체성과 밀접한 연관이 있으며, 정체성이 다른 국가들은 상이한 관념과 정책을 갖는다고 본다. 한 국가의 정체성 변화는 국제사회에 대한 관념과 정책 변화를 초래한다.[83] 클로츠와 린치(Klotz and Lynch)는 정체성과 안보정책 간의 관계를 설명하면서 정체성이 군사 정책에 있어서 국가의 선택을 설명해 주는 변수라고 본다. 여기서 정체성은 국가 정책이 문화-제도적 구조를 재생산하는 데에도 영향을 줄 수 있다.[84] 요컨대, 구성주의는 국가행위를 결정하는 객관적 국력과 같은 물질적 요인을 인정하면서도 물질적 요인이 결국 정체성이라는 관념의 해석을 통해 행위에 영향을 미친다. 즉 국가 이익과 국가행위는 국가의 관념에 따라 계속 변화하고 있다고 해석하는 것이다.

이처럼 정체성이라는 관념의 요소에 대한 연구는 국가의 힘, 이익과 외교정책 간의 상호관계라는 블랙박스 안에서 이들이 어떻게 작동하는지를 보여줄 수 있다. 구성주의를 통해 정체성 개념은 국제 환경과 국가이익을 연결시키는 핵심이 되었다.[85] 즉 국가 정체성은 국제 환경의 영향을 받아 다시 국제사회에 대한 태도와 행위를 산출한다. 카첸슈타인이 제기한

83 Jepperson, Alexander Wendt and Katzenstein. 1996. *The Culture of National Security: norms and identity in world politics*, p. 52.

84 오디 클로우츠·시실리아 린치 저, 손혁상·이주연 역, 『구성주의 이론과 국제관계 연구전략』(서울: 경희대학교출판문화원), 2011, p. 39.

85 Alastair Iain Johnston, "Cultural Realism and Strategy in Maoist China," in Peter Katzenstein ed., *The culture of national security: norms and identity in world politics*, New York: Columbia University Press, 1996, pp. 216-268.

것처럼 국가 행위는 국가의 정체성에 달려있다.[86] 디트머와 킴(Dittmer and Kim)이 지적하듯이 국가 정체성은 한 국가의 이익, 선호, 세계관 그리고 결과적으로 외교정책에 대한 인식틀을 제공한다.[87]

외교정책을 연구하는 허드슨(Hudson) 역시 문화와 정체성의 중요성을 강조한다. 그는 정체성이라는 요소가 외교정책을 결정하는 과정에서 국제적인 세력 균형만큼이나 국가의 동기와 의무 형성에 중요하다고 본다. 그러나 사회적 문화나 정체성이 외교정책 선택에 미치는 영향에 대한 분석은 외교정책 연구의 하위 분야에서 가장 미흡한 분야 중 하나이다.[88] 허드슨이 주장하듯이 체제적 속성의 최종 결과물은 결국 외교정책을 결정하는 사람들이 결정하여 만들어 내는 것이다.[89] 체제의 속성이 외교정책에서 고려되어야 할 중요한 요인임에는 틀림없지만, 개별 국가의 특수성과 지도부의 생각과 의지를 간과할 수 없다는 것이다.[90] 따라서 중국의 정책 결정을 설명하기 위해서는 구조적인 조건 외에 중국이라는 개별 행위자의 특수성을 고려해야 할 것이다.

---

86 Katzenstein, *The culture of national security: norms and identity in world politics*, 1996, p. 52.

87 Lowell Dittmer and Samuel S. Kim, eds., *China's quest for national identity*, Cornell University Press, 1993.

88 벨러리 허드슨 지음, 신욱희·최동주·조윤영·김재천 옮김, 『외교정책론』, 2009, pp. 178–179.

89 벨러리 허드슨 지음, 신욱희·최동주·조윤영·김재천 옮김, 『외교정책론』, 2009, p. 272.

90 Randall L. Schweller, "The Progressiveness of Neoclassical Realism," in Colin Elaman and Miriam Fendius Elman, eds., *Progress in Internationa Relations Theory*, Cambridge: Mit Press 2003, p. 317.

2) 국가 정체성의 개념

정체성은 사회학, 심리학, 정치학 등 여러 분야에서 다양하게 사용되어 온 개념이다. 국제정치의 정체성 개념 연구는 다른 연구에 비해 비교적 뒤늦게 시작되었지만, 탈냉전기에 상당히 많은 연구가 진행되었다. 국가 정체성의 개념을 설명하기 위해 여기서는 국가 정체성의 개념, 국가 정체성, 국가 이익과 국가 행위 간의 상관관계, 국가 정체성의 변화 여부에 대해 살펴보겠다.

우선 국제관계에 있어 구성주의 국가 정체성은 자아와 타자의 관계 속에서 형성된다. 웬트에 의하면 정체성은 자신에 의해 형성된 관념과 타인에 의해 공유되는 관념을 포함하며 내적 및 외적 구조로 구성되어 있다.[91] 그는 정체성을 개인적 또는 유기적 정체성, 유형 정체성, 역할 정체성, 집합 정체성 등 네 가지로 세분화시켰다. 개인적 또는 유기적 정체성은 행위자를 개별적 실체로 규정하며 자체적으로 조직하는 유사 구조에 의해 구성한다. 국가의 경우에는 여러 형태와 영토 등 물질적 기반을 지니고 타 정체성의 장소가 된다.[92] 유형 정체성은 사회적 카테고리 또는 외관상 특수한 속성을 공유하는 것을 가리킨다.[93] 역할 정체성은 타인들과의 관계에서만 존재하고 사회구조에서 일정한 위치를 차지하고 연관된 대항 정체성

91 알렉산더 웬트 지음, 박건영·이옥연·구갑우·최종건 옮김, 『국제정치의 사회적 이론: 구성주의』, 1999, p. 318.
92 알렉산더 웬트 지음, 박건영·이옥연·구갑우·최종건 옮김, 『국제정치의 사회적 이론: 구성주의』, 1999, pp. 318－319.
93 알렉산더 웬트 지음, 박건영·이옥연·구갑우·최종건 옮김, 『국제정치의 사회적 이론: 구성주의』, 1999, pp. 319－320.

을 소지하는 타인들에 대한 행위규범을 준수하면서 성취된다.[94] 집단 정체성은 역할 정체성과 유형 정체성을 특이하게 결합한 결과이며 자신을 타인으로부터 분류하는 것이다.[95] 웬트는 사회학의 정체성 개념을 빌려서 정치학의 관심사인 국가 정체성에 대한 유형화를 시도했다.

안보문화를 강조하는 카첸스타인은 국가 정체성을 강조하였다. 국가 정체성은 민족성과 국가성의 다양한 구성으로서 자신과 타자를 구별할 수 있는 기초이다. 그는 국가 정체성은 집단적 차별성(distinctiveness)과 집단적 목표에 대한 국가 이데올로기(national ideology)라고 설명한다.[96] 국가 정체성은 환경적 구조(environmental structure)와 이익(interest)을 연결시키는 중요한 역할을 수행한다. 또한 정체성은 행위자에 의해 유지, 표출되면서 중요한 타자와의 관계를 통해 형성되는 개성(individuality)이자 독특함을 나타내는 이미지라고 할 수 있다. 카첸스타인은 정체성을 행위자가 갖고 있는 고유의 정체성인 '본질적 정체성'과 사회구조 속에서 관계적으로 정의된 '관계적 정체성'으로 구분한다.[97]

디트머와 킴은 정체성이 자아와 타자의 관계에서 형성된다고 주장함으로써 정체성의 개념은 상대적인 것이며 타자로서의 국가가 존재하지

94 알렉산더 웬트 지음, 박건영·이옥연·구갑우·최종건 옮김,『국제정치의 사회적 이론: 구성주의』, 1999, pp. 321–322.

95 알렉산더 웬트 지음, 박건영·이옥연·구갑우·최종건 옮김,『국제정치의 사회적 이론: 구성주의』, 1999, pp. 323–324.

96 Peter J. Katzenstein, eds., *The culture of national security: norms and identity in world politics*, 1996, p. 6, 59.

97 Peter J. Katzenstein, eds., *The culture of national security: Norms and identity in world politics*. 1996, pp. 58–59.

않는다면 자국의 정체성은 정의할 필요가 없게 된다고 본다.[98]

그러나 최근 이러한 자아와 타자 구분에 대해 비판이 대두되었다. 우선 자아와 타자의 형성 순서에 주목한 리보(Richard Ned Lebow)는 자아와 타자가 정체성을 동시에 형성한다는 입장을 비판하면서 자아는 항상 타자보다 먼저(prior) 형성된다고 주장한다. 또한 자아와 타자가 대립적인 존재로서 필요하지 않다고 본다.[99]

다음으로, 국제정치에서 국가 정체성, 국가 이익과 국가 행위 간의 관계를 살펴본다. 웬트는 행위를 야기하는 정체성과 이익의 상호 함수관계를 제기하였다. 그는 정체성은 행위자가 누구인지 혹은 어떤 지위에 있는지 알려주며, 존재의 상태나 사회적 유형을 지정한다. 이익은 행위자가 무엇을 원하는지 가리키며, 행위를 설명하는 데 도움을 주는 동기를 지적해준다.[100] 이익이 없다면 정체성은 동기를 부여하는 힘을 얻지 못하며, 정체성이 없다면 이익은 방향감각을 잃게 된다. "요구+신념=행위(desire+belief=action)"에서 정체성은 신념 쪽에 속하고 이익은 요구 쪽에 속한다.[101] 따라서 웬트에 있어 정체성은 이익과 상호 보완적 개념으로 국가 행위를 야기시키는 중요한 요인으로 본다.

카첸스타인은 환경(규범)과 국가 정체성 두 가지 요소에 주목하면

98 Lowell Dittmer and Samuel Kim, "In Search of a Theory of National Identity," Lowell Dittmer and Samuel Kim, eds., *China's Quest for National Identity*, Ithaca and London: Cornell University Press, 1993, pp. 15–16.

99 Richard Ned Lebow, "Identity and International Relations," *International Relations*, Vol. 22 No. 4, 2008.

100 Alexander Wendt, *Social theory of international politics*, 1999, p. 231.

101 Alexander Wendt, *Social theory of international politics*, 1999, p. 231.

서 규범, 이익, 정체성과 국가 정책의 상관관계에 대한 가설을 다음과 같은 세 가지 규범효과로 제시한다.[102] 규범 효과(I): 국가 환경적, 제도적 요소들(규범)은 국가 이익 혹은 국가 정책을 형성한다. 규범 효과(II): 국가 환경적, 제도적 요소(규범)는 국가 정체성을 형성한다. 정체성 효과(I): 국가 정체성의 변화는 국가 이익 혹은 정책에 영향을 준다. 정체성 효과(II): 구체적인 국가 정체성은 레짐이나 안보공동체 같은 국가 간 규범 구조에 영향을 미친다.

마지막으로, 국가 정체성은 생산과 재생산 과정을 거친다. 카첸스타인 등은 국가 정체성 변화에 두 가지 모델이 있다고 분석하였다. 하나는 국제체제에서 국가 정체성의 특징은 시간의 흐름에 따라 변화한다는 것이고, 다른 하나는 국가 정체성의 변화는 국제환경의 변화, 국내 사회의 발전, 국내와 국제사회와의 상호작용 등으로부터 영향을 받는다는 것이다.[103]

국가 정체성은 포괄적 개념으로 분석 단위의 변화를 통해 다양한 규정을 할 수 있다. 로즈만(Rozman)은 국가 정체성을 이데올로기(ideological), 시기(temporal), 분야(sectoral), 수직(vertical), 수평(horizontal), 그리고 강도(intensity) 등 6가지 차원에서 구분하고 중국 정체성 형성의 독특함을 분석한다.[104] 그러나 이처럼 다차원적으로 중국의 정체성을 정의한다는 점

102 Peter Katzenstein, *The culture of national security: norms and identity in world politics*, 1996, pp. 52–64.

103 Peter Katzenstein, *The culture of national security: norms and identity in world politics*, 1996, p. 60.

104 Gilbert Rozman ed., *East Asian National Identities: Common Roots and Chinese Exceptionalism,* Washington: Woodrow Wilson Center Press; Stanford: Stanford

이 그의 연구의 강점이자 약점이라 할 수 있다. 다양한 분석이 가능한 동시에 무엇을 보고, 무엇을 중시해야 하는지를 선택하기가 쉽지 않은 것이다.

중국은 다양한 형태의 정체성을 갖고 있다. 예컨대 국가 성격에 있어 중국은 개발도상국, 책임을 지는 대국 그리고 강대국 정체성이 있다. 이러한 다양한 정체성 중에서 하나의 특정한 정체성이 선택되고 현저한 영향력을 미치게 되는 이유는 무엇인가? 즉 지배적 국가 정체성이 왜 특정한 시기 및 사건에 나타나는 것인가? 기존 연구는 정체성의 선택이 국력에 좌우된다고 주장하는 현실주의자들의 비판에 무력하다.[105] 그 때문에 한 국가가 어떤 상황에 따라 특정한 정체성이 지배적으로 드러나는 원인을 분석할 필요가 있다. 따라서 이 책은 중국이 자신의 국가 정체성을 모색하는 과정에서 지배적 국가 정체성이 어떻게 형성되는지에 대해 분석할 것이다.

국가 정체성은 한 국가의 본질적 속성으로서 정치제도나 경제적, 또는 지리적 기준에 따라 다양한 정의를 갖는다. 예를 들어 정치제도를 기준으로 정체성을 규정하면, 자본주의 국가, 사회주의 국가, 자유민주주의, 권위주의 국가 등으로 나눌 수 있다. 경제적 기준으로 본다면 시장경제, 계획경제 등으로 구분할 수 있고, 지리적으로 해양국가, 대륙국가 등으로 나눠 볼 수도 있다. 이처럼 국가 정체성을 규정하는 기준에 따라 국가는 여러

University Press, 2012, p. 2.

105 Jaejung Suh, *Power, Interest, and Identity in Military Alliances,* Palgrave Macmillan, 2007, 이종삼 옮김, 『한미동맹은 영구화하는가 군사동맹에서의 군사력, 이해관계 그리고 정체성』(서울: 한울 아카데미), 2009, p. 26.

모습과 이미지로 나타날 수 있다. 또한 정체성은 시간과 공간에 따라 변화할 수 있다. 개혁 개방 이전에 중국은 계획경제를 추진하는 사회주의 국가였지만, 개혁기에 들어와서는 시장경제를 추진하는 사회주의 국가로 정체성이 바뀌었다. 이외에도 중국은 지리적으로 대륙국가였지만, 최근 해외이익의 확대를 강조하면서 대륙국가에서 해양국가로 정체성이 변하고 있다고 볼 수 있다.[106] 즉 정체성은 매우 다원적이고 복합한 성격을 갖는다.

3) 중국의 국가 정체성

여기서는 중국의 정체성에 대한 유형화를 검토하려 한다. 본 연구의 주장은 탈냉전기 중국 국가 정체성을 분석하는 데 있어 개발도상국, 책임지는 대국, 강대국의 유형을 제시한다. 중국의 국가 정체성은 기준에 따라 개념 정의가 다를 수 있지만, 본 연구에서는 중국의 북핵정책에 대해 분석하기 때문에 대외정책 결정과 관련된 중국의 발전 수준과 국제적 위상에 따른 정의가 필요하다.

국제정치에서 국가 정체성은 자아와 타자의 관계 속에서 형성되는데, 중국에 있어 가장 중요한 타자는 미국이다. 중국은 미중 국력의 격치,

106 지리적으로 중국 국가 정체성의 변화를 분석하는 연구는 Robert S. Ross, "China's Naval Nationalism," *International Security*, Vol. 34 No. 2, 2009; 이지용, "중국의 국가 정체성 진화와 동아시아 해양안보환경 변화," 『국제관계연구』, 제19권 1호, 2014; 蘇長河, "論中國海外利益," 『世界經濟與政治』2009年第8期; 張曙光, "國家海外利益風險的外交管理," 『世界經濟與政治』2009年第8期; 唐昊, "關于中國海外利益保護的戰略思考," 『現代國際關系』 2011年第6期.

상대적 힘에 대한 인식을 통해 자국의 정체성을 형성하게 된다. 사회학자 마누엘 카스텔은 정체성의 사회적 구성은 언제나 권력관계의 맥락 안에서 발생한다고 주장하면서 정체성을 세 가지 형태로 구분한다. 그것은 합법적 정체성(Legitimizing Identity), 저항적 정체성(Resistance Identity), 기획적 정체성(Project Identity)이다.[107] 친야칭(秦亜青)도 중국과 국제체제 간 관계로부터 국가 정체성을 정의하며 정체성에 대한 인식에 따라 중국이 상이한 대외정책을 펼칠 것이라고 본다.[108] 국제사회 질서를 만드는 타자는 미국이기 때문에 중국의 정체성 형성과 규정에 있어 미국은 중요한 역할을 차지할 수밖에 없다. 국가 정체성을 규정할 때에는 타자의 힘, 다시 말해 미국의 힘에 대한 인식과 타자부터의 인정이 중요하다. 왜냐하면 국가 정체성의 형성 과정에서 자아와 타자를 구분할 수 있는 인정(recognition)이 중요한 역할을 하기 때문이다. 이는 첫째, 인정이 사회의 상호 작용을 통해 자아(self)에 대한 인식을 구분하기 때문이며, 둘째, 인정이 자아와 타자 간 상호관계를 정의하기 때문이다.[109]

다음으로, 국가 정체성의 모순성과 모호성에 대한 논의는 부정적 관점과 긍정적 관점으로 나눠 볼 수 있다. 웨이빈(蔚彬)은 중국이 ① 발전도

---

107 마누엘 카스텔 지음, 정병순 옮김, 『정체성 권력』(서울: 한울아카데미), 2008, pp. 25-28.

108 秦亞青, "國家身份、戰略文化和安全利益,"『世界經濟與政治』2003年第1期; 唐小松, "進攻性現實主義及其"修正主義國家論","『世界經濟與政治』, 2004年第3期; 馮慧雲, "中國是現狀改變國嗎?--基于信念體系操作碼的解讀,"『國際政治科學』, 2009年第3期.

109 Brian Greehill, Recognition and Collective Identity Formation in International Politics, *European Journal of International Relations,* Vol. 14 No. 2, 2008.

상국인가, 선진국으로의 전환을 실현하는가, ② 계획경제인가, 시장경제로 진화했는가, ③ 지역 강대국인가, 글로벌 강대국인가, ④ 국제질서의 옹호자인가, 파괴자 혹은 변혁자인가 등 네 가지 정체성의 모순을 제기한다.[110] 진린보(Jin Linbo)는 중국의 역사적 피해자(victimization) 인식과 최근 부상한 민족주의(nationalism) 간의 긴장관계를 지적하고 두 정체성을 어떻게 조합해야 하는지가 중국이 직면한 과제라고 본다.[111] 이와 비슷한 맥락에서 일본 학계를 중심으로 중국이 대일정책에서 갖는 피해자 정체성이 분석되기도 하고[112] 정체성의 모순성으로 인해 중국은 일관된 대외정책이 없다고 보는 주장도 있다.

샴보(David Shambaugh)는 정체성의 정의가 갖는 복잡함을 인정하면서도 중국의 국제적 정체성을 분석할 필요성을 지적한다. 그는 중국의 국제적 정체성을 정의하는 연구들을 7개의 범주로 구분한다. 즉 배척주의(Nativists), 현실주의(Realism), 강대국주의(Major powers), 아시아 우선주의(Asia First), 글로벌 남반구주의(Global South), 선택적 다자주의(Selective Multilateralism) 그리고 글로벌주의(Globalism) 등이다.[113] 그는 이처럼 다양한 국가 정체성을 정의할 수 있다는 사실 자체가 중국의 정체성 위기를 보여주

110 尉彬, "轉型期中國國家身份認同的困境,"『現代國際關係』, 2007年第7期.

111 Jin Linbo, "China's National Identity and Foreign Policy: Continuity amid Transformation," in Gilbert Rozman ed., *East Asian National Identities: Common Roots and Chinese Exceptionalism,* 2012, pp. 252–253.

112 Shogo Suzuki, "The Importance of 'Othering' in China's National Identity: Sino–Japanese Relations as a Stage of Identity Conflicts," in Li Mingjiang ed., *China's International Relations in Asia*, New York: Routledge, 2010, pp. 9–32.

113 David Shambaugh, *China Goes Global: The Partial Power,* New York: Oxford University Press, 2013, pp. 26–44.

는 것이라고 주장한다. 이러한 국가 정체성의 위기로 인해 중국 정부는 항상 상대국에 따라 상이한 정체성 및 대외정책을 적용하고 있으며, 이로 인해 중국 외교정책에서 긴장과 모순이 증가하고 있다고 주장한다.[114]

정체성의 모호성과 모순성에 대한 부정적 시각과 달리 모순성과 모호성이 존재하기 때문에 중국이 대외정책에 정체성 정치를 활용하기도 한다는 지적도 있다. 완밍(Wan Ming)은 중국 정체성으로 인한"불간섭 원칙"이 오히려 대외정책의 불확실성을 감소시킨다고 주장한다. 그에 따르면, 전통에서 비롯된 중국의 국가 정체성에 대한 인식이 모호하기 때문에 중국은 대외정책의 불간섭 원칙을 형성했다. 이러한 불간섭 원칙으로 인해 국내정치 및 세계 정치에서 나타나는 불확실성이 감소된다는 것이다.[115]

마지막으로, 본 연구는 개발도상국, 책임지는 대국 및 강대국의 정체성은 분석 기간 동안 삼자가 공존하지만, 그중에서 어느 한 지배적 정체성이 국가의 대외정책에 현저한 영향을 미친다고 주장하려 한다. 국가에 여러 정체성이 부여되면 혼동을 일으킬 수 있지만 대다수의 정체성은 상황에 따라 선별적으로 작동한다. 웬트가 주장한 것처럼 국가가 여러 개의 정체성을 지니며 각 정체성은 하나의 극본이나 도식이며 다양한 문화적 형태로 구성되어 국가가 누구이며 특정한 맥락에서 어떤 행동을 취해야 하는지 알려준다.[116] 복수의 정체성 간 갈등이 어떻게 해결될지 예측할 방

114 David Shambaugh, *China Goes Global: The Partial Power*, 2013, p. 52.

115 Ming Wan, "China's National Identity in Diplomacy: Noninterference in Internal Affairs," in Gilbert Rozman ed., *East Asian National Identities: Common Roots and Chinese Exceptionalism,* 2012, p. 257.

116 알렉산더 웬트 지음, 박건영·이옥연·구갑우·최종건 옮김, 『국제정치의 사회적 이론: 구성주의』, 1999, pp. 324.

법은 없지만 갈등적 정체성 중 지배적 정체성의 선택은 자기 정체성에 대한 담론을 통해 그 상대적 중요성이 드러난다.

2. 북핵에 대한 중국 정책의 변화

중국의 대북정책은 정치, 경제, 군사, 문화 네 가지 분야로 나누어 볼 수 있다. 본 연구의 종속변수는 중국의 북핵정책 변화로, 이것이 왜 그리고 어떻게 변화되는지를 살펴볼 것이다. 특히 핵문제를 중심으로 중국의 대북정책을 살펴보는 이유는 다음과 같다. 첫째, 다수의 사례가 오히려 설명력을 떨어뜨릴 수 있으며 핵심적인 하나의 사례를 통해 더 유용한 분석을 할 수 있기 때문이다. 둘째, 북핵위기가 비대칭 동맹인 북중동맹에서 강대국인 중국이 가진 딜레마와 한계를 잘 보여주기 때문이다. 탈냉전기에 중국은 북한을 지원하며 많은 경제적, 외교적 부담을 감수하고 있지만, 대북 영향력은 오히려 냉전기에 비해 더 많은 한계를 갖게 되었다.[117] 이러한 부담의 증가와 영향력의 한계를 잘 보여주는 사례가 북핵위기이다. 따라서 북핵위기에 대한 정책 변화는 비대칭동맹이론의 측면에서 연구 대상

117 중국의 대북 영향력 평가에 대해서는 蔡建, "中國在朝核問題上的有限作用," 『國際觀察』, 2006年3期; 정재호, 『중국의 부상과 한반도의 미래』(서울: 서울대학교출판문화원), 2011, pp. 330−337. International Crisis Group, "China and North Korea: Comrades Forever?" Asia Report No. 112, 2006; Yiwei Wang, "China and the North Korean Nuclear Issue," *International Studies*, Vol. 42 No. 3−4, 2005.

이 되기에 적합하다.

본 연구에서는 북핵위기에 대한 중국의 정책을 세 시기로 나누어 검토한다.

1차 북핵위기는 1993년 2월 북한이 IAEA 이사회의 대북특별사찰을 거부하고 이어 3월 NPT를 탈퇴한 시기부터 1994년 10월 북미 제네바 합의와 4자회담 6차 본회담(마지막 4자회담)에 이르기까지의 기간이다. 1차 북핵위기에 중국은 북한이 핵개발을 추진한다는 사실을 믿지 않았다. 핵위기의 원인은 동아시아 세력 불균형, 북한 내정의 불안정 그리고 국제적 불통 때문에 북한이 수동적으로 핵을 통해 외부의 균형과 소통, 내부의 안정을 도모한 데 있다. 중국은 그 원인을 초래한 당사자가 북한체제를 붕괴시키려는 미국이라고 인식하였다. 또한 중국은 북한이 미국과 직접 대화하려는 입장을 알고 있었다. 북한은《로동신문》을 통해 북미 양자대화의 방식을 강조하였다."우리는 핵문제가 제기된 첫날부터 그것을 대화와 협상의 방법으로 해결해야 한다는 확고한 립장을 견지하여 왔다. 이것은 그 누가 가르쳐준 것이 아니며 우리가 핵문제의 본질로부터 스스로 정한 것이다.""핵문제는 우리와 미국 사이에 해결해야 할 정치군사적 문제이다. 따라서 우리는 이 문제에 제3자가 끼여드는 것을 처음부터 반대하였다."[118] 따라서 중국은 관망(see and wait) 정책을 전개하였다. 북미 양자 간 제한적 소통 역할을 할 뿐, KEDO(한반도에너지개발기구)에 동참하지 않았다. 결국 1차 북핵위기 때 북미 양자합의가 이루어지면서 중국은 북핵문제에서 소외되었다.

118 《로동신문》, 1994년 12월 1일.

2차 북핵위기는 2002년 10월 제임스 켈리 당시 미국 국무부 동아시아태평양 차관보의 방북에서 북한이 고농축 우라늄(HEU)을 시인하는 발표를 하는 시점부터 6자회담을 통해 9·19공동성명과 북미 2·13합의가 체결되는 시점까지이다. 중국 국내에서는 북핵에 대해 방관할 것인가, 개입할 것인가에 대해 두 가지 목소리가 나타났다. 논쟁 결과, 중국은 자국의 책임 제고 및 대미 협력을 위해 중재자로 북핵에 개입하였다. 본 연구에서 '개입'이라는 개념은 '참여, 가입, 말려들다'라는 의미로 사용한다. 개입은 영어로 Interference와 Involvement로 번역할 수 있는데 전자는 부정적인 느낌을 주며, 후자는 중성적 성격을 띠고 있기 때문에 본 연구에서 Involvement를 사용한다.[119] 중국은 유엔 안보리의 대북제재 결의안에 찬성하고 제재에 동참하였다. 중국은 북핵문제에 있어 한반도에서 군사충돌을 방지하는 제한적 개입을 보였다. 2차 북핵위기에 대한 중국의 선택적, 제한적 개입은 북핵위기 해결에 있어 미국과 적극적으로 협력하고 6자회담의 의장국으로서 셔틀외교를 전개하는 것으로 나타났다. 그러나 미국을 뒤따르는 중국의 대북제재 정책은 북한의 반발을 야기하였다. 결국 북미 양자 간 2·13합의가 이뤄지면서 중국은 오히려 북한으로부터 방기 우려에 처하게 되었다.

마지막으로 3차 북핵위기는 2009년 4월 5일 '광명성 2호' 발사 후 4월 13일 이를 비판하는 유엔안보리 의장성명 채택 후 14일 북한의 6자회담 탈퇴 선언, 5월 2차 핵실험을 단행한 이후부터 현재까지 계속되고 있다. 중국은 2차 핵실험에 대해서는 '제멋대로(悍然)'보다 완화된 '단호한(堅

119 王逸舟, 『創造性介入—中國外交新取向』, 北京大學出版社, 2011, p. 9.

決)'이라는 표현으로 유엔 안보리의 1874호 결의안에 찬성표를 던졌다. 중국은 유엔 대북제재에 참여했지만 2009년 10월 이후 북한과 광범위한 경협을 통해 대북제재 결의안의 효력을 무력화시켰다. 그러나 2013년 2월 북한의 3차 핵실험 이후 중국에서는 북한에 대한 실망감이 확산되었다. 중국은 북핵문제와 동아시아 지역의 안정과 중국의 평화적 부상을 연결시켰다. 따라서 중국은 미국을 따르지 않고 자국의 위상과 이익을 계산하여 충돌 방지, 정치 소통 및 경제 제재와 협력의 촉진을 통해 포괄적으로 개입하였다. 북핵위기 시기별로 중국 정책 변화에 대한 논의를 표로 정리하면 아래와 같다.

〈표 2-1〉 3차례 북핵위기에 대한 중국의 정책 변화[120]

시기 구분	시작	과정	종료	중국의 정책
1차 위기 (1993.2-1999.8)	IAEA 대북 특별사찰, 북한 NPT 탈퇴	1998년 8월 대포동 1호 발사, 금창리 의혹	제네바합의와 4자회담 제6차 본회담(제네바 마지막 4자회담)	관망
2차 위기 (2002.10-2007.2)	2002. 10 켈리 방북, 북한 HEU 시인 발표	2005년 2월 핵보유 선언, 2006년 10월 1차 핵실험	9·19공동성명과 2·13합의	제한적 개입
3차 위기 (2009.4-2014.12)	광명성 2호 발사, 6자회담 탈퇴, 2차 핵실험	2009년 5월 2차 핵실험, 2013년 2월 3차 핵실험	2014년 현재까지 합의가 달성하지 못함	포괄적 개입

120 장달중·이정철·임수호, 『북미대립』, 서울대학교출판문화원, 2011, "북미관계 주요 연표(1990-2009)" 내용을 바탕으로 최근 북핵 동향을 추가하여 필자가 작성하였다.

제3장 분석틀

지금까지 대외정책에 영향을 미친 국가 정체성 이론과 중국의 북핵 정책을 살펴보았다. 이번 장에서는 상대적 힘에 대한 인식으로부터 나온 국가 정체성과 국가이익에 대한 담론이 어떻게 중국의 대북 인식과 북핵 인식에 영향을 미치는지, 나아가 북핵정책에 반영되는지 분석하고자 한다.

탈냉전기 소련과 동유럽의 해체가 일어난 시기에 중국은 미국이 유일한 강대국으로서 국제사회에서 주도적인 역할을 하고 있다고 인식하고 있었다. 미중 간 큰 힘의 격차로 인해 중국은 자국을 개발도상국으로 규정한 것이다. 개발도상국 입장에 있었던 중국은 패권국과 국력의 격차를 줄이기 위해 경제이익을 가장 중요한 이익으로 여겼다. 따라서 1차 북핵시기에 중국은 북한에 대해 양자관계 차원에서 인식하고 항상 북한의 주장과 입장을 지지하며, 북핵문제에 대해서는 북미대립의 문제로 여기고 자국이

할 수 있는 일은 거의 없다고 주장하며[121] 관망 정책을 취하였다. 중국은 한반도의 평화와 안정, 한반도 비핵화, 대화를 통한 북핵문제 해결이라는 대북정책의 3원칙을 공포하며 북핵위기가 고조될 때마다 북미 간 소통자의 역할을 하였으나 그 역할은 매우 제한적이었다. 중국은 북미 양쪽의 불만을 회피하려고 했지만 결과적으로 제네바합의와 4자회담에서 소외감을 느꼈다.

2차 북핵위기 때에는 책임대국에 대한 인식이 중국 정체성 담론에 있어 지배적이었다. 중국은 동아시아 금융위기를 겪으면서 그 영향을 크게 받지 않았으며, 일본 등과 달리 위안화를 평가절하하지도 않았던 것이 그 근거가 될 수 있다. 또한, 태국에 40억 달러를 원조하고 동남아 국가들에 무이자대출을 해줌으로써 주변 국가들이 금융위기를 극복하는 데 책임을 지는 국가의 이미지를 형성하였다. 한편 미국은 중국에 동상이몽의 관계에서 책임을 지는 이해상관자(stakeholder)로서 편승하지 말고 책임을 요구하였다. 중국은 국가이익 중 정치이익을 경제이익과 함께 중시하게 되었고 경제발전 못지않게 국가 이미지와 위상에 대해 중요하게 평가하였다. 그 때문에 16차 당대회(2002년 11월 8일) 이후부터는 과거"제3세계국가 및 발전도상국 관계"라고 규정했던 중국의 외교관계를"선진국 및 대국과의 관계"로 재규정하게 되었다. 중국이 책임을 지는 대국으로서 북중관계에 대해서 기존의 양자관계에 대한 인식과 더불어 동아시아 지역 국가 간 관계에 대한 인식을 발전시켰고, 이 과정에서 특수관계에 대한 인식은 1차 북핵위기 때보다 약화되었다.

---

121 《人民日報》, 1994年 6月 10日.

중국은 북핵에 대해서도 북미대립의 구도와 더불어 지역 평화에 대한 위협의 문제를 인식하게 되었다. 따라서 2차 북핵위기 때 중국은 1차 북한 핵실험에 대한 대북제재에 동참하면서 위기의 완화, 충돌 예방, 6자회담에서 중재자의 역할로 대변되는 제한적 개입에 나섰고 1차 북핵위기 때 상실된 대북 영향력을 재건하고자 하였다. 그러나 중국의 개입은 북한의 불만을 일으키고 중국이 북한에 영향력을 발휘하는 순간 오히려 영향력이 상실되는 결과를 초래하였다.

3차 북핵위기에는 금융위기를 겪은 미국이 상대적으로 쇠퇴하고 중국이 급부상한다는 인식 아래 미국 학계에서 G2(Group 2)라는 용어가 등장하고 중국은 이에 대응해 C2(Cooperation 2)를 제기하면서 패권국과 강대국의 구도가 새롭게 형성되었다. 미국은 아시아 지역에서 대중 재균형, 중국은 이중적 반균형 전략을 통해 중국의 강대국 정체성과 관련된 담론을 강화시켰다. 한편 중국은 미국과 충돌을 방지하기 위해 경제이익, 정치이익 및 안보이익을 모두 포함한 핵심이익을 제기하였다. 이러한 배경하에 중국은 대표성 및 발언권을 확대하고 국제 질서 및 국제 체제의 합리적 발전을 요구하였다.[122]

대외정책에 있어서는 강대국과 핵심이익의 담론의 영향으로 북중 양자관계 및 동아시아 국가관계뿐만 아니라 세계질서 차원에서 북한에 대해 재평가하게 되었다. 북핵문제에 대해서는 북미대립 구도, 지역평화에 대한 위협요소, 중국의 대국화 과정에 대한 영향을 중심으로 평가하게 되

122 "十八大報告全文," http://www.xj.xinhuanet.com/2012-11/19/c_113722546.htm(검색일: 2013년 12월 9일).

었다. 결국 중국은 북한문제와 북핵문제를 분리하여 충돌 및 전쟁 방지, 적극적 경제협력 및 정치 소통을 통해 북핵에 포괄적으로 개입하게 되었다.

이와 같은 이론적 논의를 토대로, 중국의 대 북한정책을 분석하기 위한 본 연구의 이론적 분석틀을 도식화하면 다음과 같다.

〈그림 2-2〉 분석틀

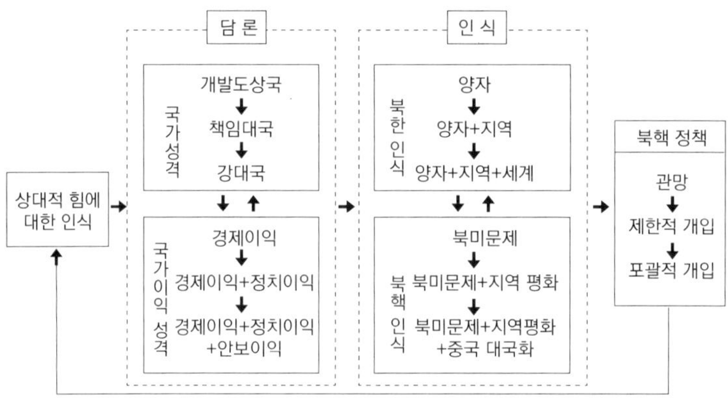

제3부
개발도상국으로서 북핵에 대한 관망정책

제1장 1차 북핵위기 및 중국의 관망정책

1. 1차 북핵위기의 경위

1) 핵위기의 등장

한반도 핵문제는 이미 오래전에 발생하였다. 한국전쟁이 끝난 1953년 10월에 미국은 「한미상호방위조약」을 채택하고 한국에 주둔권을 취득하였을 뿐 아니라 1958년부터 한국에서 전술핵무기를 배치하기 시작하였다. 미국이 한국에 배치한 전술핵무기의 양은 정확히 파악하기 어렵지만 1960년대에만 적을 때는 600여 개, 많을 때는 1000여 개에 달했다고 밝혀졌다.[1] 1950년, 1953년, 1969년, 1975년 등 한반도 국면이 긴장할 때마다 북한에 대한 미국의 선제 핵 타격 가능성이 있다고 알려졌다.[2] 북한은 미국의 한국에서의 핵무기 배치는 핵무기 비확산에 관한 조약을 위반하는 것이라고 주장하였다. 이 때문에 여러 번 미국에 전술 핵무기를 철수하라고 요청하였지만 한미 양국은 긍정적으로 응답하지 않았다.[3]

한편, 1953년부터 북한은 전략의 부족을 해결하기 위해 평화적으로 핵을 이용하는 연구를 시작하였다고 한다.[4] 특히 1985년에 북한은 소련의 지원을 통해 영변 원자로를 가동하기 시작하였다. 동시에 한국에 있는 미국의 핵무기와 핵기지들을 철수시키며 미국의 핵위협을 제거하고 한반도

---

1 1997년 9월 12일 기밀 해제되는 미국 국무부의 일반문서국 정책기획회의(Policy Planning Council) 정책기획과(Policy Planning Staff)에서 작성되는 보고서에 의하면, 1968년 3월 중순 전술 핵무기의 전체 평균 975기가 한국에 배치되어 있었고, 1961년 605기, 1965년 773기, 1966년 945기가 배치되어 있었다. 공인된 1968 회계연도의 상한선은 1048기였으며, 1969 회계연도는 884기, 1970 회계연도에는 912기가 계획되었다. 이 문서는 재미사학자 방선주 교수가 발굴하여 긴급 입수한 것이다. 번역문은 "1960년대 한국핵무기 배치 및 역할"이라는 제목으로 한림대학교『아시아문화』, 제13호(1997년 12월)에 게재되었다. 그리고《로동신문》1992년 1월 3일에서는 "미제국주의자들은 남조선에는 1000여 개의 핵무기가 배치되어 있다며, 핵무기배치밀도에 있어서 나토지역보다 4배나 높다"고 밝히고 있다. "핵문기와 평화는 량립될 수 없다,"《로동신문》, 1992년 1월 3일.

2 1950년 한국전쟁 시작 및 1953년 2월 정전 협상이 길어졌을 때 미국은 원자탄 사용을 논의하였다. 1969년 4월 동해에서 미해군 정찰기가 북한에 의해 격추당하자 당시 닉슨 대통령은 북한에 대한 전술핵 공격을 검토한다고 밝혔다. 1975년 미국 제럴드 포드 행정부는 한국에 핵무기가 배치될 수 있음을 발설하고 북한은 핵무기에 시험당할 일을 하지 말라고 경고하였다.

3 "미국은 남조선에서 자기 군대와 핵무기를 철수시켜야 한다,"《로동신문》, 1992년 1월 17일; "누가 핵무기전파방지조약을 위반하는가,"《로동신문》, 1991년 5월 28일; "침략자의 핵위협공갈,"《로동신문》, 1991년 5월 13일; "핵위협은 남쪽에서 오고 있다,"《로동신문》, 1991년 6월 16일.

4 북한이 1953년부터 평화적 핵 이용에 관한 연구를 시작했다는 자료는 張璉瑰, "朝鮮核問題的過去, 現在和未來,"『亞非縱橫』, 2004年1期 참고. 리빈(李彬)에 의하면, 북한은 1960년대부터 연구를 본격화했다고 한다. 리빈, "북핵, 무엇이 문제인가," 문정인 저,『중국의 내일을 묻다』(서울: 삼성경제연구소), 2010년.

의 비핵화를 실현할 목적으로 1985년 NPT에 가입하였다.[5] 1990년 2월 26일 북한은 원자력발전소 건설을 최초로 인정하지만 핵무기 개발은 부인하였다.

한편, 1990년에는 한반도 비핵화의 기회가 찾아왔다. 탈냉전의 추세와 함께 한반도 냉전 구조의 두 가지 대립인 북미대립과 남북대립이 완화되는 징조가 드러나기 시작하였기 때문이다. 미국은 걸프전이 끝난 뒤인 1991년 9월 전술핵무기 철수를 선언하였고 같은 해 11월 11일에는 92년 한미 팀스피리트훈련 중단을 결정하였다. 미국으로부터 위협을 덜 느끼게 된 북한은 한반도의 냉전 구조 속에서 미국과의 관계 개선을 적극적으로 추진하였다. 김일성은 냉전기 북미 대립의 지속 원인을 미국의 제국주의적 정책이 아닌 '동서 간의 랭전' 때문이었다고 지적하였다. 이는 냉전기의 대미 인식과는 분명히 다른 차원의 것이었다.[6] 이와 동시에 한반도 냉전의 또 다른 구조인 남북대립이 누그러지게 되었다. 남북은 1991년 12월 13일 제5차 남북고위급회담을 개최하여 남북기본합의서를 채택하였다. 12월 18일에는 노태우 대통령이 핵부재선언을 하고 12월 23일에는 북한이 IAEA(International Atomic Energy Agency, 국제원자력기구) 안전협정 무조건 서명 용의를 표명하고 남북동시사찰을 요구하였다.[7]

미국은 북한이 IAEA 안전협정에 서명한다면 고위급 외교관을 파견하고 북한과 회담을 개최하겠다는 의사를 중국을 통해 북한에 전달하였

5 리정석·김성수,『21세기의 핵에네르기』(평양: 금성청년출판사), 2010, p. 156.

6 장달중·이정철·임수호,『북미대립』, 2011, pp. 6-8.

7 북한 외무성 대변인 성명,《로동신문》, 1991년 12월 23일; 북한 외무성 성명,《로동신문》, 1991년 12월 26일.

다.[8] 이윽고 1992년 1월 22일에는 북미 양국 고위급 회담이 개최되었다.[9] 미국이 1991년 말에 한국에서 핵무기를 철수하였다고 선포한 데 이어 1992년 1월 팀스피리트 합동군사훈련을 중지한다고 발표하자 북한은 1992년 1월 30일 핵담보협정에 조인하고 IAEA의 사찰을 허용하였다. 1992년 1월 30일 북한은 IAEA 안전협정에 정식 서명하였고 IAEA는 1992년 5월부터 1993년 2월까지 6차례 임시사찰을 수행하였다.

북한이 IAEA의 비정기사찰을 6차례에 걸쳐 받은 것은 핵무기를 개발하지 않으며 핵시설들이 평화적 목적에 쓰이고 있음을 증명하는 것이라고 주장하였다. 또한 1992년 6월에는 스스로 "핵무기를 생산할 능력이 없다"고 공식 선언하기도 하였다.[10] 그러나 미국은 1992년 7월 22일 IAEA 총국장에게 북한에 대한 특별사찰, 기습사찰을 요구한 데 이어 1993년 2월 북한의 군사대상에 대한 특별사찰을 요구하는 결의를 채택하였다.

결국 상호 불신과 냉전의 붕괴로 말미암아 1993년 초에 있었던 역사적 기회는 사라지고 말았다. 1993년 2월 9일 북한이 IAEA의 대북 특별사찰 요구를 거부하자 25일에는 IAEA가 대북 특별사찰 결의안을 채택하였다. 미국은 북한이 핵사찰을 받아들이지 않으면 제재를 가하겠다고 위협하면서 핵시설들에 대한 공중타격을 거론하였으며 1993년 2월 26일에는 그동안 중지하였던 핵전쟁연습인 팀스피리트 합동군사연습을 재개한

---

8 孫茹,『朝核問題地區合作進程硏究』, 北京: 時事出版社, 2009, p. 37.

9 참석자는 노동당 국제담당 비서 김용순과 미 국무부 차관 아놀드 켄트(Arnold Kanter)였다. 이번 회담은 한국전쟁 이후 북미 간 최초의 고위급 회담이기 때문에 북미관계의 전환점으로 기대하였지만 결과적으로는 북미 간에 화해하지 못했다.

10 리정석·김성수,『21세기의 핵에네르기』(평양: 금성청년출판사), 2010, pp. 157-158.

다고 선포하였다. 이윽고 3월 9-18일 한미 팀스피리트훈련이 시행되었다. 북한은 팀스피리트훈련의 재개는 본국의 자주권을 건드리는 행위로 보는 만큼[11] 전쟁 직전에 다다르고 있다고 판단하여 3월 8일 준전시상태를 선포하였다.[12] 1993년 3월 12일에는 자위적 조치로서 NPT를 탈퇴한다는 성명을 발표하였고 어떤 제재든 북한에 대한 선전포고로 간주하고 강력한 자위적 조치를 취할 것이라고 천명하였다.[13] 이러한 북한의 NPT 탈퇴 선언과 함께 1차 북핵위기가 시작되었다.

2) 위기의 고조

1993년 4월 1일, 북핵문제는 다시 유엔안보리에 회부되었으며 북한은 NPT조약이 2중 기준적용이라고 공정성과 신빙성이 없다고 비판하고,[14] "집단적 제재를 하려 한다면 대응한 효과적인 자위적 조치를 취하지 않을 수 없게 될 것"이라고 외무성 성명을 발표하였다.[15] 5월 11일 유엔 안보리는 825호 결의안을 통과시켰다. 825호 결의안에 대하여 북한이 취한 조치는 5월 29일에 첫 번째 핵탄두미사일인 노동미시일을 시험 발사하는

11 《로동신문》, 1993년 3월 8일, 3월 21일.

12 《로동신문》, 1993년 3월 8일.

13 리정석·김성수, 『21세기의 핵에네르기』(평양: 금성청년출판사), 2010, pp. 157-158.

14 《로동신문》, 1994년 4월 5일.

15 북한 외무성 성명, "국제원자력기구 관리리사회의 결의를 단호히 배격하고 단죄한다," 《로동신문》, 1993년 4월 6일.

것이었다.

한편, 북한은 강력히 대응하면서도 미국과 양자 간 대화를 제안하였다. 북한 외무성은 성명을 통해 "이른바 핵문제는 본질상 우리나라와 국제원자력기구 사이의 문제가 아니라 우리와 미국 사이의 문제이며"[16], "이 문제는 유엔무대에서 론의할 성격의 문제가 아니며 우리와 미국 사이의 협상을 통하여 해결되어야 할 문제"라고[17] 미국과의 직접적인 양자 협상을 선호한다는 것을 표명하였다.

그러나 이후 이어진 북미 양자 간 세 차례의 회담을 통해 북핵문제 해결의 기틀이 마련되었다. 먼저, 1993년 6월 2–11일 제1차 북미 고위급 회담이 뉴욕에 있는 유엔 미국 대표부에서 예정대로 개최되었고[18] 세 가지의 원칙적인 합의를 달성하였다. 이 세 가지 합의의 골자는 첫째, 핵무기를 포함한 무력의 불사용 및 불위협에 대한 보장, 둘째, 비핵화된 한반도의 평화와 안전 수호와 상대방 주권에 대한 상호 존중, 상대방 내정에 대한 불간섭, 셋째, 한반도의 평화통일에 대한 지지다. 북한은 자신이 필요하다고 인정하는 기간 동안 NPT 탈퇴효력을 일방적으로 정지시키기로 결정하였

16 북한 외무성 성명, "국제원자력기구 관리리사회의 결의를 단호히 배격하고 단죄한다,"《로동신문》, 1993년 4월 6일.

17 유엔주재 박길연 상임대표 성명, "부당한『결의』를 철회할 것을 강력히 요구한다,"《로동신문》, 1993년 5월 14일.

18 1차 북핵위기 참석한 미국 측 대표 퀴노네스 케네스(Quinones Kenneth)에 의해 북미 고위급회담은 5월 중순에 합의되었다. 미국은 북한과 협상을 준비할 때 미국의 북핵 정책의 우선순위를 결정하였다. 미국의 목표는 한국과 일본의 동의 아래 한반도를 비핵화하는 것이었다. 기본 전략은 당근과 채찍, 즉 유인과 억제에 의존하는 것인데 무력 사용을 제외시키지 않았다. 케네스 저, 노순옥 역,『2평 빵집에서 결정된 한반도 운명』(서울; 중앙 M&B), 2000, pp. 135–137.

다. 이러한 6·11합의는 북미 고위급회담의 첫 번째 공동성명이라는 상징성을 갖게 되었다. 그리고 6·11합의를 달성한 지 3일 후 미국은 6월 14일 한미 팀스피리트 훈련을 중단한다고 발표하였다.

그리고 7월 14–19일 제2차 북미고위급회담이 제네바에서 개최되었고 미국은 북한이 제기한 흑연감속로의 경수로 대체 방안에 대해 지지 의사를 표명하였다. 북한은 추출되는 플루토늄의 질과 양이 핵폭탄을 만드는 데 훨씬 유용한 흑연원자로를 경수원자로로 교체하겠다는 제안은 핵무기를 만들 의사가 없으며 원자력을 오직 평화적 목적에만 이용하려는 비핵 의지를 반영한 것이라고 주장하였다.[19] 왜냐하면 경수로에서 얻어지는 플루토늄은 여러 가지 불순물들이 많아 핵폭탄을 만들기 어려우나 흑연원자로에서 얻어지는 플루토늄은 매우 깨끗하여 적은 양으로 핵폭탄을 만들 수 있기 때문이다.

두 차례의 북미 고위급 회담을 통해 북한은 많은 성과를 얻게 되었다. NPT 탈퇴선언 당시의 요구사항인 핵위협 중단, 특별사찰 요구 중단(IAEA의 공정성 확보), 적대정책 포기, 북미 직접협상 등 네 가지를 모두 관철시킴으로써, 한반도 평화문제에 관한 한 북한과 단독으로 협상하지 않는다는 미국의 원칙이 포기되었다. 그리고 NPT 탈퇴 유보 상태로 복귀함으로써 북한은 나중에 사용할 수 있는 또 다른 협상카드를 마련하였다.[20]

제2차 북미고위급회담 후 미국은 제3차 회담 개최를 위한 두 가지

19 리정석·김성수,『21세기의 핵에네르기』(평양: 금성청년출판사), 2010, pp. 160–161.

20 장달중·이정철·임수호,『북미대립』, 2011년, p. 72.

조건을 제시하였다. 즉 북한이 IAEA 및 한국과의 협의를 재개해야 한다는 것이었다. 그러나 이 두 가지 요건은 충족되지 못하였다. 먼저, 사찰의 범위를 제한적으로 할 것이냐 전면적으로 할 것이냐를 두고 북한과 IAEA 간 의견 차이가 존재하였다. 북한은 NPT 탈퇴를 유보하는 조건으로 전면적 사찰을 거부하였다. 한편, 남북 대화에 대해서는 북한은 팀스피리트 훈련의 중지 및 대북제재에 대한 한국의 국제적 협력 중단이라는 두 가지 조건을 선제 조건으로 내세웠다. 이렇게 양측의 요구 조건이 각각 달성되지 못하면서 제3차 북미고위급회담이 무기한 연기되었다. 그 후 9월 13일 미국 하원이 대북 무역 금융 제재 결의안을 통과시키고 10월 1일 IAEA 제37차 총회에서는 핵안전협정의 완전한 이행을 위한 대북 결의안이 채택되는 등 북한은 압력을 받았다. 이에 북한은 10월 5일 외무성 대변인담화,[21] 10월 7일 유엔총회 제48차 회의에서 외무성 송원호 부부장 연설,[22] 10월 16일 기명 사설,[23] 조선중앙통신 10월 22일 및 11월 5일의 기명 사설[24] 등을 통해 IAEA의 사찰을 비판하고 미국과의 직접 대화를 요구하였다. 10월 12일에는 강석주 대표가 비공식적으로 일괄타결안을 제안하였다. 결국, 10월부터 북미 양자 간 접촉이 오가는 가운데, 12월 29일 핵사찰 수용에 대한 합의가 이루어졌고 1월 7일 북한과 IAEA 사찰에 관한 협상을 진행하였다.

21 북한 외무성 대변인 담화, 《로동신문》, 1993년 10월 5일.

22 북한 대표단 송원호 단장 연설, 《로동신문》, 1993년 10월 5일.

23 홍황기, "최선의 방도는 조미회담이다," 《로동신문》, 1993년 10월 16일.

24 윤우철, "국제원자력기구 불순계층의 책동은 무엇을 보여주는가," 《조선중앙통신》, 1993년 10월 22일; 윤우철, "국제원자력기구의 불공정성의 범위가 확대되고 있다," 《조선중앙통신》, 1993년 11월 5일.

1994년 2월 25일 북미 양국이 3월 1일 사찰 개시를 합의함에 따라 북한은 3월 1-15일 IAEA의 전면 사찰을 받았지만 미국은 사찰 중 북한의 비협력을 이유로 3월 21일 예정한 북미 3차 회담을 취소하고 핵문제를 다시 유엔 안보리에 회부하였다. 북한은 미국이 핵사찰이 아니라 북한 내 2개의 군사대상에 대한 특별사찰을 하려 한다는 이유로 반발하였다.[25] 그리고 북한은 북미 고위급 회담 재개 및 팀스피리트훈련 중단이 보장되지 않으면 NPT를 완전 탈퇴할 것이라고 경고했다. 3월 31일에는 유엔 안보리 의장성명이 통과되어 IAEA 사찰과 남북대화 및 북미접촉을 촉구하면서 필요시 추가조치를 고려한다고 발표하였다. 4월 4일 북한은 외무성 대변인 성명을 통해 "힘에는 힘으로, 대화에는 대화로 대답하겠다"고 하면서 핵 활동 재개를 선언했다.[26] 5월 13일 북한은 원자로의 연료봉 교체 작업을 진행하고 1986년에 장입하였던 8000대의 연료봉을 꺼내기 시작하였다. 이때의 연료봉 무작위 인출로 과거 핵 전용 여부를 검증하는 것이 어려워졌다. 미국은 연료봉을 꺼내면 핵무기를 제조하는 것으로 간주하고 유엔 제재 등 다국적 제재가 가해질 수 있음을 경고하였으며 IAEA는 1994년 6월 10일 기술협조를 중지한다고 발표하였다. 한·미·일은 북한에 대한 경제 및 군사 제재를 논의하였고, IAEA는 매년 25만 달러에 달하는 원조를 중단하였다. 이에 대하여 북한은 1994년 6월 13일 IAEA로부터 탈퇴를 선언하고 유엔 제재는 곧 선전포고로 간주하고 강력히 대응한다는 외무성대변인 성명을 발표하면서 미국의 위협에 맞섰다. 이로써 북핵문제

25 리정석·김성수, 『21세기의 핵에네르기』(평양: 금성청년출판사), 2010, p. 161.
26 북한 외무성 대변인 성명," 《로동신문》, 1994년 4월 5일.

가 다시 고조되었다.

3) 위기 해결과 제네바합의

위기 해결을 위해 6월 15일부터 18일까지 미국의 카터((Jimmy Carter) 전 대통령이 개인 자격으로 북한을 방문하면서 북핵위기의 긴장을 완화하는 탈출구가 마련되었다. 카터는 개인 자격으로 북한을 방문했지만 사실상 미 행정부의 특사나 다름없었기 때문에 북한이 체면을 잃지 않고 위기 고조의 상황에서 벗어날 수 있었고[27] 결국 6월 22일 북미 간 합의에 도달할 수 있었다. 7월 시작한 북미회담은 김일성 주석의 갑작스러운 사망으로 인해 잠시 중단되었지만 8월에 재개되었다. 1994년 8–9월 제3차 북미 고위급 회담을 개최하고 10월 21일 기본합의문, 비공개양해각서[28] 및 클린턴 대통령의 보장각서 등 세 가지로 구성된 제네바합의문이 도출되었다. 제네바합의의 요지는 흑연감속로의 경수로 대체, 북미 관계 정상화, 한반도 비핵화 및 남북대화 그리고 국제비확산체제 강화를 위한 북한의 의무 등 네 가지로 정리되었다.[29] 제네바합의에서 북한과 미국은 각각 북한은 흑연감속로 및 관련 시설을 동결하고, 미국은 2003년까지 총 200만 킬

---

27 장달중·이정철·임수호, 『북미대립』, p. 77.

28 비공개각서는 2002년 10월 25일 북한이 공개하였다. 각서의 내용은 "제네바기본합의문 비공개 양해각서 전문," 《통일뉴스》, 2002년 10월 25일, http://www.tongilnews.com/news/articleView.html?idxno=24529(검색일: 2013년 8월 23일) 참고.

29 구체적인 내용은 장달중·이정철·임수호, 『북미대립』, 2011, pp. 80–81; 임수호, "실존적 억지와 협상을 통한 확산: 북한의 핵정책과 위기조성외교(1989–2006),"

로와트 발전 능력의 경수로발전소를 북한에 제공할 것을 합의하였다. 그리고 북한의 흑연원자로 동결을 위한 매년 50만 톤의 중유를 제공하고 북미 양국 사이의 정치·경제관계를 완전히 정상화하기 위한 구체적 방안이 명기된 북미본합의문을 1994년 10월 21일에 채택해 발표하였다. 즉 북한은 핵개발을 포기하는 대신에 경수로를 지원받게 된 것이다.

당시 제네바합의에 대한 평가는 낙관론과 비관론이 모두 존재하였다. 낙관론에서는 제네바합의를 북핵위기를 해결하는 중요한 조치 및 체제라고 보았다. 비관론에서는 제네바합의는 북핵 문제를 지연시킨 것이며 미국이 합의를 지키지 않는다면 북한에 핵위기 재연의 명분을 만들어주는 것에 불과하다고 평가하였다.[30]

결국, 제네바합의는 비관론자의 예측대로 북한 핵문제에 대한 근본적 해결의 토대를 마련하지 못했다. 미국은 합의를 지키지 않았고 북한은 지속적으로 위기 조성을 하여 종국에는 핵보유를 기정사실화였다. 미국은 제네바합의 서명일부터 6개월 이내에 경수를 제공하기로 계약을 맺었으나 미국은 14개월이 다 되도록 경수로 건설을 지연시켰다.

그렇다면, 제네바합의의 집행 단계에서 어떤 문제가 합의 파기를 야기하였을까? 그리고 북미 간 핵을 둘러싼 모순과 갈등을 해결하지 못한 원인은 무엇일까?

초기에는 제네바합의가 순조롭게 진행되는 듯 보였다. 일단 경수로

서울대학교 박사학위논문, pp. 203−205 참고.

30 제네바합의에 대한 평가는 장달중·이정철·임수호, 『북미대립』, 2011, pp. 81−83; 한승주, "제네바합의: 의의와 문제점," 한국정치학회 편, 『북핵문제의 해법과 전망』(서울: 중앙 M&B), 2003, pp. 32−38.

건설 비용 문제와 경수로 유형 문제가 제기되었는데, 비용 분담에 대해서는 1994년 7월과 9월 갈루치가 각각 미국의 동맹국인 한국과 일본을 설득하여 해결되었다. 경수로 유형은 1995년 5월 19일부터 6월 13일까지 이루어진 북미 경수로 준고위급회담에서 한국 표준형경수로를 제공하는 것으로 북미 간 합의를 이루어냈다. 이윽고 제네바합의를 이행하고 북한에의 경수로 지원 및 자금조달을 추진하기 위한 기구로 1995년 3월 9일 KEDO(한반도에너지개발기구, Korean Peninsula Energy Development Organization)가 창설되었다.

그런데 문제는 KEDO 설립 과정과 그 이후에 두드러졌다. 먼저, 미국은 제네바합의 실행 책임을 전가하였다. 자금 부담의 전가와 KEDO의 설립을 통해 미국은 제네바합의의 실행에서 직접적인 책임을 덜게 되었다. 이와 동시에 동맹국인 한국과 일본에 제네바합의를 수행하는 주요 당사자 역할을 부여함으로써 동아시아에서 동맹의 기능을 강화하고 한반도에서 제네바체제를 수립하려고 하였다. 미국은 북핵문제 해결의 당사자로서 제네바합의 체제를 만들었지만 합의를 수행할 때는 책임을 전가하고 약속을 지키지 않았다. 리언 시걸(Leon Sigal)이 지적했듯이 미국은 한국과 IAEA에 과도하게 의존하였고 북한과 진정으로 협력하려 하지 않았다.[31]

둘째, KEDO라는 조직은 구조적 문제를 안고 있었다. 제네바합의의 이행에 깊게 관여한 전 미국 국무부 북한 담당 조엘 위트(Joel Wit)가 제기

31 리언 시걸 지음, 구갑우·김갑식·윤여령 옮김, 『미국은 협력하려 하지 않았다: 북한과 미국의 핵외교』, 사회평론, 1999, pp. 168–173. 북한의 장군멍군식 협상은 pp. 342–344 참고.

하듯이 KEDO 이사회는 미국, 한국 및 일본을 중심으로 구성되기 때문에 여타 참여국은 KEDO가 미국이 창립한 한국의 상업기업이라고 여겨서 자금 부담과 중유 제공에 적극적으로 참여하지 않았다.[32] 동시에 KEDO의 이행에는 미국 국내 정치, 남북관계, 자금 결핍, 경수로 건설 지연 등의 여러 난제가 존재하였다.[33]

4) 위기의 재조성과 페리프로세스

제네바합의 채택 이후 북한은 미국의 협력에 대하여 이에는 이, 눈에는 눈(tit-for-tat)이라는 식으로 자국의 의무를 수행하였다. 예컨대, 1994년 11월 8일 북한은 핵시설을 동결시키고 IAEA의 시찰 등에 대해 적극적으로 협력하였다. 하지만, 미국의 중유 지원과 경수로 건설이 모두 지연되면서 북한의 불만이 높아졌다. 북한은 미국이 제네바합의를 성실히 수행할 것을 강력히 요구하였지만 미국은 북한이 조만간 붕괴할 것이라 전망하였기 때문에[34] 대(対)북한 관심도 줄어들었고 북한이 원하는 요구에 응하지 않았다. 미국 내에서는 공화당이 의회를 장악하여 클린턴 행정부의 대북 관여정책을 비판하였다. 이러한 분위기 속에 「미국 해외이익법」

---

32 Joel Wit, "The Korean peninsula energy development organization: Achievements and challenges," *The Nonproliferation Review,* Vol. 6 No.2(1999), pp. 59-69.

33 Joel Wit, "The Korean peninsula energy development organization: Achievements and challenges," *The Nonproliferation Review,* Vol. 6 No.2(1999), pp. 59-69.

34 장달중·이정철·임수호, 『북미대립』, 2011, p. 84. 사실 김일성 사후에는 미국뿐만 아니라 한국과 중국에서도 북한 붕괴론이 대두되었다.

이 통과되어 남북대화 없이 북미 간 외교관계를 개선하지 못하게 하는 법적 근거가 마련되었다. 결국 북한은 다시 이에는 이, 눈에는 눈의 협상 전술로 1998년 8월 31일 대포동 1호를 시험 발사하며 자신과 대화하고 싶어 하지 않던 미국을 다시 협상 테이블로 이끌었다. 하지만 1998년 10월 1–2일 뉴욕에서 열린 제3차 북미 미사일협상 및 1999년 3월 29–30일 열린 제4차 미사일협상은 성과 없이 끝났다.

1998년 8월 중순의 금창리 의혹 및 1998년 말의 미사일 위기를 계기로 클린턴 행정부는 대북정책을 조정하게 되었다. 11월 페리가 대북정책 조정관으로 임명되고 5월 북한을 방문하여 대북 포용정책을 기초로 "페리 프로세스"를 제기하였다. 페리 프로세스는 3단계의 대북 접근방식으로 구성되었다. 즉, 1단계는 북한의 미사일 발사 중지와 미국의 대북 경제제재 해제, 2단계는 북한의 핵과 미사일 개발 중단, 3단계는 북미·북일 관계정상화와 한반도 평화체제 구축 등을 제안하였다. 페리 프로세스의 특징은 핵과 미사일 문제를 제외한 기타 광범위한 문제들을 대북 관여의 전제조건으로 삼지 않는 데 있었다. 이는 미국의 대북 봉쇄정책을 재검토하고 북한과의 관계 개선에 임하는 자세 변화를 반영한 것이다.[35] 1999년 베를린에서 열린 북미 고위급회담에서 미국은 대북 경제 제재를 완화하기로 합의했고 2000년 남북정상회담 이후 미국은 대북제재를 해제했다고 공식적으로 발표하였다. 이후 2000년 10월에는 조명록과 올브라이트의 교차 방문, 2001년 1월에는 김계관과 카트만 회담 등이 이루어졌다.

그러나 미국의 대북정책이 조정되었음에도 불구하고 북미관계 정상

35 장달중·이정철·임수호, 『북미대립』, 2011, p. 90.

화는 실현되지 못하였다. 그 배경으로 북한이 미국의 진정성을 파악하는 데 너무 오래 시간을 소비하고 북미관계 정상화의 기회를 놓쳤다는 사실에 주목할 필요가 있다.[36] 그렇다면 북한이 미국의 진정성을 의심한 이유가 무엇이었을까? 여기에는 미국이 제네바합의를 성사하고 페리 프로세스를 제안했음에도 불구하고 그 실행에 있어서는 진정성이 많이 떨어졌던 점을 하나의 원인으로 지적할 수 있다. 대표적 사례로 제네바합의의 이행과정에서 미국은 중유 지원과 경수로 건설에 대한 책임을 회피하였다. 베를린 회담 후 미국은 공식적으로 대북 경제 제재를 중지한다고 약속했으나, 이는 실질적 내용보다 상징적 의미가 컸다. 예컨대, 미국은 대북 수출을 허가하였지만 북한이 경화결제 능력이 부족하여 대미 수입을 할 수 없었기 때문이다. 여전히 북한은 테러지원국이라는 이유로 세계은행이나 IMF 등 국제기구로부터 지원이나 신용공여를 받지 못하고 있었다.[37] 이러한 배경에서 세계 패권국과 대면한 약소국 북한은 미국의 진정성을 의심할 수밖에 없었다. 돈 오버도퍼(Don Oberdorfer)의 지적처럼 북한 외교관들은 클린턴 행정부의 약속이 실효를 거두지 못하고 있다며 큰 불만을 표시하였다.[38]

이러한 한계에도 불구하고 1차 북핵위기로 인해 북한과 미국은 각각 이익의 일부를 실현하였다. 우선, 북한이 애초부터 핵을 가지려는 의도가 있었는가에 대한 논쟁에도 불구하고 반복해서 위기가 조성되는 결과

36 장달중·이정철·임수호, 『북미대립』, 2011, pp. 91－93.

37 孫茹, 『朝核問題地區合作進程研究』, 2009, p. 99.

38 돈 오버도퍼 지음, 이종길 옮김, 『두 개의 한국』(서울: 도서출판 길산), 2002, p. 616.

만 두고 보면 명분과 실리를 얻었다. 앞에서 논의한 것처럼 1차 북핵위기 때에는 북한이 억지와 협상의 두 가지 전략을 가지고 있었음을 발견할 수 있다. 한편으로 북한은 실존적 핵이 아닌 미래의 핵을 통해 약소국으로서 패권국인 미국과 협상을 전개하고 미국의 봉쇄 전략을 완화시켰다. 다른 한편으로 핵개발 포기 약속을 바탕으로 KEDO를 통해서 100만 킬로와트 원자로 2기를 건설하고, 2003년까지 매년 50만 톤의 중유를 제공받고 식량 원조를 받는 현실적 이익을 취득하였다.

반면 미국은 북한 핵위기와 북미 접촉을 통해 동아시아에서 영향력을 다시 증명하고 확대했다. 북한이 미국과의 직접 대화를 요구한 결과, 한반도 및 동아시아에서 미국의 영향력을 재확인해 주었다. 또한 북한 핵문제에 대한 위기관리를 통해 그 영향력을 더욱 확대시켰다. 그러나 핵과 관련된 북미 간 대립에서 한반도의 위기는 소멸되지 않고 지속되었다. 북한의 핵개발 문제가 장기화되고 일본과 한국 내 미군 주둔이 계속되면서 북미를 둘러싼 군사적 긴장 국면은 그만큼 해소되지 않은 채 유지되었다.

그렇다면, 북핵위기와 제네바체제를 거쳐 수립된 탈냉전기의 한반도 질서에 대해 중국은 어떻게 판단하고 어떤 행위를 취했을까?

2. 중국의 수수방관 정책

1) 위기 초기: 정책 기조의 수립

중국은 지속적으로 한반도의 비핵화를 주장해왔다. 1987년 즈음 중국은 북한의 핵무기 개발을 의심하고 핵기술 인원을 철수시키고 북한에 핵기술 이전을 중단시켰다.[39] 북핵위기는 탈냉전의 역사적 변화를 맞아 중국이 한반도 정책의 기조를 수립하는 데 큰 영향을 끼쳤다.

1차 북핵위기가 발발한 이후 중국은 사태 악화를 방지하고 북핵위기에 대응하는데, 기본적으로 한반도 비핵화, 평화적 문제해결을 지지하고 대북 제재는 반대하는 입장을 보였다. 중국은 북한의 입장에서 훗날 핵위기를 야기한 대북제재가 유엔 안보리에 상정되는 것을 반대하였다. 1993년 3월 12일 북한이 NPT 탈퇴 선언을 하자 3월 23일 첸치천(錢其琛) 외교부장은 한반도 비핵화를 지지하며 협상을 통해 북한 핵문제를 해결해야 한다는 입장을 표명하였다. 또한 북핵문제는 유엔 안보리에 회부하지 말고 IAEA 내부에서 해결해야 한다고 밝혔으며 동시에 NPT조약에는 탈퇴국에 대한 징벌조항이 없다는 점을 들어 강압적 대북제재를 반대하였다.[40] 유엔 안보리에서 대북제재를 가하려는 미국과 이를 반대하는 중국

---

39 孫茹,『朝核問題地區合作進程研究』, 時事出版社, 2009, p. 44.

40 劉金質·楊淮生,『中國對朝鮮和韓國政策文件匯編 1949–1994』, 中國社會科學出版社 1994, p. 2623.

간 벌어진 게임의 결과로 1993년 4월 8일 제재결의안이 아닌 사태를 주시하겠다는 의장성명 합의가 이루어졌다. 미국은 중국이 북한에 상당한 영향력을 갖고 있다고 믿고 있었지만 중국은 미국이 요구한 대북 제재를 정중하게 거절하였을 뿐 아니라 자신들은 평양에 대해 아무런 영향력이 없다고 주장하였다.[41] 유엔 안보리가 대북제재를 가한다면 유엔 상임이사국이자 북한과 특수관계를 가진 중국은 난처한 상황에 처했을 것이다.

또한, 중국은 북미 양자회담 지지를 통해 자국의 책임을 회피하였다. 중국은 북미 양자 회담을 개최하기 전에 "우리는 일관되게 각 측이 대화 및 협상을 통해 관련 문제를 해결할 것을 주장해왔다. 미국과 조선의 직접 대화를 환영한다"고 지지 입장을 전했다. 그러나 북미 양자 회담에 참석하라는 한국의 제안에 대해서는 "조선 핵문제는 조선과 미국, 조선과 국제원자력기구, 조선 남북 쌍방 간의 문제이다"라며 직접 참여 의사를 거부하였다.[42]

북미 간 6·11합의가 마침내 이루어지자 중국은 이에 대하여 북미 양자 회담의 성공을 환영한다는 의사를 표명하고 "조선반도 비핵화, 미·조관계의 개선은 조선 반도 및 동북아 지역의 평화와 안정에 도움이 되며 '핵확산금지조약'의 보편성에 유리하고 조선 반도의 평화통일의 발전과정을 촉진할 것"이라[43] 하면서 북미 양자 협상을 긍정적으로 평가하였다.

41 케네스 퀴노네스 지음, 노순옥 옮김, 『2평 빵집에서 결정된 한반도 운명』(서울: 중앙 M&B), p. 131.

42 劉金質·楊淮生, 『中國對朝鮮和韓國政策文件匯編 1949-1994』, 中國社會科學出版社 1994, pp. 2624-2625; 《人民日報》, 1993년 4월 22일, 5월 6일; 5월 27일.

43 劉金質·楊淮生, 『中國對朝鮮和韓國政策文件匯編 1949-1994』, 中國社會科學出版社 1994, pp. 2627-2628; 《人民日報》, 1993년 6월 12일; 《人民日報》, 1993년

마침내 북핵위기 등장과 북미대립의 결과를 지켜보던 중국 지도부가 최종적인 한반도정책의 기조를 직접 발언하였다. 11월 19일 장쩌민 주석과 함께 APEC 회의에 참석한 첸치천 중국 부총리 겸 외교부 장관은 시애틀회의에서 중국의 한반도 정책 원칙을 발표하였다. 그 내용은 첫째로 한반도의 평화와 안정을 견지해야 한다, 둘째로 관련 국가들 간의 담판을 통해 한반도의 비핵화를 실현해야 한다는 것이었다.[44] 리펑(李鵬) 총리 역시 북미 간 협상과 대화의 방식을 통해 북핵문제를 해결하는 방식을 계속 유지해야 한다고 밝혔다.[45] 이러한 중국 지도부의 발언을 통해 중국에게 북핵문제의 "관련국"은 중국이 아니고 북미 양국이라는 것을 알 수 있다. 북핵위기가 공식적으로 등장할 때마다 중국은 이렇게 책임을 회피하는 행위를 지속적으로 취하였다.

2) 위기 고조: 평화에 대한 강조와 제한적 소통

1994년에 북핵위기와 전쟁의 위험이 고조되자 중국은 다음과 같은 두 가지 조치를 취하였다.

첫째, 전쟁의 방지를 위해 대화를 호소하였다. 1994년 2월 25일 북

9월 9일 사설.

44 劉金質·楊淮生,『中國對朝鮮和韓國政策文件匯編 1949−1994』, 中國社會科學出版社 1994, p. 2637.

45 劉金質·楊淮生,『中國對朝鮮和韓國政策文件匯編 1949−1994』, 中國社會科學出版社, 1994, p. 2654;《人民日報》, 1993년 11월 21일.

미 양국이 3월 1일 사찰 개시에 합의한 후 중국 외교부는 "조선 핵문제 해결의 유일한 경로는 대화라는 것을 다시 증명한다. 우리는 관련 각국이 적극적이고 건설적 태도로 대화와 협상을 통해 이 문제를 신속하고 적절하게 해결하는 것을 바란다"고 강경 수단이 아닌 대화 방식을 다시 강조한다.

IAEA 사찰에 대한 교환조건으로 미국은 3월 3일 팀스피리트훈련 중단 및 3단계 회담 개최를 발표한다. 북한은 3월 1–15일 IAEA의 전면 사찰을 받았지만 미국은 사찰 중 북한의 비협력을 이유로 3월 21일 예정한 북미 3단계 회담을 취소하고 핵문제를 유엔 안보리에 다시 회부하였다. 이에 북한은 북미 고위급 회담을 재개하고 팀스피리트훈련을 중단하지 않으면 NPT를 완전 탈퇴할 것이라 경고한다.

이에 대해 중국은 자국을 제외한 다자회담을 제안하였다. 3월 28일 장쩌민은 국빈 방문한 김영삼 대통령과 회담을 개최하였다. 여기서 김영삼 대통령은 북핵 문제에 있어 중국의 능동적인 역할을 요청했으나 장쩌민은 4자 3변(4자: 북한, 미국, 한국 및 IAEA, 3변: 북·미, 남·북, 북·IAEA)의 틀 속에서 협의를 통해 핵문제를 해결해 나갈 것을 강조한다.[46] 한편, 3월 31일 안보리 의장성명은 IAEA 사찰과 남북대화 및 북미접촉을 촉구하면서 필요시 추가조치를 고려한다고 발표하였는데, 이 발표에서 중국은 최초로 북핵문제에 대하여 기권하거나 반대하지 않고, 찬성을 표명하였다. 그러나 중국이 찬성표를 던졌다고 해도 사실상 대북제재라고 해석하기는 어렵다. 왜냐하면 중국은 의장성명에서 북한과 IAEA, 한국, 미국 3자의 양자 간

46 《人民日報》, 1994년 3월 29일.

접촉을 규정한 것이 대화 및 소통의 경로라고 여겼기 때문이다. 중국의 유엔 부대표 천지안(陳健)은 "조선반도의 비핵화, 조선반도의 평화와 안정의 유지를 중국의 두 가지 목표로 삼는다. 국제사회의 모든 행동은 이 목표를 실현하는 데 도움이 되어야 한다. 실천으로 증명되듯이 4자 3변 간 대화는 조선 핵문제의 근본적 출구이다. 반대로 협박과 압력은 갈등을 격화시키기만 한다. … 현재 관건은 보다 이완된 환경을 만들고 담판을 빨리 회복하는 것이다"라고 발언하였다.[47] 따라서 중국은 의장성명이 소통에 도움이 되는 조치로 보고 있는 반면, 한미군사훈련이 재개되는 것은 지역 안정을 위협하는 것으로 받아들였다.

둘째, 중국은 제한적 소통을 시도하였다. 결과적으로 북중관계를 유지했으나 북핵에 대한 영향력은 부재한 것으로 보인다. 4월 4일 북한은 외교부 대변인 성명을 통해 "힘에는 힘으로, 대화에는 대화로 대답하겠다"고 하면서 핵 활동 재개를 선언한다.[48] 5월 13일 북한은 8000개 연료봉 교체 작업을 시작했고 이러한 연료봉 무작위 인출로 과거 핵 전용 여부를 검증하는 것이 불가능하게 되자, 한·미·일은 북한에 대한 경제 및 군사 제재를 논의하며, IAEA는 북한에 대한 매년 25만 불 원조를 중단하기에 이르렀다. 이렇게 북핵문제가 다시 고조된 후 1994년 6월 6일부터 13일까지 북한의 최광 인민군총참모장이 중국을 방문하여, 장쩌민, 류화칭(劉華清) 중앙군사위원회 부주석과 회담한다. 군사대표단의 방문은 1차 북핵위기가 최고조에 있었던 시점에 진행되었다는 점에서 주목을 받았다. 그러

47 《人民日報》, 1994년 4월 2일.
48 외무성 대변인 성명, 《로동신문》, 1994년 4월 5일.

나 이 회담에서 북핵문제에 대해서는 언급하지 않았고 "중국 당과 정부는 조선과의 우호관계를 대단히 중요시하며 현재의 양당·양국 관계에 대하여 만족한다. 중·조 우의의 강화 및 발전은 우리 당 및 정부의 확고부동한 방침이며 우리 당과 전국 인민의 소망이기 때문에 이를 위해 노력을 기울이겠다"고 발언하였다.

다음 날 후진타오 국가부주석도 중국을 방문한 주성일 조선직업총동맹(이하 직맹) 중앙위원회위원장과 회담하고 "중조우호협조관계의 공고 및 강화, 양국 인민 간의 전통 우의의 유지 및 발전은 양국의 근본 이익에 부합하고 아시아와 세계의 평화와 안전에 유리하다"며 양국의 우호관계만을 강조한다. 직맹은 조선로동당의 옹호자이며 당의 영도 하에 모든 활동을 전개하는 대중단체이다. 노동계급을 당 주위에 결속시켜 당이 제기한 혁명 수행에 조직 동원되는 직맹의 임무와 규약을 감안하면 직맹 위원장의 방문은 악화된 국제환경 속에서 북한 노동자계급의 입장을 중국에 전달하여 북한의 상하일치, 군민일치된 국가 정책의 옹호를 표명한다고 볼 수 있다.

북한의 대중국 소통에 대해 중국도 북한을 지지하는 투도보리(投桃報李) 식으로 북한을 배려하였다. 북한 군사대표단의 중국 방문 동안 장쩌민 주석은 6월 10일 일본 NHK의 인터뷰에서 "조선반도 핵문제라는 복잡한 문제를 해결하는 데 충분한 인내성이 필요하다. 문제 해결의 최종적 목표는 조선반도의 평화와 안정, 조선반도의 비핵화에 이르는 것이다. 제재는 문제를 해결할 수 없으며 오히려 문제의 악화를 야기할 수 있기 때문에 중국은 제재에 반대하고 이 문제를 대화로 해결해 나가야 한다"고 발언하였다.[49] 바로 그 다음날 북한은 IAEA 탈퇴를 선언하고 안전조치 연속성

차원의 제한사찰도 거부한다고 표명하였다.

한중수교로 인해 북중관계가 냉각되고 한반도 문제가 북미 관계를 중심으로 전개되어 이 시기 북한에 대한 중국의 영향력이 저하되었는데도 북한이 중국에 군사대표단 및 직맹 위원장을 파견하고 중국의 체면을 배려하는 것은 갈등과 동거를 반복하는 북중관계의 오랜 역사적 특성을 보여준다.

3) 제네바합의: 구두 약속 및 행동 부재

1차 북핵위기의 해결은 6월 15일부터 18일까지 미국의 카터 전 대통령이 개인 자격으로 북한을 방문하면서 그 실마리가 생겼다. 카터는 개인 자격으로 방북했으나 사실상 미 행정부의 특사나 다름이 없었기 때문에 북한으로서는 체면을 잃지 않고 위기고조의 상황에서 벗어날 수 있는 탈출구가 되었다.[50] 특히 카터는 미중 수교를 적극적으로 추진했던 전 미국 대통령으로서 그의 방북은 북미관계의 완화와 심지어 북미 수교까지 의미할 가능성이 없지 않았다. 중국도 중미 수교를 촉진시킨 카터 대통령에 대한 호감 때문에 6월 22일 북미 간 합의 달성 직후 중국은 바로 "7월 조미 제3차 회담 및 조미관계의 개선, 안보리 대북제재의 중단추진, 조한

49 劉金質·楊淮生,『中國對朝鮮和韓國政策文件匯編 1949-1994』, 中國社會科學出版社, 1994, p. 2650.《人民日報》, 1994년 6월 11일.

50 장달중·이정철·임수호,『북미대립』, 2011, p. 77.

정상회담 등 세 가지 합의의 달성 및 조선 핵문제에 있어 긍정적 진전에 대해 기쁘게 여긴다"[51]며 카터의 북한 방문은 북핵 문제 해결의 중요한 전기라고 밝혔다.

7월 9일 독일을 방문한 리펑 중국 총리는 한델스브라트(*Handelsblatt*)와의 인터뷰에서 "조선 핵문제에 대하여 국제사회는 시종일관 압력을 주지 말고 담판과 대화의 방법을 통해 타당하게 해결하는 것을 희망한다. … 미국과 조선은 이미 담판을 시작했으며 모두 담판이 문제 해결에 유익한 성과가 있다고 평가한다. 중국은 이러한 양호 추세가 계속 유지되기를 바란다"고 밝혔다.[52]

7월 시작한 북미 회담은 김일성의 갑작스러운 사망으로 인해 잠시 중단되었지만 8-9월 제3차 북미 고위급 회담을 개최하고 10월 21일 기본합의문, 비공개양해각서[53] 및 클린턴 대통령의 보장각서 등 세 가지로 구성된 제네바합의문에 도달하였다. 제네바합의 도출 바로 다음 날 중국 외교부는 "중국 정부는 조선과 미국이 조선 핵문제에 있어 제네바합의에 서명하는 것을 환영하다"며 "대화와 협상은 조선 핵문제의 유일한 효과적인 수단이다. 협의의 실시는 조선반도의 비핵화 실현, 조선반도의 평화 및 안정 유지, 각국 관계의 개선에 유익하다"고 제네바합의에 대하여 적극적으로 평가하였다. 이와 동시에 중국은 과거와 다름없이 조선반도의 비핵화,

---

51 『新華通信』, 1994년 6월 23일, 《人民日報》, 1994년 6월 24일.

52 劉金質·楊淮生, 『中國對朝鮮和韓國政策文件匯編 1949-1994』, 中國社會科學出版社, 1994, p. 2654.

53 비공개각서는 2002년 10월 25일 북한이 공개하였다. 각서의 내용은 "제네바기본합의문 비공개 양해각서 전문," 《통일뉴스》, http://www.tongilnews.com/news/articleView.html?idxno=24529 참고.

평화 및 안정을 위해 노력을 기울이겠다고 밝혔다.[54] 중국은 이렇듯 북미 양자 간에 서명된 제네바합의에 대하여 긍정적으로 평가하고 북미 대화를 통해 북핵문제, 북미관계 및 한반도의 평화와 안정을 실현할 수 있는 현안을 해결하는 방식을 지지한다는 입장을 표명하였다. 중국은 제네바합의에 대해 긍정적 태도를 표하면서도, 한편으로 합의 채택이 곧 북한 비핵화 실현을 의미하지 않는다는 점에서, 합의의 실제적 이행을 강조하기도 하였다.

북한의 입장에서 미국이 북한에 중유를 제공하기로 한 것은 원조도 협조도 아니며 오직 북한이 가동 및 건설 중에 있던 원자력발전소들을 동결하는 데 따르는 전력소실을 보상하기 위한 미국의 의무 사항이었다.[55] 이러한 북한의 강력한 주장에 대하여 중국 역시 북한과 같은 입장에서 중유 제공은 미국의 의무라고 생각하였다.

이러한 가운데 중국에게는 제네바합의 자체보다 합의가 어떻게 수행될 것인지가 관심사였다. 제네바합의는 북미 양자 게임을 통해 만든 한반도 및 동아시아의 새로운 국제질서가 중국이 관심을 가진 주요사항이었기 때문이다. 그러면서도 중국은 다음과 같은 이유로 KEDO에 가입하지 않았다. 첫째, 중국은 미국이 주도한 기구에 가입함으로써 미국과 같이 북한에 압력을 주는 이미지를 북한에 보여주고 싶지 않았다. 둘째, 탈냉전 이후 중국은 국내 원유 공급의 부족에도 불구하고 기존의 소련을 대신하는 북한의 최대 원유 지원국이었기 때문이다. 셋째, 미국의 행위 역시 중국

54 중국 외교부 정례브리핑, 《人民日報》, 1994년 10월 23일.
55 북한 외무성 담화, 2012년 12월 12일.

의 KEDO 불참 결정에 영향을 주었다. 미국은 천안문사건의 후유증으로 인해 대(対)중국 불신이 있었고 중국이 북핵문제에서 긍정적 역할을 발휘하지 못하리라 판단하여 중국을 배제하였다.[56] 따라서 중국은 자국의 이익 계산 및 미국의 배제로 인해 KEDO에 참가하지 않은 것이라 할 수 있다.

4) 4자회담: 적극적 접착제와 소외되는 중재자

북핵문제의 핵심은 탈냉전 이후 발생한 한반도의 구조적 불균형 문제에 있다. 즉, 남방삼각동맹에 대응하는 북방삼각동맹이 소련의 와해 및 한중 수교로 인해 약화되면서 한국이 대외관계의 주도권을 장악하게 되었다. 북한은 핵카드를 통해 미국과 양자회담을 성사시키면서 미국으로부터 소극적 안전보장을 받았으나 항구적 평화체제 수립으로는 나아가지 못했다. 북한은 1994년 4월 28일 외무성 성명을 통해 "정전협정을 평화협정으로 바꾸고 현 정전기구를 대신하는 평화보장체계를 수립"하기 위한 미국과의 협상을 요구하였다.[57] 이 과정에서 북한은 한국이 정전협정문의 직접적 서명국이 아니라는 이유로 한국을 배제하는 한편, 한국전쟁 이후 중국인민지원군이 이미 철수하였다는 근거에서 중국의 참여 또한 배제하려 하였다.

56 孫茹,『朝核問題地區合作進程研究』, 2009, pp. 76-77.

57 북한 외무성 성명, 1994년 4월 28일.

중국은 지정학적 고려와 한반도에 대한 영향력 보유 지속을 위해 평화체제에 대한 다자적 원칙을 지지하였다. 1997년 3월부터 6월까지 3차례의 3자(남북미) 공동설명회가 개최되었다. 북한이 제기한 당사자에 중국은 포함되지 않았기 때문에 중국은 공동 설명회에 참석하지 못하였다. 중국은 북한을 고려하여 명확히 입장을 표시하지 못했지만, 1997년 당사자의 자격으로 참석하게 된 후 공식적으로 북한의 입장에 반대하였다. 남북미 3자 공동설명회 3차 회의가 끝난 후 7월 2일 중국은 "조선반도 평화체제의 건립을 찬성하고 4자회담에 대해 긍정적 태도를 가진다"는 지지 입장을 표명하였다. 북한이 제기한 중국의 비당사자론에 대해서는 "조선전쟁 정전협정 서명 당사국이자 반도의 주변국으로서 중국은 4자회담에 참가하는 데 동의하며, 상관 각방과 협력을 유지하고, 조선반도의 평화체제를 수립하는 과정에서 건설적 역할을 발휘하겠다"고 밝히며, 북한의 중국 배제에 공식적으로 반대하고 4자회담에 대한 참석 의지를 표명했다.[58] 중국은 북한과 미국 주도로 평화협정이 체결될 경우 한반도에 대한 자국의 영향력이 상실될 것을 우려했고, 따라서 한미양국의 남북 당사자주의에 동조하는 입장을 가졌다.[59]

중국은 4자회담 참가로 인한 북한의 불만을 해소하기 위해 다시 경제 카드 및 정치 카드를 활용하였다. 공식적으로 참가를 발표하기 전인 6월 27일 북한에 2000만 위안에 해당하는 물자를 지원하기로 합의하고, 7

58 중국 외교부 정례 브리핑,《人民日報》, 1997년 7월 3일.

59 장달중 외,『북미대립』, 2011, p. 261.

월 8일 북한에 8만 톤에 달하는 식량 무상 원조를 제공하였다.[60] 4자회담 진행 과정 중에도 중국은 북한에 계속 무상원조를 제공했다. 예컨대, 1998년 4월, 10만 톤의 식량과 2만 톤의 화학비료를 지원하였으며 10월 15일 4자회담 3차 본회의 개최 전 8만 톤의 원유를 무상 원조하였다.[61] 그리고 이 시기는 북중 고위급 교류가 냉각했던 기간이었음에도 7월 8일 김일성 3주기 때 상무위원 차오스(喬石, 정치국 상무위원 9명 중 3번째)가 베이징에 주재한 북한 대사관에 방문하여 애도하기도 했다.

4자회담은 1997년 12월에서 1999년 8월까지 제네바에서 본회담을 여섯 차례 갖는 방식으로 개최되었다. 중국은 4자회담에서 두 가지 역할을 부각시켰다. 첫째, 중국이 회담의 지속적 진행을 돕는 접착제 역할을 하였다. 1998년 3월 열린 제2차 본회의에서는 분과위원회 설치에 관한 문제가 논의되었다. 한미 양국은 한반도평화체제 구축과 긴장완화라는 두 개의 분과위원회를 설치해야 한다고 주장한 반면, 북한은 북미평화조약과 주한미군의 철수를 분과위원회의 의제로 내세웠다. 중국은 한반도평화체제의 구축과 한반도 긴장의 완화라는 포괄적 의제를 논의하자고 주장했고 이는 한미 양국의 주장에 더 가까웠다. 북한은 북미 양자의 평화협정 입장을 기본적으로 고수했기 때문에 한미 및 중국의 제안에 반대하였다. 제2차 회담은 구체적 합의에 이르지 못했지만, 4월 11일 남북 양국은 고위급회담을 북경에서 개최하였다. 남북 고위급회담 개최를 두고 중국은 스스로 남북과 모두 우호관계를 유지하는 한편 양국 간 가교 역할을 해야

60 《人民日報》, 1997년 6월 28일; 《人民日報》, 1997년 7월 8일.
61 《人民日報》, 1998년 4월 14일; 《人民日報》, 1998년 10월 16일.

한다고 보았다. 4월 13일에 중국은 북한의 태도 변화를 지지하는 의미로 10만 톤의 식량과 2만 톤의 화학비료를 원조하였다.[62] 이러한 가운데 1998년 10월 21–24일에 제네바에서 열린 제3차 본회의에서 북한의 양보를 바탕으로 4자는 한반도 평화체제 구축과 긴장완화라는 두 개의 본과위원회 설치 원칙에 합의하였다. 이로써 4자 간의 실질적인 문제에 대한 논의를 개시할 수 있는 틀이 확보되었다.[63]

둘째, 중국은 한미와 북한 양쪽의 갈등에 대한 중재자 역할을 부각시켰다. 두 개 분과위원회의 실질적 협상을 이뤄낸 후 한미와 북한 간에는 북미 평화협정 및 미군 철수, 군사 신뢰의 구축 등을 두고 갈등이 발생했다. 제4차 본회의에서 중국은 한반도 긴장완화에 대해 5가지 원칙을 제안하였다. 첫째, 포괄적 신뢰 구축을 추진하고 전면적 신뢰 증가, 둘째, 상관국 간 관계 개선, 조미관계, 조선과 기타 국가관계의 정상화 지지, 셋째, 각국의 다차원 및 다형식의 군사 신뢰 조치 협력 증대, 넷째, 한반도의 현실에 초점을 맞춰 실행할 수 있는 조치를 취하고 군사 충돌의 가능성 방지, 다섯 번째, 타방에 적대적이고 도발적 행동 취하지 않음이 5가지 원칙이다.

또한 한반도 평화체제 구축에 대한 중국의 구체적 대응방안도 제시하였다. 첫째, 관계 당사국은 대항을 종결하며 관계를 개선하고 평화 공존함으로써 한반도의 자주 및 평화적 통일을 실현한다. 둘째, 관계 당사국은 평화적 수단으로 모든 분쟁을 해결해야 하고, 무력과 무력을 통해 위협을

62 《人民日報》, 1998년 4월 14일.

63 김용호, "대북정책과 국제관계이론," 『한국정치학회보』, 제36집 3호, 2002.

행사하지 말아야 한다. 셋째, 관계 당사국은 평등 호혜의 원칙에 의해 경제무역관계 과학기술 및 문화 체육 등 영역의 교류와 협력을 전개한다. 넷째, 관계 당사국은 한반도에서 군사신뢰 조치를 건설하고 단계적으로 구축한다.[64]

이러한 중국의 주장은 북한이 요구하는 북미관계의 정상화, 한미 양국이 제기한 군사 신뢰 문제에 부응하려는 것이었다. 중국은 미군 철수 등 비현실적 내용 대신 단계적 군축을 제안하였다. 이는 한미 및 북한 양쪽의 요구를 모두 포함시킴으로써 제네바합의 이후 북미 주도의 한반도 체제에서 소외되지 않으려는 중국의 노력으로 볼 수 있다. 그러나 한미와 북한은 4자회담에서 서로 다른 목표를 가졌기 때문에 중국의 조화로운 제안은 백지화되었다. 한국과 미국은 군사훈련을 계속 진행하여 북한에 실질적 위협을 주었으며, 북한은 "말로는 완화, 행동에서는 전쟁소동"이라고[65] 여기고 주적인 미국의 "침략적 본성은 절대로 달라질 수 없다"고[66] 반발하였다.

종합하면, 1차 북핵위기 때 중국의 북핵 정책에서 세 가지 특징을 발견할 수 있다. 첫째, 중국은 북핵 문제는 북미 양자의 문제로 여기고 북미 양자의 접촉 및 협상을 지지하였다. 둘째, 중국 지도부의 대(対)북핵 문제의 발언에서 보이듯 중국은 1차 북핵위기의 해결에 대한 책임에서 물러나 있고자 했다. 셋째, 북핵위기가 고조될 때 중국은 북미 양국의 충돌에

64 《人民日報》, 1999년 1월 24일.
65 《로동신문》, 1998년 5월 9일; 1998년 5월 28일; 1998년 7월 24일
66 《로동신문》, 1998년 10월 27일.

휩쓸리지 않기 위해 조심스럽게 양국에 접근하였으나, 북미 제네바합의 이후에는 제네바합의 집행이 중국을 배제한 채 이루어지고 북미 양국의 직접 접촉이 증가하면서 중국이 소외감을 가지게 되었다. 넷째, 중국은 4자회담에서 중재자 역할을 했지만 그 실제 효과는 제한적이었다.

그렇다면 중국이 북핵에 대한 관망적 정책을 펼치고 4자회담에서 소외된 원인은 무엇인가? 여러 가지 해석이 있겠지만 이 연구는 중국의 국가 정체성을 중심으로 중국의 대북정책을 이해하고자 한다. 1차 북핵위기 때 중국의 국가 정체성은 북핵 정책에 어떤 영향을 미쳤는가? 국가 이익을 어떻게 인식하였는가? 국가정체성과 이익에 대한 인식은 대북정책의 구축에 어떤 영향을 미쳤는가? 이러한 질문에 답하기 위해 다음 두 장에서는 1차 북핵위기 때 중국의 국가 정체성을 자세히 살펴보도록 한다.

제2장 개발도상국으로서의 정체성

1차 북핵위기 때 중국이 북핵문제에 대해 수수방관했던 이유는 무엇일까? 그 이유는 크게는 중국이 스스로를 개발도상국으로 판단했던 것으로 볼 수 있다. 이번 장에서는 중국의 국가 정체성이 북핵정책에 작용하는 과정을 분석하기 전에 중국 자신이 개발도상국이라는 정체성을 스스로 규정하는 배경, 개발도상국에 대한 인식, 국가이익에 대한 인식을 다루고자 한다.

1. 미국의 대중 압박정책과 중국의 미온적 반발

1) 미국의 대중 압박정책

개발도상국이라는 중국 국가 정체성의 형성은 탈냉전기 국제환경의 변화에서 기인한다. 1991년 소련이 붕괴된 이후 중미 양국은 모두 냉전기에 소련을 견제하기 위해 맺어진 준동맹관계가 끝났다고 인식하였다. 미국은 냉전 종식과 함께 미국과 소련의 양극 체제가 붕괴하고 미국의 단극 체제가 시작되었다고 보았다. 클린턴 행정부의 당시 국제 정세 인식은 탈냉전기 국제질서의 변화를 반영한다. 클린턴 대통령은 "미국에게 필요한 것은 규모가 작아진 냉전 사상이 아니며 옛날 관념에서 벗어나야 한다. 냉전 이후 미국의 신안보전략을 제정하고 냉전구도에서 냉전 후 구도로의 전환을 조속히 진행해야 한다"고 언급하였다.[67] 이에 대하여 중국은 국제질서의 명실상부한 패권을 장악한 미국이 잠재적 경쟁대상을 억제하고 미국식 사회제도와 가치관을 통해 다른 나라의 체제를 전환시키려 한다고 인식하였다. 이러한 맥락에서 중국은 미국이 중국체제를 붕괴시키려 한다고 보고 미국에 강경하게 대응했다.

미국의 대중 강경 정책을 이해할 때 중국은 자국의 주권에 개입하는 인권문제와 대만문제를 중심으로 내세웠다.

우선, 인권문제를 살펴보자. 미국은 천안문사건 이후 중국의 정치체제 변화에 대한 압력을 증대시킴으로써 중국을 민주화하려는 의지를 더욱 강력히 하였는데, 이는 미국이 대중 정책에서 이데올로기 요인의 비중을 증가시키고 억제 정책을 실시했다는 것을 의미한다.[68] 1993년 2월 클린

67 王緝思, 『高處不勝寒: 冷戰後美國的全球戰略和世界地位』, 北京 : 世界知識出版社, 1999, p. 193.

68 閻學通,『中國國家利益分析』, 天津人民出版社, 1996, pp. 201-206.

턴은 미중관계에 대한 연설에서 "미국은 중국의 인권과 민주화 진전을 추구할 의무가 있다"며 중국을 압박하는 수단으로 인권외교를 사용하였다. 1993년 3월 미국은 유엔 제49차 인권회의에서 '중국 인권상황'이라는 결의안을 제출하였다. 그리고 다른 분야에도 인권과 연결시켰다. 예컨대 경제무역관계에 있어 중국의 최혜국 대우 문제, 중국의 2000년 올림픽대회 신청문제 등이다.

다음으로 대만문제는 미중관계의 고질적 쟁점으로 다시 등장하였다. 천안문사건으로 인한 미국의 대중 강경파는 대만 내부의 대만독립세력과 연합해 미국과 대만의 정치관계를 강화시키려고 하였다. 부시 행정부는 대만에 F-16전투기를 판매하였는데 클린턴 행정부 역시 이를 지속하였다. 다른 한편으로 미국은 중국의 강력한 반대에도 불구하고 1994년 4월 28일 *Foreign Relations Authorization Act Fiscal Years 1994 and 1995*을 [69] 통과시킴으로써 「대만관계법」을 수정하였다. 수정안은 미국과 대만 고위급 관료의 상호방문, 대만의 GATT 가입 지지 등의 조항을 포함하였다. 1996년 3월에는 대만 내에서 대선 진행과 대만 독립의 소리가 커지자 중국은 대만 해협에서 군사훈련을 실시하고 미사일을 발사하였고 소위 1996년 대만위기(Taiwan Strait Crisis)가 발발하였다. 이 때 중미수교 이후 미국은 처음으로 대만해협에 항공모함을 파견하였다. 미국은 대만위기를 이용해서 대만과의 군사관계를 확대하였고 나아가 대만에 무기 판매를 할 구실로 삼았다. 또한 1997년 미국의회는 원래 대만을 포함하지 않았던

69 "Foreign Relations Authorization Act, Fiscal Years 1994 and 1995," https://www.govtrack.us/congress/bills/103/hr2333/text(검색일: 2014년 12월 13일).

TMD(theater missile defence system, 전역탄도미사일방위시스템)에 대만을 추가하기도 하였다. 이러한 대만위기로 인해 미국의 대중 정책은 관여와 억제 중 억제에 가까워졌다.[70]

2) 중국의 미온적 반발

1990년대 초반 중국은 미국이 중국의 인권문제와 대만문제에 개입하는 등 강경한 대중정책을 펼치고 있으며 중국 사회주의 체제를 붕괴시키려 한다고 인식하였으나 미국 패권에 대응할 수 있는 능력이 없었다. 당시 중국은 경성권력과 연성권력에서 모두 2등 국가였기 때문에 국내에서의 선전 전술을 제외하면 미국에 가할 수 있는 실질적 대응방안이 거의 없었다. 예컨대, 중국 해군의 치욕으로 일컬어지는 '은하호 사건'(銀河号事件)[71]이 발생하고 중국의 대규모살상무기 판매에 대해 미국이 문제를 제기하는 등 미국의 대중 적대 인식이 실질적으로 드러났을 때도 중국이 미국에 대항할 수 있는 능력이 없다는 것이 여실히 드러났다. 인권문제와 대만위기로 인한 중미관계의 긴장 승가는 중국의 이익을 서해하였기 때문에

70 吳心伯, "反應與調整: 1996 年臺海危機與美國對臺政策," 『復旦學報』, 2004年第2期.

71 은하호 사건은 1993년 9월 미 군함이 중국 화물선에 화학무기 원료가 실렸다며 페르시아만 공해상에서 한 달간 발을 묶어놓고 검문했던 사건을 가리킨다. 미 해군의 검색 결과 화학무기 제조물질은 미확인되었고 사건은 중국 내정 문제가 되어 중국 당국은 미 해군의 행위는 주권 침해 및 국제법 위반이라 항의했고 공개사과, 재발 방지, 배상 문제를 거론했다.

중국은 미국과의 관계 개선에 나섰다. 마침내 1997년 장쩌민 주석의 방미가 이루어지면서 1989년부터 계속된 양국의 적대 관계가 깨졌다. 중미 정상회담에서 양국은 "21세기를 향한 건설적 협력 동반자 관계"를 맺었다. 그 후에는 중국과 미국은 어떠한 곡절과 갈등이 발생해도 대화는 중단하지 않았다. 또한 양국은 대량 살상무기 확산 방지, 양자 무역의 확대, 에너지, 교육, 기술 등 다양한 영역에서 협력하기도 하였다.[72]

미국은 내정 개입을 통해 중국에 대한 강압 정책을 펼쳤는데, 중국은 미국 패권에 대하여 무력한 반항을 하는 것에 그칠 수밖에 없었고, 이 과정에서 미국 패권의 거대함을 한층 더 깊이 깨닫게 되었다. 그 결과 중국은 미국과 대항을 하는 것이 아니라 미국이 주도한 체제를 인정하고 미국과 협력을 통해 국가 발전을 추진하는 길을 선택하였다. 양극 체제의 해체로 중미 준동맹관계가 더 이상 존재하기 어려워진 상황과 어려운 국내 경제라는 대내외적 여건 때문에 중국에게 주어진 선택의 폭이 그다지 넓지 않았기 때문이다. 따라서 중국은 혁명적 이념을 포기하고 미국이 주도한 단극 국제 질서를 인정할 수밖에 없었다. 이러한 미국의 패권적 힘과 중국은 약소국이라는 인식은 중국이 자국의 국가 정체성과 이익을 규정하는 데에도 영향을 미쳤다.

72 賈慶國, "克林頓執政以來的中美關系,"『美國硏究』, 1998年第2期.

2. 개발도상국에 대한 인식: 제3세계 국가에서 개발도상국으로

1) 냉전기 개발도상국 담론의 등장과 좌절

1955년 반둥회의에서 중국은 개발도상국의 구성원의 하나로 회의에 참석하였으며[73] 처음으로 개발도상국이라는 정체성을 제기하였다. 그러나 중국은 1960년대 반대 제수반(帝修反, 제국주의, 수정주의, 반혁명 분자의 약칭) 외교노선으로 인해 개발도상국 정체성을 정착시키지 않았다. 이후 중국은 1974년 마오쩌둥이 잠비아의 대통령 케네스 카운다(Kenneth Kaunda)를 접견하는 자리에서 삼개세계의 이론을 제기한 후 중국은 제3세계국가 정체성 대신 개발도상국을 내세웠다.[74] 1975년의 「정부업무보고」에서 처음 개발도상국을 언급하기는 하였지만 중국은 "발전중인 사회주의국가로 제3세계에 속한다"고 하였다.[75]

마오 시기 중국에서 개발도상국 개발도상국으로서의 정체성이 드

---

73 熊光楷, "劃時代盛會, 跨世紀强音−萬隆會議的歷史影響與現實意義,"『世界知識』, 2005年第8期.

74 마오쩌둥은 미국과 소련은 제1세계, 중간파인 일본, 유럽, 호주, 캐나다는 제2세계, 중국은 제3세계라 하였다.

75 『1975年國務院政府工作報告−1975年1月13日在第四屆全國人民代表大會第一次會議上』, 이번 보고에 제3세계는 반식, 반제, 반패의 주력군이다. 중국은 발전중인 사회주의국가로 제3세계에 속한다고 제기하였다. "第三世界是反殖、反帝、反霸的主力軍。中國是一個發展中的社會主義國家, 屬于第三世界." 원문은 http://www.gov.cn/test/2006−02/23/content_208796.htm 참고.

러난 원인은 크게 보면 중국의 국가안보 상황과 국가 이데올로기에 있다. 첫째, 국가안보 측면에서 중국은 1950년 일변도(一邊倒, 연소반미)의 전략을 실시하였고, 1960년대에는 중소분쟁이 시작되었다. 중국은 소련과의 관계가 악화되는 한편 한국전쟁, 대만문제로 인해 미국과의 관계가 단절되었다. 그 때문에 1960년대 중국은 제3세계 국가로서 반미반소의 양조선(两条線) 전략을 펼쳤다.[76] 안보 문제는 곧 중국의 생존과 직결되는 것이었기 때문에 미국과 소련을 모두 반대하는 제3세계의 정체성을 강조할 수밖에 없었다.

둘째, 마오 시기 중국은 "계급투쟁을 중심으로(以階級鬪争為綱)" 삼았으며[77] 중국의 대외정책은 국내 계급투쟁의 연장선이기 때문에 제3세계로 구분되는 것이 개발도상국이라는 용어보다 현저한 혁명성을 가지고 있었다. 중국의 대외관계에서도 외교부를 통하여 "마오 주석의 사상과 중국의 국제 영향을 확대시키고, 세계 혁명을 추진하자"는 공고를 확산시켰다.[78] 혁명 이데올로기에 따라 마오 시대의 중국은 대외정책에 있어 자신

76 정재호는 안보환경을 중국의 대외정책에 작용하는 가장 중요한 요인이라고 보고 있지만, 필자는 안보환경 못지않게 중국 국내 정치의 특수성을 강조하고 싶다. 즉, 냉전기 중국 외교는 국내의 계급투쟁과 이데올로기에 영향을 받는다는 점이다. 중국 외교에 대한 체제적 요인을 분석하는 논문은 Jaeho Chung, "Decoding the Evolutionary Path of Chinese Foreign Policy, 1949–2009: Assessments and Inferences." *East Asia,* Vol. 28 No. 3, 2011, pp. 175–190 참고. 국내정치의 시각으로 보는 연구는 楊奎松, "新中國的革命外交思想與實踐," 『史學月刊』, 2010年第2期 참고.

77 "계급투쟁을 중심으로 삼는다(以階級鬪爭爲綱)"라는 중국 냉전기의 외교정책은 최우선적으로 민족 및 국가를 넘는 계급 이익을 중요시하고 다음으로 중요시하는 것은 민족 이익, 국가이익 순이다.

78 馬繼森, 『外交部文革紀實』, 香港中文大學出版社, 2003年, p. 12.

을 국제질서의 도전자로 인정하였으며 개발도상국의 정체성을 정착시키지 않았다.

2) 개혁기 개발도상국 담론의 재현과 정착

개발도상국으로서 중국의 인식은 1978년 개혁개방 정책이 시작되면서 다시 등장하였다. 이데올로기적 공산 혁명과 국제주의에 향한 투쟁으로 인해 중국의 경제난이 심각해지자 1978년 중국공산당은 제11기 3중 전회에서 '개혁개방 정책'을 채택하고 정책의 중심(工作中心)을 "사회주의 현대화 건설"로 설정하였다. 개혁개방정책 채택으로 마오쩌둥 시대의 이데올로기에서 완전히 탈피하여 덩샤오핑 시대의 실용적인 경제발전 정책을 최우선으로 하는 국가 목표가 수립되었다.[79] 이로 인해 중국 외교 영역에도 엄청난 변화가 발생하였다. 덩샤오핑 시대에는 "모든 것은 경제건설중심으로(一切以經濟建設為中心)" 삼는 전략이기 때문에 중국 외교는 경제발전을 추구하는 수단이 되었다.[80]

그러나 1990년대 초에는 중국의 개혁개방 정책이 순조롭게 진행되

---

79 개혁개방과 중국의 정치경제 영역의 변화는 胡聯合·胡鞍鋼·廖立勇, "空前巨變: 改革開放以來中國社會的六大躍遷," 『新疆師範大學學報』, 2012年第3期; 胡鞍鋼, "全面深化改革的非凡意義," 『北京日報』2013年11月18日; 王紹光, "從經濟政策到社會政策: 中國公共政策格局的歷史性轉變,"『中國公共政策評論』2007年第1期 참고.

80 楊成緒, "試論鄧小平外交思想," 『國際問題研究』, 2004年第6期, pp. 1–6.

지는 못하였다. 일부 중국 원로들의 개혁개방정책에 대한 불만[81]뿐만 아니라 1989년 천안문사건이 바로 개혁개방으로 야기되었다며 개혁개방을 반대하는 보수적 인식이 늘어났기 때문에 제3세계 국가로서의 인식이 다시 만연했다.

중국은 1989년 천안문사건을 계기로 자국을 제3세계 국가라고 다시금 강조하였다. 이는 두 가지 대내외적 원인 때문이다. 첫째, 천안문 사건으로 인해 미국 등 서방 국가들이 중국에 대한 봉쇄 정책을 펼쳤기 때문이다. 1989년 천안문사건으로 미국에 대한 혐오감이 확산되면서 개방으로 인한 '화평연변'(和平演变)[82]에 대해 경계심을 표출하였다. 1989년 11월 덩샤오핑은 탄자니아혁명당 주석 니에레레(Nyerere)를 회담할 때 "냉전이 종식되었지만 다른 두 개의 냉전이 시작되었다"며, "하나는 제3세계를 겨냥한 것이며 하나는 사회주의 국가에 초점을 맞추는 것이다. 서방은 초연(预演)이 없는 제3차 세계대전을 하고 있다"[83]고 평가하였다. 천안문사

81 개혁개방에 대한 중국 당내 원로는 개혁 지지파와 반대파로 나눠볼 수 있다. 1980년대 말부터 1990년대 중기, 즉 덩샤오핑 집권기 중국 정치의 실제적 결정권을 가진 중공의 원로 정치가들 이른바 소위 중공팔대원로(中共八老: 鄧小平, 陳雲, 李先念, 彭眞, 鄧穎超, 楊尙昆, 薄一波, 習仲勛)들 중 리셴넨(李先念)은 개혁개방을 단호하게 반대하는 원로이고, 천원은 과도 개방으로 인해 사회주의 계획경제의 순결성을 침해할 수 있기 때문에 반대하였다. 팔대원로 중 덩샤오핑은 결정권을 갖고 있으며 천원은 거부권을 갖고 있었기 때문에 천위 및 리셴넨의 반대로 인해 천안문사건 이후 개혁개방이 계속 실행하기가 어려워졌다. 그리고 천안문사건 이후 등장한 장쩌민-리펑 정부는 덩셔오핑이 제기한 "지도부 교체해도 개혁개방은 변하지 않을 것"이라는 원칙에 소극적으로 대응하기도 하였다.

82 화평연변은 사회주의체제를 평화적 수단으로 자본주의·민주주의 체제로 변화시키는 것을 의미한다.

83 中共中央文獻硏究室編, 『鄧小平年譜』(1975-1997), 中共文獻出版社2004年版, p. 1302.

건으로 인해 중국은 다시 사회주의 정체성의 위기를 느끼고 걱정을 표출하였다. 이에 따라 정부 내 보수층 원로는 개혁개방을 반대하거나 우려하는 목소리를 내면서 1992년까지 중국 국내경제 개혁은 매우 보수적인 성향을 나타냈으며 개혁개방을 폐기해야 한다는 의견까지 나왔다. 특히 북경에서 덩샤오핑의 영향력이 약화되자 부득이하게 1992년 남순연설(南巡講話)을 감행하면서 개혁개방정책을 재확인함으로써 이를 계속 실시할 수 있게 되었다.[84] 또한 보수 성향의 장쩌민–리펑 정부의 권력을 제약하기 위해 덩은 정치 및 군대 영역에서 권력을 통제하였다. 국가 권력 측면에서는 차세대의 지도자로 후진타오를 선정하였고 군대에서도 개혁을 지지하는 양상쿤(楊尚昆)이 13기 5중 전회에서 중앙군사위원회 제1부주석으로 임명되었다.

덩샤오핑의 강압적 카리스마로 인해 중국의 개혁개방은 곡절을 경험하였으나 시장경제제도가 확립되면서 개혁이 다시 지속·심화되었다. 장쩌민 정부는 계속 개혁개방 정책을 실시하고 1992년 14차 당대회(1992년 10월 12–18일)에서 "사회주의 시장경제론"을 제기하였다. 14차 당대회에 이어 1993년 11월 14기 3중전회에서 「중공중앙사회주의 시장경제체제약간문제에 관한 결정」(中共中央関于建立社会主義市場経済体制若幹問題的決定)을 통과시켰다.[85] 일련의 결정을 계기로 중국은 계획과 시장이 병존하는

84 劉金田·張愛茹, "鄧小平一針見血批評左的言論," 『走出中南海的鄧小平』, 臺海出版社, 2011年; 鄧小平, "在武昌, 深圳, 珠海, 上海的談話要點," 『鄧小平文選』, 人民出版社, 2001年, pp. 383–396.

85 「중공중앙사회주의 시장경제체제약간문제에 관한 결정」은 50개 조항으로 구성된다. 사회주의 시장경제는 현대적 기업 제도, 시장 체계, 매크로 컨트롤 체계, 분배제도 및 사회 보장제도라는 다섯 개 영역으로 구성된다.

혼합경제가 아니라 완전한 시장경제 건설을 국가 경제의 발전 목표로 삼았다. 1997년 9월 15차 당대회에서 사회주의시장경제를 중국 사회주의 초급 계단의 기본적 경제 제도로 확정하였으며 사회주의의 공유제가 깨지고 공유제 및 기타 소유제가 공동발전의 소유제 형식을 수립하였다. 15차 당대회에서 덩샤오핑이 제기한 중국 특색의 사회주의(中国特色社会主義) 이론은 중국공산당당장(당헌, 党章)에 삽입하였다.[86] 중국 특색의 사회주의는 중국공산당 영도 및 사회주의 시장경제를 발전시킨다는 두 가지 주요 내용을 담고 있다.[87] 중국공산당의 지도사상이 실린 당장에 이러한 내용이 삽입되는 것은 중국이 이제 사회주의냐, 자본주의냐에 대한 이념적 분쟁을 공식적으로 정리하려는 의지로 나타났다. 즉, 차세대의 지도자가 누구인지를 막론하고 개혁개방 및 중공 영도를 견지해야 한다는 국가제도가 확정되었던 것이다.

이상과 같이 1990년대 초기부터 중국 국내에서 개발도상국의 담론이 형성되었다. 1996년부터 「정부업무보고」에서 "제3세계" 언급은 사라지고 그 대신 "개발도상국"이 계속 등장했다.

---

86 중국공산당당장(당헌, 黨章)은 중국공산당의 총 규정을 뜻하는 것으로 당의 성격, 이론과 정책방침, 중요한 주장, 당내의 중요한 제도와 체계 규정을 종합한 것이다. 공산당은 당장을 근거로 업무 추진과 당의 건설을 강화한다. 당 및 국가 발전의 실제 상황에 따라 당장을 수정하는 것이 가능한데 2015년 현재까지 당장을 몇 번 수정한 바 있다. 현재 당장에 실린 중국공산당의 지도사상은 마르크스레닌주의, 마오쩌둥 사상, 덩샤오핑 이론, 짱쩌민의 3개 대표 중요사상 및 후진타오의 과학적 발전관 등이다.

87 중국 특색의 사회주의의 내용: 중국 특색의 사회주의는 중국공산당 영도 하에 경제 건설을 중심으로 사항 기본 원칙 및 개혁개방을 견지하여 사회 생산력을 해방하고 발전시키고, 사회주의 시장경제, 사회주의 민주정치, 사회주의 선진문화, 화해사회를 건설하고, 부강하고 민주문명과 화해한 사회주의 현대화 국가를 건설한다.

개혁개방정책을 통해 중국 실리를 추구하는 개발도상국의 정체성을 설정하는 것은 두 가지 함의가 있다. 첫째, 개발도상국 지위를 활용해 국제사회에서 활동함으로써 국익을 극대화 하려는 것이다. 14차 당대회는 "중국 개혁의 목표는 사회주의 시장경제를 건설하는 것"이라고 공식적으로 선포하였다. 14차 당대회는 탈냉전기에 진입해 처음 맞이하는 당대회라는 점에서, 그리고 천안문사건 및 한중수교를 하게 되는 기점이라는 면에서 관심과 시선이 집중되었다. 장쩌민은 "중국은 꼭 개발도상국의 정체성으로 WTO에 가입한다"고 강조하였다.[88] 둘째, 대외정책의 변화와 지속성을 보여준다. 14차 당대회에서 중국은 국제정세 측면을 거론하면서 "복잡하고 다변한 국제정세"에 대하여 "양극체제의 종결, 각종 세력의 새로운 분화 및 조합으로 인해 세계는 다극적으로 발전할 것이다. 새로운 세계구조의 형성은 장기적이고 복잡하지만 평화적 국제환경을 쟁취하고 새로운 세계대전을 피하는 것은 가능하다"고 평가하였다. 이는 13차 당대회에서는 "미소관계가 완화되었지만 국제적인 핫이슈는 제거하지 않고 국제정세의 진정한 완화까지 갈 길이 멀며 어려운 곡절의 과정을 겪을 것으로" 예측한 것과 매우 대조적이라 할 수 있다.[89] 즉, 중국은 양극체제에서 나타난 미소 군사경쟁으로 인한 국제정세의 불안정보다 막강한 미국이 주도하는 단극체제가 평화적이라고 평가하고 있는 것이다. 이러한 배경을 바탕으로 1992년 14차 당대회에서 중국 지도부는 "평화와 발전을 현재 시대

---

88 "江澤民說中國必須以發展中國家身份入世,"『東方新聞』, 2001년 5월 9일, http://news.eastday.com/epublish/gb/paper148/20010509/class014800011/hwz380222.htm

89 「13차 당대회 보고」(中共十三大報告), 1987년 10월 25일.

의 주제"로 하여 개발도상국이라는 중국의 국가 정체성을 확립한다. 이러한 정체성을 통하여 중국은 비로소 국제 질서를 인정하고 그 속에서 평화적 발전을 추구하는 국가가 되기 때문에 외교 영역에서 도광양회의 외교 정책이 전개 가능해진다.

3. 경제이익 중시

1) 경제가 먼저다

중국의 국가이익은 안보이익, 정치이익, 경제이익으로 나눠볼 수 있다.[90] 1990년 초기 "모든 것은 경제건설을 중심으로(一切以経済建設為中心)"라는 슬로건은 중국이 경제이익을 얼마나 중요시했는지 보여준다. 탈냉전기에 들어 중국에서는 경제이익이 가장 시급했다.

그러나 이것이 안보이익과 정치이익이 중요시하지 않는다는 의미는 아니고 두 가지 이익은 경제이익보다 긴박성이 많이 떨어진다는 것을 의미한다. 우선, 중국에 대한 직접적인 군사 위협이 사라졌기 때문에 안보이익이 중요하지만 시급한 이익이 아니게 되었다. 중국은 아시아에서 한국, 인도네시아와 수교하고, 일본, 베트남과 관계 개선을 함으로써 주변에 적대적 국가가 없어졌다. 그리고 소련이 붕괴하면서 소련으로부터 온 위협이

---

90 閻學通,『中國國家利益分析』, 天津人民出版社, 1997.

감소되었다. 미국 패권 하의 평화, 중국 주변의 안정화로 인해 안보이익을 절박하게 추구하지 않게 되었다. 이 때문에 1985년부터 1990년 초까지 중국은 군사 100만 명을 감축하였으며 1994년 국방비는 68억 달러(550.71억 위엔)에 불과하였다.[91] 이처럼 안보문제의 중요성이 약화된 것이다.

정치이익 역시 중요하기는 하지만 정치이익과 관련된 인권문제 및 대만문제는 단기간에 해결할 수 있는 문제가 아니었다. 미국이 중국의 인권문제를 들어 대중 강압을 펼치는 것은 체제 및 이데올로기와 연관된 것이기 때문에 장기적으로 해결해야 할 문제로 인식되었다. 그리고 대만을 통일시키기 위해 군사력이 필요하지만 이 역시 막강한 미국의 개입 때문에 쉽게 해결할 수 없는 문제로 보고 있다.[92]

또한, 소련의 해체로 인해 냉전기 중소분쟁처럼 사회주의 이념 분쟁으로 인한 위협이 감소되었다. 따라서 주권과 관련한 정치문제는 중요하기는 하지만 단기간에 해결하지 못하는 것이며 해결 가능한 방법을 찾은 것도 아니고 이념 분쟁이 예전처럼 심각한 수준이 아니어서 그 긴박성이 떨어졌다. 이 때문에 14차 당대회에서 장쩌민은 "사회제도 및 이데올로기의 차이는 국가 간 관계 발전의 장애가 되지 말아야 하며 국제교류에 있어서 사회제도와 이데올로기는 서로 강요하지 말아야 한다"고 언급하였고, 이와 동시에 "중국은 평화공존 5원칙에 따라 모든 국가와의 관계가 발전하

91 "中國的軍備控制與裁軍," http://www.gov.cn/zwgk/2005-05/25/content_811.htm(검색일: 2013년 2월 28일)

92 1996년 대만위기 때 중국이 대만을 통일시키는 능력이 없다는 것이 드러났다. 이 때문에 대만이 독립을 선포하지 않으면 대만의 통일을 "보류(擱置)"하는 정책을 현재까지 고수하고 있다. 하지만 대만에 대한 미국의 무기 판매는 반대한다.

기를 바란다"고[93] 강조하였다.

안보이익과 정치이익의 긴박성이 떨어지는 반면에 1990년대 이후 중국은 경제이익을 급속히 추구하게 되었다. 그 원인은 무엇보다도 중국의 경제력이 여타 국가들과 많은 격차가 벌어졌기 때문이다. 예컨대 1990년 중국 GDP는 3,903억 달러 규모로, 미국의 58,031억 달러에 비해 6.7%밖에 안 되며, 일본의 30,300억 달러에 비해 12.8%밖에 차지하지 못하였다.[94] 이 때문에 선진국과의 경제 격차의 축소는 중국의 시급한 과제로 제기되었으며,[95] 중국 내 최대 이슈로 등장하였다.

한편, 사회주의 국가의 해체는 결핍경제(shortage economy)[96]로 인한 것이라고 여겨졌다. 덩샤오핑이 1990년 3월 장쩌민 등과 담화할 때 "일부 국가들은 경제가 성장하지 못하여 문제가 발생하였다"고 지적하면서 경제 문제를 동유럽 사회주의 국가 해체의 근본 원인으로 간주하였다. "경제가 성장하지 않거나 저성장하는 것은 경제적 문제일 뿐만 아니라 정치적 문제"라고 경제발전을 강조하면서 "중국이 패권주의, 강권정치의 압력을 감당해 낼 수 있는지는 고속 경제성장에 달려있다"[97]고 인식하였다. 즉,

93 14차 당대회보고서.

94 IMF, World Economic Outlook Database, 1990.

95 1992년 제14차 당대회보고.

96 결핍경제는 헝가리 경제학자 야노스 코르나이(J. Kornai)가 사회주의 경제체제를 분석할 때 사용한 개념이다. 코르나이에 따르면 사회주의는 공산당의 권력독점, 생산수단의 국유, 계획경제, 기업운영에서의 연성예산 제약 등을 수반하기 때문에 경제의 결핍을 야기한다. Janos Kornai, *The Socialist System: The Political Economy of Communism: The Political Economy of Communism*, Oxford University Press, 1992.

97 『鄧小平年譜(1975−1997)』, 中央文獻出版社, 2004年, p. 1310.

경제발전을 단순한 경제문제가 아니라 사회주의 체제의 공고성과 관련된 정치문제로 파악하고 있었다. 이러한 인식에 따라 중국은 경제건설을 중심으로(以経済建設為中心) 하는 국가 전략을 제시하였다.

2) 경제 중심의 외교

경제건설이라는 목표는 중국의 대외정책의 목표와 내용에도 영향을 주었다. 즉, "외교는 경제를 위하여(外交為経済服務)"라는 중국 외교의 목표를 규정하였다. 나아가 중국 외교는 "적극적인 대외관계의 발전을 통해 중국의 개혁개방과 현대화 건설을 위해 유리한 국제환경을 쟁취하는 것이다"라는[98] 목표를 가진다.

중국의 경제이익 추구라는 목표와 개발도상국으로서의 정체성은 상호 구축의 과정을 통해 여러 가지 면에서 대외정책에 영향을 미쳤다. 첫째, 경제이익을 추구하면서 중국의 정체성은 수정주의 국가로부터 현상유지 국가로 진화하였다. 즉, 혁명 국가라는 개혁개방 이전의 정체성에 입각한 전쟁 가능성이 사라지고 경제발전을 위한 평화적 주변 환경 개선에 중국이 적극적으로 나선다는 의미이다. 중국은 국제사회와의 관계, 시방선진국과의 관계, 다른 개발도상국과의 관계라는 세 가지 측면에서 개발도상국으로서의 중국의 대외정책을 언급하였다. 국제사회와의 관계에서 "중국은 유엔 회원국 및 상임이사국"으로서 "유엔의 역할을 중시하면서 유엔

98 14차 당대회보고.

의 사무에 적극적으로 참여하고, 군축, 세계 평화의 유지, 전 세계의 발전, 국제 분쟁의 해결 등의 문제에 대한 유엔의 적극적 행동을 지지"하였다. 1990년 중국 군대는 423.8만 명에서 319.9만 명까지 축소되고 1994년 국방비는 GDP의 1.3%를 차지하였다.[99] 중국은 군축 활동을 통해서 국제사회에 융합되고 평화적 개발도상국으로서의 정체성을 공고히하였다.

둘째, 개발도상국 정체성의 정착으로 인해 중국이 우선 고려한 경제이익이 부각되었다. 개발도상국에 대한 공감대를 형성하면서 국가이익에 대한 규정이 달라진 것이다. 즉 안보이익이나 정치이익보다 경제이익을 국가이익으로 우선 고려하게 되었다. 이는 선진국이나 개발도상국이나 모두 경제협력 대상으로 인식하며, 여타 개발도상국과 협력함으로써 자국의 경제발전을 추구하는 것이다. 강대국과의 관계에 있어서도, 중국은 패권국과 적대적 관계에 있지않다고 간주하였다. 중국은 "사회제도와 이데올로기의 차별을 국가 간 관계의 장애물로 간주하면 안 된다"며 "각국은 본국의 구체적 상황과 부합하는 사회제도와 발전 도로를 선택할 권한이 있다"고[100] 하였다.

셋째, 개발도상국 정체성과 경제이익의 우선성에 대한 인식을 바탕으로 "도광양회, 유소작위"의 대외정책을 수립하였다. 중국은 냉전기처럼 자국을 제3세계 국가로 분류하면서 '평화공존 5원칙'을 기반으로 한 공정하고 합리적인 국제질서를 주장하였다. 공산권의 몰락으로 인한 중국 붕

99 "中國的軍備控制與裁軍," http://news.xinhuanet.com/zhengfu/2002-11/15/content_630930.htm(검색일: 2013년 2월 9일).

100 14차 당대회 보고(中共十四大報告), 1992년 10월 12일.

괴론이 대두하는 시점에서 중국은 사회주의 개발도상국으로서 패권국 미국의 민주주의, 인권 등 보편적 가치관 강압에 매우 민감할 수밖에 없었다. 그러나 국가성격과 국가이익에 대한 공감대 형성으로 인해 패권국과 경쟁하지 않고 제3세계를 유지하기 위해 나서지 않는다(不当頭)[101]는 정책을 폈다. 결국 14차 당대회 보고에서 "중국은 비동맹운동의 옵서버가 되고 77그룹[102]과 협력을 강화하기로 나갈 것"이라고 하였으며[103] 중국은 '도광양회 유소작위' (韜光養晦, 有所作為)[104]라는 외교정책의 기본 방침을 수립하고 준수하면서 특히 도광양회를 강조해왔다.

국가성경–개발도상국, 국가이익–경제이익에 대한 인식은 중국 대외정책의 방향을 규정하였다. 그렇다면 1990년대 초반부터 동아시아 역내에서 최대의 안보 이슈인 북핵문제가 등장한 후 중국이 어떤 외교 행위를 취하였을까? 그리고 그 당시 중국 국가가 가진 기본적인 인식이 북한과 북핵에 대한 어떤 영향을 미쳤을까?

---

101 『鄧小平年譜(1975–1997)』, 中央文獻出版社, 2004年, p. 1310

102 77그룹은 국제연합 내 개발도상국들 연합체로, 1964년 3월 제네바에서 열린 제1회 국제연합무역개발회의(UNCTAD) 총회에서 선진국에 대한 개발도상국의 협상능력을 강화하기 위해 개발도상국 77개국이 공동선언을 채택하고 이에 기초하여 하나의 그룹으로 출범하였다.

103 14차 당대회 보고, 1992년 10월 12일.

104 冷靜觀察、穩住陣脚、沈著應對、善于守拙、決不當頭、韜光養晦、有所作爲", 『鄧小平年譜(1975—1997)』, 北京: 中共中央文獻出版社, p. 1346; 『江澤民文選』, 北京: 中共中央文獻出版社(第2卷), 2006, p. 202.

제3장 관망 정책(窮則独善其身)

1990년대 개발도상국으로서 경제발전에 매진한 중국은 1차 북핵위기에서 북미 양자 사이의 갈등에 대하여 관망적 태도를 취했다. 1차 북핵위기는 1990년대 탈냉전의 추세와 중국의 국내 개혁에 봉착한 사건이었다. 북핵위기를 중국이 냉정하게 처리하는 것은 앞에서 설명했듯이 중국이 스스로 자국의 정체성과 경제이익의 중요성에 대해 판단했기 때문이다. 이번 장에서는 국가성격–개발도상국과 국가이익–경제우선주의에 대한 인식이 대북정책에 어떻게 작용했는지를 분석하고자 한다. 『맹자』에서 "궁색할 때에는 홀로 수양하는 데 주력함"(窮則独善其身)이라 한 것처럼 중국은 자국의 개발도상국 성격과 경제이익의 긴박성에 대한 인식을 바탕으로 자국 발전에 주력하고 북핵에 대해 관망적 정책을 취하였다.

1. 1차 북핵위기 때 중국의 대북 인식

중국의 대북 인식 및 북중관계의 기반은 항일전쟁, 해방전쟁 및 한국전쟁에 있다고 볼 수 있다. 공유하는 역사와 문화적 동질성으로 인한 친근감은 국제공산주의 국가 간 연대감과 형제라는 인식을 형성하였다. 물론, 북중관계문혁이나 후계자 문제 등으로 인해 북한에 대한 부정적 인식이 없었던 것이 아니지만 내정 불간섭과 상대방의 정책에 대한 완전 지지 때문에 부정적 인식이 공식화되지는 않았다.

그러나 1980년대 이후 중국과 북한은 사회주의 건설에 있어 각각 "중국식 사회주의" 및 "북한식 사회주의"의 노선을 선택하였다. 양국이 가는 길이 차이를 보이면서 중국의 북한에 대한 인식은 과거 "형제국"에서, "일반적 국가 간의 관계"로 변화하기 시작하였다.

1) 공유된 당-국가 체제, 분화된 사회주의의 길

탈냉전 추세로 인해 중국과 북한은 사회주의 국가 정체성의 중요성에 대한 공감대를 형성하였고 당-국가 정치제도에 대해 상호 협조하였지만 서로 다른 발전 경로를 선택하면서 소원해지기 시작하였다.

1989년 4월부터 1992년 8월까지 공산권의 몰락으로 인해 중국과 북한은 사회주의의 국가 정체성을 강조하였고 양국 정치 군사 지도자들의 상호방문도 빈번해졌다. 자오즈양(趙紫陽) 당총서기(1989년 4월), 장쩌민

총서기(1990년 3월), 리펑 총리(1991년 5월), 양상쿤 국가주석(1992년 4월) 등 중국 지도부 인사들이 북한을 방문하고, 김일성 주석은 1989년 11월과 1991년 10월에 중국을 방문하였다. 그리고 중국의 군지도자들인 류화칭(劉華清) 중앙군사위원회 부주석, 양바이빙(楊白冰) 총참모장 등이 평양을 방문하였다. 당정 및 군계의 고위급 인사의 상호방문을 통해 양국은 사회주의 이데올로기를 강조하고 소련의 해체와 국제적 탈냉전에 대하여 공조하는 면모를 보여주었다.

그러나 북중은 공유된 당-국가체제에 대해 다른 사회주의의 길을 선택하였다. 첫째, 정치체제 측면에서 북중 모두 공식적으로 사회주의 체제를 유지하고 있으며 공산당 및 노동당은 각각 국가의 권력을 장악하고 있기는 하였다. 하지만 북한은 세습제를 유지하였던 반면, 중국은 집단지도체제를 수립하고 이를 안정시켰다. 중국 지도부는 비공식적으로 북한의 세습제에 대한 불만이 적지 않았다.[105] 둘째, 경제 영역에서 중국은 시장경제를 도입한 반면, 북한은 계획경제를 고수하고 개혁을 거부하였다. 덩샤오핑의 "자본주의에도 계획경제가 있고 사회주의에도 시장경제가 있다"[106]는 말은 자본주의와 사회주의의 구분은 계획경제냐 시장경제냐에 있지 않다는 의미로, 그는 사회주의 경제체제 개혁을 추진하였다. 반면에 김정일은 여러 차례 개혁개방을 추진하는 중국을 비난하였다. 그는 "사회주의는 과학이다"라는 논문에서 "지금 사회주의의 배신자들은 자본주의에 대

105 Ji You, "China and North Korea: a fragile relationship of strategic convenience," *Journal of Contemporary China*, 2001, pp. 387-398.

106 中共中央文獻研究室編, 『鄧小平年譜』(1975-1997), 中共文獻出版社, 2004年版, p. 1302.

해 환상을 품고 제국주의자들의 원조, 협력에 기대를 걸고 있다"고[107] 중국을 비판하였다. 1995년 6월에는 "사회주의는 사적소유 자본주의 시장경제와는 양립할 수 없는 바", "모든 수정주의 사조는 배격해야 한다"고[108] 중국의 시장경제를 비난하였다.

북중 간 정치경제체제의 상이성이 커지면서 항일전쟁, 해방전쟁 및 한국전쟁 시기 서로 도와주는 역사에 대한 기억 외에는 상호 정체성 구축에 크게 작용한 것이 없게 되었다. 따라서 중국학자들이 주로 쓰던 "순망치한"이나 "피로 다져진 우의"라는 표현은[109] 특수관계를 보여주는 역사의 유산이 되었다. 중국의 주류적 관점은 북중 공동체적 정체성의 형성이 아니라 한반도의 평화와 안정을 위해 북중 간 특수관계를 유지할 필요가 있다고 주장한다.[110]

2) 정상적 국가 간 관계로 이행

중국과 북한 관계는 특수성이 약화되고 국가 대 국가 간 관계로 이행하게 되었다. 이러한 관계의 변화상이 잘 드러나는 대표적 현상으로 두 가지 정도를 꼽자면, 첫째, 1992년 1월 중국은 사회주의시장경제체제 개혁

107 《로동신문》, 1994년 11월 4일.
108 《조선중앙통신》, 1995년 6월 21일.
109 劉金質·張敏丘·張小明, 『当代中韓關系』, 中國社會科學出版社, p. 2, 30. 王林昌, "中朝關系特殊一点沒什么不好," 『环球時報』, 2010年 9月 20日.
110 崔立如, "朝鮮半島安全問題: 中國的作用," 『現代國際關系』, 2006年第9期.

이 심화되자 북한과 새로운 무역협정을 체결하기에 이른다.[111] 과거 사회주의 국가들 간 물물교환의 무역방식을 폐기하여 경화 결산방식으로 변화시키고 양국정부는 쌍방 기업의 경제활동에 대한 간섭과 제한을 감소하자고 제기한 것이다.[112] 경화 결산 무역방식의 도입은 심각한 국내 외환 부족에 시달려온 데다 기존의 물물교환 무역방식에 익숙한 북한에 큰 타격일 수밖에 없었다. 중국이 북한과 국제시세의 절반에도 못 미치는 가격을 적용해왔던 우호가격의 무역방식은 시장적 규칙이 도입되면서 변화하였다. 이렇게 중국이 경제 실리를 추구하기 위해 북한과 무역 결산 방식을 변화시키는 것은 경제 부문에서의 북중 특수관계가 약화되어 정상상태에 이르는 것을 의미하였다. 중국해관통계자료에 따르면 1993년 북중 무역액은 8.99억 달러에 달하는 반면 1994년 6.23억 달러, 1995년 5.49억 달러까지 감소하였다.[113]

둘째, 고위급 방문이 한동안 중단되었다. 한중수교 후 중국 외교부는 북중 간 서명된 모든 조약과 협정이 유지될 것이며, 한중수교로 인해 중국과 북한과의 관계가 변화되지 않을 것이라고 천명하였다. 그러나 사실상 북중관계가 소원기에 들었다. 1995년부터 1999년 김영남의 방중이 이루어지기까지 중국의 북한 방문 빈도와 그 수준이 저하되었다. 군에서 몇 명의 원로 인민해방군 장성들이 북한을 방문했지만 한반도에서의 안보나 군사문제를 해결하기 위한 업무 차원의 방문은 아니고 상징적인 것이었

111 《人民日報》, 1992년 1월 26일.

112 《人民日報》(海外版), 1992년 1월 29일.

113 楊軍·王秋彬, 『中國與朝鮮半島關系史論』, 社會科學文獻出版社, 2006, pp. 262–273.

다.[114] 반면에 한중수교 및 김일성의 사망 이후 중국은 북한보다 한국과 더 밀접한 경제관계, 수뇌 방문을 전개하였다.

정리하면, 1990년대 경제발전을 도모한 중국은 북한과 경제관계를 새롭게 규정했으며 한중수교 및 김일성 사망으로 인해 북중의 공동적 사회주의 정체성이 약화되었다. 개발도상국으로서 경제 이익을 우선시하는 이 시기의 중국은 북한에 대한 인식을 냉전기부터 이어진 특수관계에서 탈냉전의 추세에 의한 일반적 국가관계로 이행하고 있다. 1차 북핵위기 때 나타난 중국의 대북 인식 변화는 북한으로부터의 부담을 줄이고, 경제발전을 위해 최대한 이익을 얻기 위한 것이었다. 그러나 이익을 과도하게 계산함에 따라 대북 영향력은 그만큼 감소하게 되었다. 그 결과 1차 북핵위기 때 중국은 대북 영향력을 제대로 발휘하지 못하였다. 그렇다면 양자관계 인식에 대한 변화는 중국의 북핵에 대한 인식 및 대응에 어떤 영향을 미쳤을까? 또한 중국은 북핵 정책을 두고 어떤 계산을 했을까?

2. 1차 북핵위기에 대한 중국의 인식

1차 북핵위기에 대한 중국의 불개입 정책은 세 가지 담론을 통해 정책화되었다. 첫 번째는 북핵문제의 근원, 두 번째는 북한 핵능력에 대한 단판, 그리고 세 번째는 중국에 미칠 영향에 대한 우려이다.

114 이태환, "북중관계," 『북한의 대외관계』(서울: 한울), p. 263.

1) 북핵위기의 근원: 북미 대립

1차 북핵위기 때 북한이 핵을 가진 배경에 대해서는 세 가지 인식이 있었다. 첫째, 북한 핵위기의 원인은 지역 안보 기제의 부재 때문이다. 국제적으로 냉전이 종식되었지만 한반도에서는 냉전이 끝나지 않았다. 냉전기 북한의 핵계획이 계속 지연될 수 있었던 원인은 당시 사회주의 진영의 일원으로 북한이 중소 양국과 우호적 관계를 유지하기 때문이었고, 한·미·일에 대항하는 북중소 삼각관계는 동아시아 지역의 균형을 이루었다. 그러나 탈냉전기에 접어들어 소련의 해체 및 중국의 개혁으로 인해 지역 균형을 유지할 수 있는 외부 세력이 모두 사라졌다. 북한은 자력에 의존할 수밖에 없는 처지에 빠지게 되었다. 어느 나라든 북한의 상황에 처한다면 생존을 위해 핵개발의 길을 선택할 가능성이 있다.[115] 따라서 동아시아에서 모든 나라가 보편적으로 인정하는 안보체제를 수립하지 않으면 각국 안보 및 한반도의 비핵화 문제는 근본적으로 해결될 수 없다.

둘째, 북한 핵개발의 원인은 북한의 국내 정치경제와 연관된다. 경제적 측면에서, 1990년대부터 동구 사회주의권의 와해 때문에 북한 경제난이 일어났다. 북한은 경제구조 문제로 인해 심한 정치·경제적 위기에 봉착하였다. 핵개발은 바로 경제적 곤경이 야기할 수 있는 민심의 이탈을 수렴하기 위한 수단이 될 수 있다.[116] 정치적 측면에서, 북한은 핵개발을 최종

115 王在邦·李軍, “朝鮮第二次核試驗探源與外交思考,”『現代國際關系』, 2009年第7期; 俞沂暄, “朝鮮核危機淺析,”『探索與爭鳴』, 2003年第2期; 徐緯地, “朝鮮半島核危機的化解與半島走出冷戰,”『世界經濟與政治』, 2003年第9期.

116 蔡建, “朝鮮半島核問題與東北亞安全學術硏討會綜述,”『國際觀察』, 2005年第1

적 선택지로 고려했다고 볼 수 있다. 1953년 한국전쟁이 끝난 지 얼마 안 된 시기에 김일성은 어떤 비공개 회의에서 "조선 국가가 작지만 다른 나라가 갖고 있는 것은 우리도 가져야 하며 이는 원자탄을 포함한다"고 밝혔다.[117] 강성대국을 목표로 삼는 북한은 핵을 지렛대로 삼아 국제화 및 지역화에서 소외되지 않으려는 대외정책을 펼쳐왔다.[118]

셋째, 북한의 핵개발은 북한의 국제적 고립의 산물이다. 미국 대북정책의 최종 목표는 북한 정권의 붕괴이기 때문에 계속 대북 강압정책을 실행해왔다. 중국은 북한에 안보를 제공해주지 못했고 오히려 한국과 수교했다. 때문에 핵개발은 북한에게는 어쩔 수 없는 자구책이 되었다.[119] 북한의 핵카드는 미국의 대북 강압정책을 변화시키고 안보 및 에너지 등에 대해 미국으로부터 지원을 받는 협상책이다.[120]

그런데 이러한 세 가지 원인을 야기하는 근원에는 북미대립이 있었다. 즉, 탈냉전 이후 북미관계 정상화가 이루어지지 못하며 미국이 핵개발 의혹을 구실로 북한에 압력을 가하고 국제적으로 고립시켜 북한 사회주의제도를 뒤집어엎기 위한 것이다. 이에 북한은 핵개발을 통해 자구책을 마련한 것이다.

期.

117 張璉瑰, "朝鮮核問題現狀與美國責任," 『東北亞學刊』, 2012年第2期.

118 張玉山, "朝鮮核政治的選擇與命運," 『貴州師範大學學報』, 2004年第5期.

119 朴鍵一, "朝鮮核問題及其未來走向,"『當代亞太』, 2003年第3期; 張璉瑰, "朝鮮的核武器與美國的警察角色," 『戰略與管理』, 2003年第5期.

120 蒲國良, "朝鮮半島核危機問題的歷史由來及其實質," 『中國特色社會主義研究』, 2003年第5期.

2) 북한의 핵능력: 불확실한 핵개발

1차 북핵위기 때 중국은 북한의 핵능력이 제한적이며 북한이 핵개발을 하더라도 심각한 문제가 아니라고 보고 있었다.

일단, 북한 1차 핵위기가 시작된 후 중국은 북한이 핵개발을 추진한다는 사실을 믿지 않았다. 중앙당교 교수 장롄구이(張璉瑰)는 중국 전 유엔대사 겸 사계지식 편집장 션궈팡(沈国放), 칭화대 교수 류지앙융(劉江永), 전 중국 외교부 고위직 공무원 겸 중국국제문제연구소 연구원 왕위성(王嵎生)과 가진 대담에서 북한의 1차 핵실험 이전에 중국에서는 북한의 핵능력을 확신하고 있지 않았다고 밝혔다. 신문주간(新聞周刊, China Newsweek)은 2차 북핵위기가 시작된 2002년 말 "중국은 핵 이웃나라가 하나 생겼나?"라는 논설에서 북한이 핵실험을 실시할 수 있는 지리적 환경이 구비되어 있지 않다고 지적하였다. 미국, 소련, 중국의 핵실험이 광대한 무인 구역에서 실시된 역사적 경험에 비추어 북한은 이러한 지역을 갖지 못하기 때문에 핵실험은 곧 자살 행위나 다름없다는 인식을 담고 있다.[121] 즉 북한의 핵능력과 북한의 지역적 한계성을 비추어봤을 때 2차 북핵위기 이전에 중국은 북한이 핵을 추구하는 것에 대한 의구심이 있었다. 이러한 이유로 1차 북핵위기 시에 중국은 북한이 핵개발을 추진하려고 하기보다 미국과 협상하기 위해 핵을 추구하는 것이라고 간주하였다.

둘째, 북한의 핵 개발에 대한 동정심이 있었다. 한편, 핵실험 관련한

121 "朝鮮核爆後, 世界怎麽辦,"『世界知識』, 2006年第22期; "中國多了個核鄰居嗎?,"『新聞周刊』, 2002년 12월 23일.

조약은 핵보유국들의 특권을 유지하기 위한 조약이기 때문에 도의(道義)적 입장에서 북한도 핵개발을 할 권력이 있다. 유엔의 핵실험 자료에 의하면, 1945년부터 1996년까지 세계 각국은 모두 2000차례가 넘는 핵실험을 실시하였다. 그중에서 미국은 1945년부터 1992년까지 1032차례 핵실험을 하였고, 소련은 1949년부터 1990년까지 715차, 영국은 1952년부터 1991년까지 45차, 프랑스 1960년부터 1996년까지 210차, 중국은 1964년부터 1996년까지 45차례 핵실험을 하였다.[122] 1990년대 이후 미국, 영국, 프랑스와 같은 기존 핵대국은 핵실험 대신 전자계산 모의 핵실험(Nuclear Weapon Computer Simulations)을 실시하였다. 핵보유국은 모두 전자모의 핵실험 기술을 완비할 때까지 핵실험을 실시하지 않겠다는 데 합의하였다.[123] 하지만 중국과 북한 등의 경우는 전자모의 핵실험 관련 기술을 확보하지 못하였다. 또한 중국은 미국 봉쇄와 중소분쟁이 이루어지는 가운데 핵실험을 실시하였기 때문에 같은 처지에 있는 북한에 대해 역지사지의 동정심을 갖고 있었다.

122 http://www.un.org/en/events/againstnucleartestsday/history.shtml(검색일: 2014년 8월 23일).

123 1994년에 중국은 미국, 러시아, 프랑스 등 핵대국은 이미 전자모의 핵실험 기술을 개발하고 있다고 추정하였다. 미국의 자료를 통해 2012년까지 미국의 전자계산모의 핵실험은 중대 발전을 이루었다고 알려졌다. 胡舜媛, "計算機模擬核試驗,"『國外核新聞』, 1994年第9期; 田武·馬正兵, "模擬核試驗揭秘,"『科學與文化』, 2001年第1期; "U.S. Nuclear Weapon Computer Simulations," http://www.state.gov/t/avc/rls/202014.htm(검색일: 2014년 12월 12일).

3) 중국에 대한 영향: 미래 핵확산에 대한 공포

1차 북핵위기 때 북한의 현존 핵위협보다 더 큰 공포는 핵확산이었다. 장기적으로 보면 북한의 핵보유는 동북아의 불안, 일본의 군사대국화, 한미동맹·미일동맹·미대관계의 강화 등의 측면에서 중국의 주변안보에 악영향을 끼칠 것으로 우려되었다.

북한의 핵개발이 중국에 미치는 악영향은 다음의 네 개의 측면에서 살펴볼 수 있다.[124] 첫째, 중국은 "핵위협"을 제거할 수 없으면 진퇴양난의 정책 혹은 전략의 딜레마에 빠질 수 있다. 둘째, 북한이 핵보유국이 되면 동아시아에서 핵도미노 현상을 야기할 수 있다. 일본은 핵무기를 자체 개발하거나 핵개발을 하지 않더라도 극우세력이 북한의 대일 위협을 강조함으로써 자국 여론에 핵무기 개발 논리를 지속해서 퍼트릴 수 있다. 대만은 1964년부터 핵개발 사업을 진행해왔으며 1987년 미국의 강압이 없었다면 이미 핵보유국이 되었을 것이다.[125] 북한의 핵보유는 대만을 다시 자극할 수 있고 대만이 핵을 보유한다면 양안관계의 발전, 나아가 중국의 통일을 저해할 것이다. 셋째, 북한이 핵공격 능력을 갖춘다면 한반도 및 동북아의 긴장 국면을 약화시킬 것이다. 만약 한반도에서 전쟁이나 충돌이 난다면 중국이 참전하지 않더라도 한반도 문제로 인한 전략적 곤경을 겪

---

124 劉阿明,『變動中的東亞與中美關系』, 知識産權出版社, 2012, p. 98.

125 劉亞洲,『臺灣海峽絶密傳眞』, 工人出版社, 1993; 徐焰, "臺灣當局的核武夢,"『現代兵器』, 2000年9期; p. 15; 張略, "中情局臥底廢掉臺灣核武計劃,"『共産黨員』 2010年10期; p. 122; "臺灣核武計劃的前前後後," 2004年 11月16日, http://news.sina.com.cn/o/2004-11-16/21524257066s.shtml(검색일: 2013년 5월 23일).

을 것이다. 넷째, 북한이 핵보유국이 된다면 미국은 아태지역의 군사력을 강화시킬 것이며 중국을 견제하는 파생효과를 조성할 수도 있다. 그리고 양안관계에 있어 미국과 대만의 공동 방어능력을 증강시키고 대만독립세력을 부추길 수 있다. 이러한 우려와 불안으로 인해 중국 지도부는 한반도 비핵화를 줄곧 주장해왔다.

그러나 단기적으로 북한의 핵개발이 중국에 미친 영향은 제한적이었다. 첫째, 미국이 동맹의 영구화를 위해 대만 핵무기 개발을 차단한 것처럼 일본 및 한국의 핵개발을 불용할 것이기 때문에 일본 및 한국이 장래에 실제로 핵개발에 나설 가능성은 희박하다. 그러므로 북핵의 악영향은 분명하지만 상황이 매우 긴박한 것이 아니다. 둘째, 북한의 핵무기는 대미협상의 카드로 쓰기 위한 것이며 중국을 향한 위협은 아니다. 파키스탄이 핵을 보유하는 것 자체가 중국을 위협하지 않는 것처럼 북한은 핵을 통해 자신의 안전을 향상시킬 뿐이다. 셋째, 현재 북한의 처지는 1964년에 핵실험한 중국이 처했던 국내외 곤경과 비슷하기 때문에 북한과 같은 사회주의 및 개발도상국에 대한 유대감도 존재했다.

요컨대, 1차 북핵위기 때에는 북한 핵개발의 원인 및 목적에 대하여 주로 위의 세 가지의 견해가 나타난다. 즉 동아시아 세력 불균형, 북한 내정의 불안정 그리고 국제적 고립 때문에 북한은 수동적으로 핵을 통해 외부의 균형과 소통, 내부의 안정을 도모했다는 것이다. 이러한 세 가지 문제는 사실상 미국에 귀결된다. 냉전 종식 이후 미국의 단극체제가 형성되면서 미국은 국제 및 동아시아에서 막강한 물리적 힘과 자유주의 가치관을 수출하였다. 미국 대북정책의 최종적 목표는 북한 체제를 붕괴시키는 것이기[126] 때문에 안전보장이 부재하여 위협이 상존하는 경우, 북한은 생존을 위해 정치경제 개혁정책을 촉진시킬 수 있는 역량이 떨어지게 된다. 1차 핵위기는 사실상 핵을 갖추지 않는 북한이 미국을 향한 핵위협을 통해 미국과의 직접 대화의 구도를 만들고 평화적 환경을 조성하고자 한 초강수였다고 볼 수 있다. 이는 1994년 북미 양자가 제네바합의를 통해 일단락되었다. 결국 이 시기 북한은 핵개발 결과보다는 핵카드를 통해 미국과 협상하려는 데 목적이 있었다.

3. 고립을 위한 관망, 관망으로 인한 고립[127]

이러한 북한과 북핵에 대한 인식을 바탕으로 중국은 북핵에 대한 관망정책을 펼쳤다. 중국은 북한의 핵개발이 불확실한 상태에서 북핵에 대한 중국식 고립주의를 전개하였다. 즉 한반도 비핵화와 한반도 평화 및 안정의 두 가지 원칙을 주장하면서 북핵에 대한 불개입, 북미 양자 간 대화를 통해 북한 핵문제를 해결하려고 하였다. 그러나 중국식 고립주의의 결과는 중국을 한반도 문제에 있어 소외시키고 발언권도 잃어버리는 고립으로 나타났다. 이러한 맥락에서 중국의 북한 및 북핵 인식과 대북핵 정책

126 張沱生·張璉瑰, "美國終極目標: 改變金正日政權,"『世界知識』, 2003年第6期.

127 첫 번째 "고립"은 중국식 고립주의를 의미하고, 두 번째 "고립"이 고립당한다는 단어 본래의 뜻이 있음을 밝힌다.

과정을 설명하고자 한다.

1) 중국의 한반도 문제에 대한 3원칙: 두 개의 목표, 하나의 방법

흔히 알려진 중국의 한반도 문제에 대한 3원칙–한반도의 평화 및 안정, 한반도의 비핵화, 대화를 통한 한반도 문제의 해결–은 바로 1차 북핵위기에 대응해서 나왔다.

1993년 북미 6·11합의 이후 클린턴 정부가 북한과 한국 및 IAEA의 사이에 끼어 진퇴양난의 딜레마에 빠져있을 때 한반도에서 전쟁의 위기가 재현되기 시작하였다.[128] 1994년 3월 14일 IAEA 사찰단이 철수한 뒤 미국은 21일 북한의 비협조를 이유로 핵문제를 유엔 안보리에 다시 회부하였다. 이에 대해 북한도 강경하게 응대하여 "서울 불바다" 발언을 하고 "제재는 선전포고"라고 강조하였다. 4월 4일 북한은 "힘에는 힘으로, 대화에는 대화로 대답하겠다"며[129] 5월 연료봉을 교체하여 미국이 설정해둔 '레드라인'을 넘어섰다. 중국은 중국의 유엔 부대표 천지안(陳健)이 "조선반도 비핵화, 조선반도의 평화와 안정의 유지는 중국의 두 가지 목표이다. 국제사회의 모든 행동은 이 목표를 실현하는 데 도움이 되어야 한다"고 밝히는 등[130] 3월 안보리 의장성명에서 찬성했는데, 그 후에는 북한을 자극할 수

---

128 "6·11합의 이후 한반도 핵위기의 재현은 장달중·이정철·임수호," 『북미대립』, 2011, pp. 73–74 참고.

129 《로동신문》, 1994년 4월 5일.

130 《人民日報》, 1994년 4월 2일.

있는 모든 조치 및 제안을 반대하였다.

평화와 안정은 두 가지 의미를 포함하고 있다. 평화는 한반도에서 전쟁의 발생을 방지하는 것, 즉 학계에서 말하는 "비 전쟁(No War)"을 의미하는 것이다. 안정은 불란(No Chaos)을 의미하며 한반도의 혼란을 예방하는 것이다. 샴보(Shambaugh), 류밍(劉鳴), 류아밍(劉阿鳴)는 한반도에 대한 중국의 이익의 우선순위를 아래와 같이 밝혔다. 핵심 이익은 북중 접경지역과 한반도의 안정, 한반도의 비핵화, 북한 정권의 유지(북한 경제발전 및 개혁 촉진을 포함)이다. 핵심 이익보다 낮은 단계인 중대 이익은 한반도에서의 영향력을 유지하며 남북한과 양호한 외교관계를 보유하고 남북한 경제와 사회의 통합을 촉진한다는 것이다. 이보다 낮은 단계인 일반적 이익은 북핵문제를 해결하고 북한과 미일 간 관계 완화, 이를 통해 중미관계를 강화하는 것이다.[131] 한반도에서 중국의 국가이익은 한중수교 및 북핵문제를 대응하기 위해서 형성되었고 오늘날까지 거의 변함이 없다. 특히 한반도의 평화와 안정은 중국의 대(対)한반도 정책의 '레드라인'이 되었다. 북한 김정일 위원장의 건강이상설이 나온 뒤 천안함 사건과 연평도 폭격사건에 대하여 중국이 북한 편을 들어준 것은 바로 평화와 안정이라는 핵심 이익을 지키고 한반도 정세가 더 이상 악화되지 않도록 중국의 중대 이익(미중관계 및 한중관계의 동시 악화) 및 일반 이익(책임을 지는 대국의 국제 이미지)의

131 Ming Liu, "China and the North Korean Crisis: Facing Test and Transition," *Pacific Affairs*, Vol. 76 No. 3, 2003; Ming Liu, "Opportunities and Challenges for Sino–American Cooperation on the Korean Peninsula," *The Korean Journal of Defense Analysis*, Vol. 16 No. 1, 2004; David Shambaugh, "China and the Korean peninsula: Playing for the long term," *The Washington Quarterly*, Vol. 26 No. 2, 2003; 劉阿明, 『變動中的東亞與中美關系』, 知識産權出版社, 2012, p. 95.

훼손을 감안하면서 북한의 행위를 용인한다는 의미가 된다. 중국은 한반도 평화와 안정을 해치는 사건을 예방하고 평화와 안정의 정세가 흔들리는 사태 악화를 막는 것에 초점을 맞춘 것이다.

비핵화에 대해 중국은 두 가지 태도를 보였다. 하나는, 앞에서 논의한 것처럼 북한이 핵개발에 대해 확신하지 않지만 미래 동아시아에서 핵도미노와 핵확산에 대한 공포감이 있기 때문에 북한의 핵개발을 반대하는 것이다. 또한 중국은 북한처럼 미국의 한국 내 핵배치를 반대한다. 따라서 중국이 주장하는 비핵화는 북한 한쪽의 비핵화보다 더 나아간 한반도의 비핵화이다.

다음으로, 대화 및 협상을 통한 접근 방법이다. 즉 한반도문제(핵문제와 통일문제)를 대화 및 협상의 방식을 통해 해결하는 것이다. 이는 무력의 사용 방식을 배제하는 것이다. 탈냉전 이후 미국의 단극체제에서 중국은 1991년 걸프전쟁을 목도하면서 미국이 대화가 아닌 전쟁의 방식으로 북한을 전복할 가능성을 우려할 수밖에 없었다. 동시에 앞에서 분석한 것처럼 중국은 북한의 핵 개발 의도는 진정 핵을 보유하는 데 있는 것이 아니라 미국과의 협상 카드로 판단하기 때문에 이러한 북한의 목적을 충분히 수용하고 북미 양자 대화를 지지한다.

1993년 3월 한미 팀스피리트훈련이 시행되었다. 이때 미국본토와 하와이, 괌, 일본의 미군 기지에서 '신속반응전개무력'을 비롯하여 20여 만의 침략무력을 동원하고 토마호크 순항미사일, F-117 스텔스폭격기, 핵폭탄 투하를 전문으로 하는 B-1B 전략폭격기를 출동시켰으며 핵무기 사용 시의 지휘통신체계인 C^3I 체계까지 발동시켰다고 밝혔다.[132] 북한은 팀스피리트훈련이 "한미 합동 핵전쟁연습"이라고 보고 있었다. 중국은 핵으로 인한 전쟁위기가 대두될 때 대화와 협상의 해결 방안을 가져야 한다고 강조하였다. 첸치천 외교부장(1993년 3월 23일, 5월 24일, 5월 26일, 5월 27일, 5월 29일, 11월 19일), 천지안 유엔 대사(1994년 4월 2일)부터 리펑 총리(1994년 7월 9일), 장쩌민 주석(1994년 6월 10일)까지 대화의 방식을 통해 북핵문제를 해결해야 한다고 계속해서 제안하였다. 중국의 입장에서 보면 대화라는 것은 외교적 수사가 아니고 북미 간의 불통 때문에 갑작스러운 전쟁을 야기하는 불안정성을 차단하기 위한 수단이다. 그 때문에 1993년 3월 21일 북한이 NPT 완전 탈퇴를 경고하고 북미 접촉, 남북 접촉을 중단한 데 대하여 중국은 처음으로 3월 31일 안보리 의장성명에 찬성표를 던져 북한에 압력을 행사하고 사태 악화를 막았다.

2) 당사자 문제: 중국이 당사자가 아니다

1993년 북핵위기가 시작될 때 대화의 방식을 제안한 중국이 봉착한 문제는 대화에 참여하는 당사자가 누구인가, 중국은 그 당사자인가 여부의 문제였다.

1차 북핵위기 때 중국은 한반도 핵문제의 당사자를 남한과 북한, 미국이라고 여기고 중국은 당사자가 아니라고 보았다. 여기서 한반도 문제의 당사자와 한반도 핵문제 당사자에 대한 구분이 필요하다. 중국은 한반

132 리정석·김성수, 『21세기의 핵에네르기』(평양: 금성청년출판사), 2010, pp. 155-156.

도 문제는 남북한 통일을 포함한 포괄적인 문제라고 지칭한다. 한반도 문제의 당사자가 남북한이라고 주장하며 미국과 다른 국가가 한반도에 개입하는 것을 반대하는 것이다. 중국이 주장해 온 "한반도의 자주·평화적 통일"은 남북한의 자주성을 반영하는 것이다. 1975년 키신저(Kissinger)는 교차승인 문제를 처음 제기할 때 남북한, 미국과 중국의 4자회담을 먼저 열고 진전이 있으면 러시아와 일본까지 확대함으로써 한반도를 둘러싼 동아시아의 긴장 국면을 해결하고자 하였다. 중국은 북한의 반대 입장에 동조해 이 제안은 한반도 분단 영구화 방안이라고 주장하며 반대 입장을 표명한다. 이 시기 중국은 한반도 문제의 당사자는 남북한만 포함된다고 간주했기 때문에, 자국은 물론 미국, 다른 나라들 역시 당사자만 머물러야 한다고 보았으나 이는 북한의 자주성을 배려한 지극히 이상주의적 사고였다.

하지만 핵문제가 터지면서 남북한 당사자보다 오히려 중국이 현실주의적 입장을 보이게 된다. 미국은 한국전쟁의 참가자, 한국의 동맹국 및 군대 주둔자, 전술핵무기 배치국, 그리고 소련 해체 이후 세계 유일의 패권국으로서 한반도 문제는 미국을 배제하면 해결할 수 없는 것이 현실이다. 따라서 핵문제에 대한 중국의 당사자 원칙과 내용은 수정이 불가피했다. 중국은 핵문제에 있어 주요 당사자는 북미 양국이라고 여긴다. 이는 앞에서 언급한 "북핵문제냐 북미관계냐"의 문제와 부합한다. 즉 북핵문제의 책임이 북한과 미국 양자라는 입장이었다. 반면에 중국은 자신이 핵 문제의 당사자가 아니라는 것을 주장해왔다. 이것은 북한의 입장을 수용하는 동시에 중국이 당사자로서 포괄될 경우 북미 양자의 갈등으로 인한 진퇴양난에 빠질 가능성을 회피하는 것이다. 이와 같이 중국은 북미 양자회담에 대해 지지 입장을 지속하고 당사자의 역할을 거부한다. 1994년 3월 28일 장쩌민은 중국을 국빈 방문한 김영삼 대통령과의 회담에서 김영삼 대통령은 북핵 문제에 있어 중국의 능동적인 역할을 요청하였지만, 장쩌민은 4자 3변(4자: 북한, 미국, 한국 및 IAEA, 3변: 북미, 남북, 북·IAEA)의 틀 속에서 협의를 통해 핵문제를 해결해 나가는 것을 강조하였다.[133] 중국은 개발도상국인 자국의 경제발전을 최우선 목표로 삼기 때문에 북핵 문제에 대해서는 수수방관하였다. 이러한 중국의 태도는 북미 제네바합의가 달성된 이후 북한이 중국을 우회하고 북중관계가 약화되는 것을 야기할 수밖에 없었다. 따라서 당초의 당사자 대화의 원칙은 2차 북핵위기 때 중국이 1차 북핵위기의 경험을 학습하는 과정에서 변화되었다.

그리고 1차 북핵위기 때 중국은 북한이 중국을 제외시키려는 것을 충분히 파악하였다. 북한은 "핵문제는 우리와 미국 사이에 해결해야 할 정치군사적 문제이다. 따라서 우리는 이 문제에 제3자가 끼어드는 것을 처음부터 반대하였다"고 밝히거나 "핵문제가 오직 조미회담을 통해서만 해결될 수 있다"[134]고 발언하는 등 중국을 제외하고 미국과 협상하기를 원했다. 북한은 중국이 계속 천명한 대화와 협상의 원칙을 부정적으로 보았으며 중국의 권고를 무시하였다. 이것은 북한의 여러 차례의 발언에서 볼 수 있다. 예컨대 북한은 "우리는 핵문제가 제기된 첫날부터 그것을 대화와 협상의 방법으로 해결해야 한다는 확고한 립장을 견지하여왔다. 이것은 그 누가 가르쳐준 것이 아니며 우리가 핵문제의 본질로부터 스스로 정한 것

133 《人民日報》, 1994년 3월 29일.

134 외무성 대변인 담화, 《로동신문》, 1993년 10월 5일.

이다", "우리는 그 누구의 동정이나 권고에 의해서가 아니라 자주적인 립장에서 독자적으로 미국과 회담하여 그것을 결속짓고 핵문제를 근원적으로 해결할 수 있는 가장 합리적인 리정표를 마련하였다", "북남대화문제는 그 누구의 개입이나 중재 역할에 의하여 해결될 문제가 아니다"라고 밝힌 바 있다.[135]

사실상 북한은 핵문제뿐만 아니라 한반도 통일 문제에서도 중국을 배제하려고 하였다. 하지만 중국은 이러한 북한 측의 배척에도 불구하고 북한의 주장을 계속 지지하는 자세를 보였다. 예컨대, 1978년 북한은 미국이 제기한 남북미 3자회담을 거부하고 북미 양자회담을 요구하였다. 이에 대해 중국은 3자회담이 "비현실적이고 비합리적인 것"이라며[136] 미국을 비난하고 북한의 입장을 지지하였다. 1983년 10월 김일성은 "미국이 조선반도 전쟁위험을 제거, 조선통일문제를 해결하는 가장 중요한 책임자"라고 강조하면서 미국이 1978년 제기한 3자회담을 다시 제안하였다. 1978년 3자회담을 비판한 중국은 1983년에는 "조선의 긴장국면을 완화, 조선북남의 통일을 추진한 방안"이라며[137] 다시 3자회담을 지지하여 무원칙적인 모습을 보였다.

한편, 북한은 중국을 배제하려는 의도를 계속해서 표현해왔다. 통일문제에 대하여 북한은 "중국도 포함하는 4자회담을 요구한 것은 아무런

135 《로동신문》, 1994년 12월 1일.

136 劉金質·楊淮生, 『中國對朝鮮和韓國政策文件匯編 1949–1994』, 中國社會科學出版社 1994, p. 2259.

137 劉金質·楊淮生, 『中國對朝鮮和韓國政策文件匯編 1949–1994』, 中國社會科學出版社 1994, p. 2240.

타당성도 없는 것이다"고 주장하였다. 북한이 중국을 배제하는 근거는 첫째 "조선에서 중국인민지원군이 완전히 철수하고 조선문제에서 손을 뗀지 이미 오래되었다", 둘째, "중국은 조선반도에서 엄중하게 조성되고 있는 전쟁위험과 관련하여서는 아무런 책임이 없다" 등의 발언에서[138] 찾을 수 있다. 즉, 중국이 책임자가 아니고 당사자도 아니기 때문에 중국의 개입을 배제한 것이다.

1990년대 들어 중국은 핵문제와 관련하여 북한이 제기한 3자회담을 지지한 바 있는데, 이는 냉전기의 중국이 대북정책을 국가이익에 따라 마련하기보다는 무조건 북한을 지지하였던 것의 연장선으로 볼 수 있다.

3) 개입 마이너스

1차 북핵위기가 발생하면서 중국은 북핵 문제를 분석할 때 초점을 북핵 문제 그 자체가 아니라 한반도 핵문제, 혹은 북미관계 개선의 문제에 두어 왔다. 중국 외교정책 결정자들은 북핵 문제를 처리할 때 현실적 이익을 인식할 뿐만 아니라 역사적 경험을 돌아보고 과거의 교훈을 학습한다.[139] 그러나 중국과 북한 당계 관계에서 더 많은 갈등이 존재하였다.

138 공제민,『고려민주련방공화국창립방안』, 평양: 사회과학출판사, 1989, pp. 114–116.

139 章百家, "論獨立自主的和平外交政策的實踐與經驗,"《光明日報》, 2004년 10월 26일. 한반도 개입 문제에 있어 역사를 돌이켜보면, 중국의 한반도 문제에 대한 개입은 세 가지 사례가 있다. 임진왜란(중국명 萬歷朝鮮之役), 청일전쟁(중국명 甲午戰爭) 및 한국전쟁(중국명 朝鮮戰爭)이다. 임진왜란 때 명나라가 개입하면서 명 왕조의 기반이 동요되어 결국 명나라는 멸망한다. 청나라 때 역시 동학농민운동

중국공산당이 혁명세력 간 우의를 토대로 북한을 도와주었음에도 결국 갈등이 초래된 경우도 있다. 몇 가지 대표적인 사례가 있었다. 항일전쟁 및 한국전쟁 시기 중국공산당과 조선로동당은 혁명적 연대전선을 구성하는 한편, 내부 갈등도 경험하였다. 예컨대 1930년대 민생단사건에 대한 조선인 공산당원과 중국 공산당원 간의 갈등이다. 이 사건에서 간도 지역의 수많은 조선인 항일운동가들이 민생단과 관련된 일본 첩자라는 혐의로 중국공산당에게 체포되고 살해되었다. 민생단사건은 상대적으로 열세였던 동북 지역에서 중국공산당이 주도권 확보를 위해 정치 이념적으로 개입하여 조선인 공산당원을 살해한 비극이었다.[140] 민생단사건은 북한과 중국 당계 관계에 있어 불신과 갈등을 드러내는 최초의 사건으로 양당 관계의 역사 경험으로 남았다.

한편, 중국 해방전쟁(국공내전) 당시 중국은 북한 쪽으로부터 지원을 받기도 했다. 예컨대 중국에서 활동한 항일연군은 중일전쟁에 참전하면서 중국공산당에 가입하고 이들과 밀접한 인적 유대를 수립하였다. 조선사무처에서 근무한 딩쉐송(丁雪松)[141]에 의하면 1948년 요선전역(遼沈戰役)에 김일성이 중국동북야전군(東北野戰軍)에 약 2천여 화물칸의 군수품 원조

에 개입하고 청일전쟁을 일으켜 중화 질서가 붕괴하고 중국은 열강에 의해 분열되고 식민지화된다. 물론 이러한 역사 인식은 조공체제-화이질서의 중국 중심의 사고방식을 반영하지만 중국의 한반도 문제 개입에 대해 신중하게 고려해야 한다는 역사적 교훈을 보여준다.

140 정병일, "'반민생단투쟁'의 정치사적 의의: 김일성 부상과 조국광복회 성립의 동인," 『사회과학연구』, 제16집 1호, 2008.

141 딩쉐송(丁雪松, 1919-2011), 정률성의 부인이자 주은래 총리의 양녀이다. 최초의 중국 여성 대사로 네덜란드, 플란드 대사를 역임하였다.

를 제공하였고, 북한의 원조가 없었다면 중공이 요선전역에서 승리하기 어려웠다고 했다.[142] 물론 중국도 한국전쟁에 참전하면서 북한을 도왔지만 북한이 중국을 지원한 사실도 무시할 수 없는 것이다. 이렇게 서로 도와주면서 북중 양국은 형제적 연대를 강화하여 혈맹관계로 발전하였다. 북중 형제관계 및 혈맹관계는 중국 지도부가 먼저 제기한 것으로, 김일성 주석과 회담할 때마다 북한의 도움에 대해 감사의 입장을 표현하였다.[143]

또한 중국 입장에서 보면, 중국은 북한에 지원하여 한국전쟁에 참전했으나 역시 기대한 바와 같은 보답을 받지 못했다. 한국전쟁에 참전하는 과정에서 북중 간의 갈등이 적지 않았던 것이다. 예컨대 한국전쟁 때 작전 지휘권, 38선을 넘는지 여부, 철도의 소유권, 정전 시기 등의 문제를 둘러싼 북중 간의 크고 작은 갈등이 존재했으며,[144] 중국은 100만 명의 지원군을 파병하고 36만여 명을 희생하는 대가를 치르기도 하였다. 중국 마오쩌둥의 장남 마오안잉(毛岸英) 역시 한국전쟁에서 희생되었다. 한국전쟁이 중국 내정에 끼친 영향도 무시할 수 없었다. 한국전쟁으로 인해 중국 국내에서는 전쟁을 준비하기 위해 아사한 인구도 매우 많았다.[145] 총사령 펑더화이(彭德懷)가 루산회의에서 숙청당한 것, 그 이후 문화대혁명 등도 중국

142 丁雪松口述·楊德華整理, 『中國第一位女大使丁雪松回憶錄』, 江蘇人民出版社, 2000, http://military.china.com/history4/62/20131204/18195489_3.html(검색일: 2014년 11월 21일).

143 인터뷰자료, 2011년 북경.

144 沈志華, "唇齒相依還是政治聯姻–中朝同盟的建立及其延續," 『近代史研究所集刊』, 第六十三期, 2009; 沈志華, "試論朝鮮戰爭期間的中朝同盟關系," 『歷史教學問題』, 2012年第1期.

145 한국전쟁과 중국의 기근에 대한 연구는 宋永毅, "大饑荒： 國家對農民的糧食戰爭," 香港中文大學演講, 2013年 1月 10日.

이 한국전쟁에 개입한 것과 무관하지 않았다. 나아가 중국은 북한을 지원했지만 한국전쟁 정전 이후 북한 내에서 친중 연안파가 숙청당하고 중국의 실제적 대북 영향력은 악화되는 결과를 맞았다.[146]

청일전쟁 때 중국은 쇠퇴하고 있었으나 물질적 힘은 아직 일본에 뒤처지지 않았음에도 한반도 문제에 개입한 이후 본국의 기반이 동요하고 전통적 중화질서가 전복되었다. 냉전기 중국은 한국전쟁 참전으로 인하여 지원군의 사상 및 국내경제의 곤경, 심지어 문혁의 발생이라는 일련의 국내 문제를 맞닥뜨렸을 뿐만 아니라 국제적 고립 및 봉쇄에 처하고 대만 통일의 기회를 놓쳤다. 고대 및 근세 역사나 공산당의 대외관계사에 나타나는 것처럼 한반도에 개입하는 것은 플러스보다 항상 마이너스 결과를 초래하는 것이었다. 따라서 중국은 북한 핵개발의 목적이 북미관계의 정상화에 있다는 인식에 기반해 중국이 아니라 미국과 북한, 양자가 북핵문제를 해결하는 열쇠를 쥐고 있다고 여긴다.[147] 중국에게 북한 핵문제를 해결하는 핵심 사항은 바로 북미관계의 개선 및 정상화이다. 1차 북핵위기에 대한 중국의 정책은 바로 이러한 인식의 바탕에서 나왔다. 중국이 북핵문제에 대하여 취한 관망적 정책과 북한이 중국을 배제시키려는 의도의 결과는 한반도문제에 있어 중국의 발언권을 상실시켰고 북중관계 역시 1차 북핵위기 이후 계속 냉각되었다.

146 연안파의 숙청에 대한 연구는 이종석, 『북한-중국 관계 1945-2000』(서울: 중심), 2000; 沈志華, "朝鮮淸洗延安派揭秘," 『中華傳奇』, 2013年第9期.

147 王在邦·石源華·淩德權, "打開朝核難題的鑰匙在美國和朝鮮手中," 『瞭望』, 2006年 12月.

4. 소결: 중국식 고립주의

1990년대 개발도상국인 중국은 대외적 문제에서 중국식 고립주의 정책을 전개하였다. 당시 중국식 고립주의는 두 가지 특징을 지니고 있었다. 첫째, 패권과의 충돌을 회피하였다. 앞에서 미국이 억제한다고 해도 중국이 표면적으로 강력히 대응하기는 하지만 실제적 행동이 없다는 점을 알 수 있었다. 둘째, 경제를 중심으로 한 외교였다. "외교는 경제를 위해 복무한다(外交為経済服務)"란 슬로건과 같이 경제 발전에 관한 한 외교정책의 독립성은 한계를 지녔다.

위에서 논의한 것처럼 북핵문제에 대한 중국의 인식은 첫째, 북핵문제의 근원이 북미대립이며, 둘째, 북핵문제의 당사자는 북한과 한미이고, 셋째, 북핵문제에 개입하지 않는 것이 유리하다는 것이었다. 중국의 이러한 인식은 중국의 국가정체성을 개발도상국으로 규정한 것이 반영되어 있다. 중국에게는 발전에 호의적인 평화적 외부환경이 필요하였기 때문에 패권국인 미국 및 무역 파트너인 한국과 충돌을 회피하고, 기존 동맹국인 북한과 일정한 거리를 두었다. 즉, 고립주의적 정책을 통해 안보의 위험을 회피하고 핵문제와 관련된 모든 국가와 대체로 좋은 관계를 유지하고자 하는 것이었다.

우선, 중국은 탈냉전 이후 기존 동맹국인 북한과의 관계를 일반적 국가관계로 변화시켰다. 1992년 새로운『중조무역협정』을 맺어 북중 무역은 기존의 물물교환을 폐기시키고 달러로 결산하기 시작하였다.[149] 중국은 김정일이 보다 실용적인 개방적 외교 정책을 도입하고 한국과의 관계 개선에 나서기를 희망하였다. 1992년부터 1999년까지는 지도부 상호방문과 교류를 중단하였다. 그리고 핵문제에 대해서는 다자적 행동을 제안한 미국의 요구를 거부하고, 한반도의 문제는 남북의 손에 남겨둘 것을 주장하였다. 한편으로는 핵무기의 확산을 반대하고, 북한으로 하여금 IAEA의 사찰을 받아들일 것을 은밀하게 요구하기도 하였다.[150] 또한, 이념적으로 강한 유대감을 갖고 있던 원로 혁명 간부들의 부재로 인해 이념적 괴리를 만회하거나 적어도 관계악화의 속도를 조절해 줄 수 있는 정치적 인적 통로마저 소멸되었다. 특히 중국은 1994년 김일성 주석의 사망 직후 김정일 위원장의 권력 승계를 공식적으로 인정했지만 내면적으로는 사회주의 국가에서의 부자 세습에 대한 강한 거부감을 갖고 있었다. 이처럼, 중국은 북한과의 관계를 정상적 국가관계로 격하시켰다.

또한, 중국은 북핵문제 때문에 미국이나 한국과 갈등이 일어나는 것도 원하지 않았다. 미국은 소련 몰락 이후 세계의 유일한 패권국, 중국의 최대 무역국, 대만과 특수관계를 유지하는 국가로서 국제정치, 경제 및 대만 문제에 있어 미국과 많은 협력이 필요하였고, 미국의 협력 없이 중국은 평화적 발전을 도모할 수 없는 것이었다. 앞에서도 논의하였지만 중미 간에는 대만문제나 인권문제 등을 둘러싼 갈등이 적지 않지만 중국 당국은 공식적으로 반박을 하면서도 실질적 행동을 취하지 않았다. 한편, 1992년 한국과 수교함으로써 한국의 대중 투자, 무역 및 인적 교류가 확대

148 《人民日報》海外版, 1992년 1월 29일.

149 Chae-Jin Lee, "China and North Korea: An Uncertain Relationship," in Dae-Sook Suh and Chae-Jin Lee, eds., *North Korea after Kim Il Sung, Lynne Rienner Publishers*, 1996, pp. 193-209.

되었다. 1993년 김영삼 대통령의 방중 및 1995년 장쩌민 주석의 방한을 통해 한중정상회담이 이루어지고 북중 상호 방문보다 한중 간 방문이 더 활발하게 이루어졌다. 중국은 이 회담에서 남북관계의 개선이 동아시아 지역 및 세계 평화에 기여할 것이라 발언하였다.

탈냉전기에 접어든 후 직면한 1차 북핵위기는 중국의 외교 정책 상 커다란 난제였다. 그러나 미국과의 적대적 관계 해결 및 시급한 자국 경제 발전을 위해 중국은 스스로를 제3세계 개발도상국으로서 위치시키고 자국의 발전만을 위해 힘썼다. 이 때문에 중국은 북핵위기의 근원은 미국의 대북 압박에 있으며 북미 양국은 당사자로서 대화를 통해 북핵 문제를 해결해야 한다는 입장을 견지하였다. 그런데 이러한 주장은 탈냉전과 중국의 개혁개방 선회 이후 중국이 북한에 제공하는 안전보장이 부재했다는 배경, 다시 말해 중국이 북한의 핵개발에 일정 부분 유인을 제공하였다는 점을 간과하고 있었다. 중국이 중국식 고립주의를 펼친 결과, 북한과 모호한 동맹관계를 유지하면서 한중수교를 통하여 한국과의 우호관계를 발전시키는 데 성공하였다. 하지만 한편으로는 중국이 진퇴양난을 피하기 위해 선택한 고립주의 정책의 일환으로 북핵에 대하여 관망의 자세를 보인 결과, 중국은 한반도 및 북핵 문제에서 고립되었다.

제4부
책임지는 대국으로서 북핵에 대한 제한적 개입

제1장 2차 북핵위기 및 중국의 제한적 개입 정책

1. 2차 북핵위기의 경위

1) 북미대립의 심화와 북한의 핵억제력 추구

2차 북핵위기는 북미대립이 심화되는 부시 행정부 시기에 다시 등장하게 되었다. 9·11사건 이후 출범한 부시 행정부는 2002년 1월 "연두교서"에서 대량살상무기를 개발하고 있다는 이유로 북한을 3대 '악의 축(Axis of Evil)'의 하나로 규정하였다. 북한은 부시 대통령의 발언을 '선전포고'이자 '조선전쟁론'이라며 '미국이야말로 악의 제국'이라 반발하였다.[1] 2002년 2월에는 부시 대통령이 방한하여 미국은 북한을 공격할 생각이 없다고 밝혀 북미 간 긴장관계가 잠시 완화되었다. 그러나 2002년 4월 미국이 북한, 러시아와 중국을 포함하여 7개의 핵선제공격대상을 지정하자[2] 북한의 입장에서는 미국의 군사력 행사를 우려할 수밖에 없었다.[3] 5월에는 미국이 북한을 테러지원국에 재지정하면서 긴장이 고조되었다. 그러던 중 7월 브루나이에서 열린 아세안지역안보포럼(ARF)에서 콜린 파월(Colin Powell) 미 국무장관과 백남순 북한 외무상은 회의장에서 비공식적으로 15분간 대화하였다. 이것은 당시 냉각돼있던 북미 관계를 푸는 결정적 계기가 되지만 부시 행정부 내 대북 강경파의 반대로 회의의 중요성 및 의미가 약화되었다.[4]

2002년 6월 27일 미국은 북한에 공식적으로 양자 회담을 제안하면서 회담의 중점적 의제로 고농축우라늄(HEU, Highly Enriched Uranium)을 문제로 삼고자 하였다. 북한은 "원자최초콩크리트타입이 시작되자 타빈발전기를 비롯한 비핵부분품들이 납입된 다음 국제원자력기구와의 담보조치 협정을 완전히 리행하게 되었다"며[5] 제네바합의를 수행하였다고 주장하였다. 10월 3–5일, 부시 대통령의 특사이자 미 국무부 아태 담당 차관보인 제임스 켈리가 평양을 방문하였다. 켈리는 부시 행정부 등장 이후 북

1 장달중·이정철·임수호, 『북미대립』, 2011, pp. 98–99.

2 "US plans for first–strike nuclear attacks against seven countries," http://www.telegraph.co.uk/news/worldnews/northamerica/usa/1387333/US–plans–for–first–strike–nuclear–attacks–against–seven–countries.html(검색일: 2014년 3월 20일).

3 리정석·김성수, 『21세기의 핵에네르기』(평양: 금성청년출판사), 2010, p. 163.

4 Charles L. Pritchard, *Failed Diplomacy: The Tragic Story of How North Korea Got The Bomb,* Brookings Institution Press, 2007, p. 31.

5 북한 외무성 담화, 2012년 10월 25일.

한에 처음으로 방문한 고위급 관료로서, 당초 북미관계의 개선을 위해 평양을 방문한 것이었지만 고농축우라늄에 대하여 강석주 북한 제1외상 및 김계관 부외상과 회담하였다. 회담 이후, 10월 16일 미 국무부는 북한이 농축 우라늄 핵프로그램(HEUP)을 진행하고 있다는 성명을 발표하였다.

북한은 미국의 주장이 "일반적이고 오만무례"하며, "적반하장격의 강도적 론리"라며 제네바합의의 비공개양해각서를 공개하는 강수를 보였다. 10월 25일 북한은 협상 방법으로 북미 간 불가침 조약 체결을 요구하였다.[6] 미국은 북한의 제안에 대해서는 거부하면서 2002년 11월 14일 대통령 성명을 통해 제네바합의를 위반했다는 이유로 12월부터 중유 제공을 중단하겠다고 선언하였고 실제로 중유 납입을 중단시켰다. 북한은 IAEA가 대북 전면 핵사찰을 실시하도록 하는 결의안에 대하여 미국이 북한을 강압하는 것으로 인식하고 핵무기로 국가의 안보를 보호할 권한이 있다고 밝히며 IAEA와 북한 핵문제에 관한 결의안을 거부하였다. 또한 12월 12일부터 핵동결을 해제하고 전략생산에 필요한 핵시설들의 가동과 건설을 즉시 재개한다는 외무성담화를 발표하였다. 이 담화에서 북한은 "미국은 우리를 '악의 축'으로, 핵선제공격대상으로 지정함으로써 기본합의문의 정신과 조항을 다 같이 철저히 짓밟은 책임에서 절대로 벗어날 수 없다"고 비난하였다.[7] 2003년 1월 10일 북한은 미국의 적대정책으로 위협받은 국가주권, 생존권 및 국가 존엄을 수호하기 위해 NPT를 탈퇴한다고 선언하였으며 NPT조약에 따라 그로부터 3개월 후인 4월 11월 공식적으

6 북한 외무성 담화, 2012년 10월 25일.

7 북한 외무성 담화, 2002년 12월 12일.

로 조약에서 탈퇴하였다. 북한은 NPT조약에서 탈퇴함에 따라 조약 제3조에 따르는 IAEA와의 담보협정의 구속에서도 완전히 벗어난다는 것을 함께 천명하였다.[8] 한편으로 북한은 NPT조약에서 탈퇴하지만 핵무기를 만들 의사는 없으며 핵활동은 오직 전력생산을 비롯한 평화적 목적에 국한될 것으로 밝히면서 "미국이 적대시압살정책을 그만두고 핵위협을 걷어 치운다면 우리는 핵무기를 만들지 않는다는 것을 검증을 통하여 증명할 수 있다"고[9] 하면서 위기를 조성한 것은 바로 미국의 위협이라고 발표하였다. 이와 동시에 제네바합의문이 핵문제를 평화적으로 해결하고 북미 적대관계를 개선하는 이정표로 인식해 온 만큼 미국에게 제네바합의를 파기한 미국의 책임을 묻고 이를 범죄행위라 비판하였다.[10] 이로써 사실상 제네바합의는 완전한 파기상태에 들어가게 되었고 2차 북핵위기가 시작되었다.

2) 3자회담: 사실상의 북미 양자회담

미국은 북한의 핵개발을 방치할 수도 없고 군사 개입할 수도 없었다.[11] 핵개발을 관리하는 방법을 제외하고서는 대응할 수 있는 방법이 없었던 것이다. 이 때문에 2003년 1월 14일 부시 대통령은 북핵문제에 대한

8 북한 정부성명(2003년 1월 10일), 『조선중앙년감』, 2004, pp. 581-582.
9 북한 정부성명(2003년 1월 10일), 『조선중앙년감』, 2004, pp. 581-582.
10 "조미기본합의문을 파기한 미국의 범죄행위," 『조선중앙년감』, 2004, pp. 582-589.
11 장달중·이정철·임수호, 『북미대립』, 2011, p. 104.

핵포기와 에너지 원조를 연결시키면서 다자적 접근 의지를 밝혔다. 이에 북한은 "선핵포기 후대화"라는 미국의 조건에 변화가 없다면[12] 그 어떤 형태의 다자회담에도 절대로 참가하지 않을 것이라는 입장을[13] 표명하였다.

한편 북한은 자신들은 이라크전에서 얻은 학습효과에 따라 핵억제력을 보유하는 것이라고 밝혔다. 과거 북한은 핵기술을 핵무기를 개발하는 데가 아닌 평화적 목적에 이용하겠다고 해왔지만 이제는 핵억제력을 추구한다는 것을 명백히 표명하기에 이르렀다. 북한은 "불가침조약도 소용없다. 물리적인 억제력, 그 어떤 첨단무기에 의한 공격도 압도적으로 격퇴할 수 있는 막강한 군사적 억제력만이 전쟁을 막을 수 있다는 것이 이라크 전쟁의 교훈"이며 "잠재력을 총동원하여 전쟁의 억제력을 갖추려 한다"고[14] 핵무장 필요성을 최초로 언급하였다. 즉, 미국의 핵위협에 대응하려는 북한이 핵억제력을 강조하였다.[15]

북한이 핵억제력을 갖추려는 의지를 보이자, 미국은 북한의 핵개발을 이대로 방치할 수 없으면서도 군사적 개입을 감행하기에는 전략적 우선순위에 대한 판단을 내리기 어려운 상황이었다. 그러나 중국은 미국이 이라크에서처럼 군사 개입 행동을 할 수 있다는 우려 때문에 북미 협상에 끼어들었다. 3월 7일 첸치첸 외교부장이 김정일과 면담하여 북한이 3자회담에 나설 것을 설득하였다. 이에 북한은 NPT 체결국이 아니기 때문에 핵문제를 국제화할 근거가 없다고 강조하면서 미국과의 직접회담을 주장

12 외무성 대변인 담화, 2003년 1월 15일.

13 외무성 대변인 담화, 2003년 1월 28일.

14 외무성 대변인 담화, 2003년 4월 6일.

15 "조미기본합의문을 파기한 미국의 범죄행위," 『조선중앙년감』, 2004, pp. 588-589.

하였다. 그러면서도 "미국이 핵문제의 해결을 위하여 대조선정책을 대담하게 전환할 용의가 있다면 우리는 대화의 형식에 크게 구애되지 않을 것"이라며[16] 다자협상의 문을 닫지 않았다. 4월 8일 북한은 북미회담은 북경에서 열리게 된다고 발표하고 "이 회담에서 중국 측은 장소국으로서의 해당한 역할을 하게 되며 핵문제의 해결과 관련한 본질적인 문제들은 조미 쌍방 사이에 론의하게 된다"고[17] 밝혔다. 즉, 북한은 중국을 회담 당사국이 아니라 장소를 제공하는 비당사국으로만 인정하였다. 4월 23-25일 중국의 사회로 북경에서 3자회담이 열렸으나 북한이 북미 간에 논의돼야 할 본질적인 문제들을 두고 미국이 회피한다고 지적하는 등[18] 회담은 북미 양국의 대치 국면이 되었다.

3) 6자회담의 초보적 성과와 1차 핵실험 단행

3자회담이 교착된 상태에서 북한은 북미회담을 먼저 하고 다자회담을 진행하자는 제안을 하였다. 5월 24일 외무성담화에서 다시 한번 "미국이 진심으로 대조선 정책을 대담하게 전환할 용의가 있다면 회담의 형식에 크게 구애되지 않는다"는 입장을 천명하고 "먼저 조미 쌍무회담을 하고 계속하여 미국이 제기하는 다자회담도 할 수 있다"고 밝혔다."[19] 그리고

16 외무성 대변인 담화, 2003년 4월 12일.
17 외무성 대변인 담화, 2003년 4월 18일.
18 외무성 대변인 담화, 2003년 4월 26일.
19 외무성 대변인 담화, 2003년 5월 24일.

5월 30일–6월 1일 미 하원 군사위원회 부위원장 커트 웰돈(Curt Weldon)은 북한을 방문하여 김계관 부상과 여러 차례 회담을 가졌다. 양국은 대화를 통해 해결책을 찾아야 한다는 데 의견을 같이 하고 그 실현을 위한 방법을 모색하고 합의할 것임을 밝혔다.[20] 다자회담에 대한 북한의 태도가 변화하는 가운데 미국은 6월 중순 하와이에서 열린 한미일 회담에서 한국과 일본 모두 향후 북핵문제 관련 다자회담에 참가할 것을 촉구했다. 7월 31일 뉴욕에서 북미 접촉을 통해 "핵문제 해결을 위하여 3자회담, 4자회담, 3자회담에 이어 5자회담을 진행하는 데 대한 제안들이 나왔다"며 북한은 "3자회담을 거치지 말고 직방 6자회담을 개최"하고 6자회담에서 북미 양자회담을 진행하자는 새로운 제안을 내놓았다.[21]

3자회담이 중지된 상황에서 다자회담을 전개하는 것은 북미 양국의 이익에 부합하였다. 북한은 다자대화로 더 많은 지원을 받을 수 있으며 미국의 압력을 견제할 수 있다고 생각하였다.[22] 미국에게는 한국과 일본을 끌고 회담을 참가하는 것이 동아시아에서 자국의 패권을 다시 보여주는 기회가 되었다. 즉 미국은 동맹국인 한국과 일본에 협력을 요청하고 북핵문제를 미국이 만든 동아시아의 권력 구조 내에서 해결하려고 하였다. 한일 양국은 KEDO 참여가 준 교훈을 바탕으로 대북 지원의 비용만 부담하지 않고 북핵문제에 대한 실질적 영향력을 확대하려고 하였다. 러시아도 2003년 1월 18–21일 외교부 차관 로슈코프(Александр Лосюков)를 북

20 외무성 대변인 담화, 2003년 6월 2일.
21 외무성 대변인 담화, 2003년 8월 1일.
22 孫茹,『朝核問題地區合作進程硏究』, 時事出版社, 2009年, pp. 157–158.

한에 특사로 파견하여 북핵문제에 대한 한반도 비핵화, 북한에 안전보장, 인도주의 및 경제 원조 등을 제안하였다.[23] 해당 방문은 러시아 특사가 김정일 위원장의 접견에 성공하고 북핵문제에 대해 심도 있게 회담을 전개하는 등[24] 러시아가 핵문제에 대해 적극적으로 참여하고 있다는 것이 알려지면서 국제사회에서 주목을 받았다.

6자회담은 2003년 8월 27일부터 2007년 9월 30일까지 한반도 핵문제와 평화체제를 중심 안건으로 하여 6차례 개최되었다. 2006년 북한 1차 핵실험까지 4차례의 회담을 진행되었는데, 북한은 미국의 원칙에 반발하여 6자회담을 계속 부정적으로 평가하는 한편, 북한에게는 핵억제력 강화가 필요하다는 주장을 지속하였다. 미국은 "완전하고, 검증 가능하며, 돌이킬 수 없는 핵폐기(CVID: Complete Verifiable, Irreversible, Dismantlement)"의 원칙을 정하고 있었는데, 북한은 이것은 곧 선핵포기를 종용하는 것이라고 인식하였으며 미국이 북한을 고립시키기 위한 적대정책을 펼치고 있다고 주장하였다.[25] 북한은 6자회담이 "우리를 무장해제하기 위한 함정", "백해무익한 회담"이라고[26] 비난하면서 "자주권을 고수하기 위한 자위적 조치로써 핵억제력을 계속 강화해나가는 것 이외에 다른 선택의 여지가 없다고 확신한다"며[27] 선핵포기를 할 수 없음을 강력히 표명하였다.

2004년 6월 23–26일에 열린 3차 6자회담에서 미국은 6단계 해법

23 《人民日報》, 2003年 2月 8日.
24 『조선중앙년감』, 2004, p. 241.
25 외무성 대변인 담화, 2004년 3월 1일.
26 외무성 대변인 담화, 2003년 8월 30일; 2003년 9월 8일.
27 외무성 대변인 담화, 2003년 8월 30일.

을 제시하였다. 미국이 제안한 로드맵은 핵 폐기 선언→조건부 안전보장 및 중유제공→모든 핵 프로그램 및 핵무기 해체→비핵에너지 제고에 대한 조사 제재 종결 및 테러지원국 제제에 관한 논의→미사일, 생화학무기, 재래식 전략, 인권문제 해결→북미관계정상화이다.[28] 북한은 직접 동결 및 보상안을 제안하였다. 핵동결에 대해서는 "핵무기 관련 모든 시설과 운영으로 나온 결과물들을 동결하고, 핵무기를 더 만들지도 이전하지도 시험하지도 않으며" "종국적인 핵무기계획폐기로 가는 첫 시작"이라고 밝혔으며, 그 보상으로 "제재와 봉쇄해제를 공약할 뿐 아니라 중유 전력 제공 등으로 총 200만kw의 에너지를 지원"할 것을 촉구하였다.[29] 3차 회담에서 북미 간에 합의된 것은 없었지만 북미 양국의 조심스러운 변화가 나타남에 따라 관계 진전의 조짐이 점쳐졌다고 평가된다.[30]

2005년 2월 10일 북한은 핵무기를 만들었다며 핵보유 선언을 하고 6자회담에 무기한 참여하지 않겠다고 천명하였다. 2005년 5월 13일 미국은 뉴욕에 주재한 북한 상임대표부를 찾아 북한에 대한 미국의 "주권국가" 인정과 "불침의사" 등 공식 입장을 전달하였다. 이러한 북미 간 접촉 이후 제4차 6자회담(2005년 7월 26–8월 7일, 9월 13–19일)이 열리고 핵문제 해결과 한반도평화체제를 동시에 추진하려는 9·19공동성명이 합의되었다.

그러나 북미대립은 여전히 지속되었다. 미국은 북한의 인권 문제를

28 장달중·이정철·임수호, 『북미대립』, pp. 115–116.
29 외무성 대변인 담화, 2004년 6월 28일.
30 장달중·이정철·임수호, 『북미대립』, 2011, p. 116.

거론하며 "범죄정권", "부자유 국가"라 비난하였고 북한에 대한 금융 제재를 가하였다. 결국 북한은 7월 5일 대포동 2호를 발사하고 10월 4일에는 핵실험을 하겠다고 성명을 발표한 뒤 10월 9일 1차 핵실험을 단행하였다.

2006년 10월 4일 북한은 다음과 같은 외무성 성명을 통해 핵실험 계획을 공포하였다. "첫째, 조선인주주의인민공화국 과학연구부문에서는 앞으로 안전성이 철저히 담보된 핵실험을 하게 된다. 현 미 행정부가 조미기본합의문을 뒤집고 우리의 자주권과 생존권을 엄중히 위협한 데 맞서 불가피하게 핵무기전파방지조약에서 탈퇴하였다. 핵무기보유선포는 핵실험을 전제로 한 것이다. 둘째, 조선민주주의인민공화국은 절대로 핵무기를 먼저 사용하지 않을 것이며 핵무기를 통해 위협과 핵이전을 철저히 불허할 것이다. 셋째, 조선민주주의인민공화국은 조선반도의 비핵화를 실현하고 세계적인 핵군축과 종국적인 핵무기 철폐를 추동하기 위하여 백방으로 노력할 것이다. 우리의 최종 목표는 조선반도에서 우리의 일방적인 무장해제로 이어지는 비핵화가 아니라 조미 적대 관계를 청산하고 조선반도와 그 주변에서 모든 핵위협을 근원적으로 제거하는 비핵화이다. 대화와 협상을 통하여 조선반도의 비핵화를 실현하려는 우리의 원칙적 립장에는 변함이 없다."[31]

즉, 외무성은 자위적 전쟁 억제력을 확보하겠다는 일련의 새 조치를 선포하고 핵실험을 하겠다고 발표한 것이다. 이에 세계의 어느 나라도 "사전에 핵실험을 공포한 전례가 없었고 합법적이고 성공적인 핵실험"을 10

31 외무성 성명, 2006년 10월 3일, 《로동신문》, 2006년 10월 4일.

월 9일에 진행하게 되었다.

요컨대, 2차 북핵위기는 북한의 핵능력이 높아지고 북미대립이 심화되면서 북한이 NPT에서 완전 탈퇴하는 등 1차 북핵위기보다 더 심각하였다. 그렇다면 2차 북핵위기에 대해 중국은 어떤 대응책을 선택하였을까? 또한 북핵에 대한 중국의 정책은 과연 효과적이었을까? 다음 절에서는 이 질문들에 대하여 자세히 다루고자 한다.

2. 중국의 제한적 개입정책

1) 3자회담: 무력한 소통자

중국은 1차 북핵위기 때 회피적 관망 태도를 보인 것과 달리 2차 북핵위기 때에는 북핵문제에 제한적으로 개입하기 시작해 관련당사국으로서 중재자의 역할을 자임하였다. 2차 위기가 발발했을 때 중국은 북한과 미국 사이에 소통의 역할을 하고 위기의 확대를 억제하려고 했지만 그럴 만한 역량이 부족했다.

중국의 소통창구 역할이 제한적이었다고 평가하는 원인은 첫째, 북한이 중국의 개입을 꺼렸기 때문이다. 북핵위기가 재현된 2002년 12월 27일 탕자쉬엔(唐家璇) 중국 외교부장은 주중 북한대사관을 방문하여 북핵문제에 대한 우려를 전달하였고, 이튿날 북한은 외무성 대변인 담화를 통해 "만일 다른 나라들이 조선반도 핵문제 해결에 관심이 있다면 미국으로 하여금 우리에게 안전보장 담보를 주고 대화에 나서도록 요구하거나 그렇게 못하겠으면 가만히 있으면 되는 것"이라고 공개적으로 밝혔으며,[32] 2003년 1월 25일 최진수 주중 북한 대사가 이를 다시 강조하였다. 이는 북한이 중국이 제기한 다자회담을 거부한다는 행동이었다.

둘째, 북미 양자 접촉이 활발히 이루어지면서 북미와 중국 간의 소통이 적극적이지 않았기 때문이다. 중국은 북한과 미국이 다자회담에 대한 선호를 드러내는 중에도 3자회담을 고수하였다. 1월 북한의 NPT 탈퇴 이후인 3월 7일 첸지첸 부총리는 김정일과 면담하면서 3자회담을 하도록 설득하였다. 중국은 5월 23일에는 "기본적인 입장은 현재 형세에 중조미 북경회담을 진행하는 것"이라고 천명하였다.[33] 바로 다음날인 24일에 북한은 회담의 형식에 구애되지 않고 미국이 제기하는 다자회담도 할 수 있다고 발표하였다.[34] 다이빙궈가 북한을 방문하여 김정일 위원장에 후진타오의 친서를 전달하는 등 북한은 3자회담의 재개를 설득하려고 하였다.

그러나 7월 말에 북한과 미국이 뉴욕에서 접촉한 이후 중국의 태도가 변화하기 시작하였다. 8월 4일 중국 외교부는 "중방은 회담의 범위에 대한 개방적 태도를 계속 보였다. 한국, 러시아와 일본은 적극적 대화를 통해 문제를 해결하는 것을 주장하니 그들의 참가는 회담을 추진하고 평화 해결에 대해 유리하다고 믿는다"고[35] 발표하였다. 3일 후에 왕이 외교부 부부장은 6자회담을 성사시키기 위해 평양을 방문하였다. 중국이 다

32 《로동신문》, 2002년 12월 30일.
33 《人民日報》, 2003年 5月 24日.
34 외무성 담화, 2003년 5월 24일.
35 《人民日報》, 2003年 8月 5日.

른 5개의 당사국보다 6자회담에 대한 입장을 늦게 표명한 배경에는 북한이 주장하는 북미 양자회담에 대한 존중과 배려의 차원도 있었지만, 일본과 러시아는 한반도 문제의 당사자가 아니었기 때문에 과연 회담을 추진할 수 있을 것인지에 대한 의심이 있었다. 즉 회담 구성원의 범위가 넓어지면 예상할 수 없는 많은 문제가 생길 수도 있는데, 일본과 러시아의 역할이 불확실하였던 것이다. 예컨대 알려진 바와 같이 일본이 북핵문제와 무관한 납치문제를 제기하고 6자회담 진행을 방해하는 역효과가 발생하였다. 4자회담, 3자회담과 6자회담에 참가한 중국 외교관은 인터뷰에서, 중국은 처음에는 북핵문제 해결을 두고 6자회담보다 3자회담을 선호하였지만 3자회담이 실패하였고, 북한과 미국이 제기한 6자회담을 반대할 수도 없었기 때문에 중국이 부득불 6자회담에 대한 지지하는 태도를 표하였다고 밝혔다. 한편, 핵문제로 야기되는 평화체제 위협을 해결하기 위해서는 다자 간의 협력과 보장 역시 필요하기 때문에 중국은 한반도 평화체제와 비핵화를 같이 추진하기 시작하였다.[36]

2) 6자회담: 적극적 중재자

중국은 2003년 8월부터 시작한 6자회담에 적극적으로 개입하는 자세를 보였다. 우선, 6자회담을 담당하는 중국 외교부의 권력구조를 바꾸었다. 그 일환으로 미국통이자 북한에 인맥이 있는 리자오싱(李肇星, 외교

36 4자회담, 3자회담 및 6자회담에 참가한 중국 외교관에 대한 인터뷰.

부부장 재임 기간: 2003—2007년)을 제9대 외교부 부장으로 임명하였다.[37] 2003년 시작한 6자회담이 2004년에 들어 두 번째로 경색되었을 때 리자오싱은 북한을 방문하여 김정일 위원장과의 회담을 성사시키기 위해 애를 썼다. 리자오싱은 강석주 부외상에게 "조선은 '핵비확산조약'을 가입하다가 이제 탈퇴했다. 우리는 조선 동지가 심중하게 고려하여 원래의 입장으로 돌아왔으면 한다"고 북한이 NPT에 복귀하도록 설득하였다. 그리고 중국은 "조선 동지는 6자회담의 틀 속에서 대화를 통해 문제를 해결하는 방식을 바란다"며 "심지어 접촉 및 대화를 통해 미국과 관계를 개선할 수 있다"[38]고 6자회담과 북미 양자 대화의 방식을 제안하였다. 한국의 일부 전문가들이 지적한 것처럼 중국은 북미관계의 빠른 진전에 민감하게 반응하고 경계할 수 있으나[39] 북핵문제 해결을 위해서는 어쨌든 미국과 북한 양자 간의 관계 개선은 불가피한 것이었다. 이에 결국 8월 왕이 외교부 부부장이 평양을 방문하였고 북한으로부터 8월말 다자회담 개최에 관한 동의

37 리자오싱은 미국통이자 장쩌민의 측근으로 알려져 있다. 그는 최근 출판한 회고록 『說不盡的外交』에서 1963년 북경대학교 3학년 학생일 때 유학 온 강석주 북한 내각 부총리와 2인 1실로 같은 방을 썼고 강석주에게 영어를 가르치며 우정을 쌓았다고 밝혔다. 강석주는 귀국한 후 연락을 중단하지만 2001년 11월 리자오싱이 중국 외교부대표단을 이끌고 북한에 방문할 때 재회하였다. 리자오싱이 외교부장을 담당하는 데는 여러 가지 이유가 있겠지만 미국통이면서 강석주 외무성 제1부상과 북경대학교의 동창이자 룸메이트였던 것을 무시할 수 없었다. 리는 취임한 후 북중의 우의를 공고하고 발전시켰다. 李肇星, "第五章朝鮮： 友好相處−友情雖無價， 公私卻分明,"『說不盡的外交』, 北京: 中信出版社, 2013, pp. 101−109.

38 리자오싱은 강석주와 회담할 때 "우리는 패권주의를 단호히 반대한다. 조선 동지는 안심하라. 중국은 원칙과 직결되는 주요 문제에 대해 애매하게 끝마친 적이 없었다. 중국은 계속 조선과 진실하게 협력하고 양국이 함께 조핵 문제를 해결해 나갈 것이다"고 한다. 李肇星,『說不盡的外交』, 2013, pp. 101−109.

39 한석희, ""6자회담" 과 중국의 딜레마,"『국제정치논총』, 제45집 1호, 2005; 박홍서,

를 얻게 되었다.[40] 그 결과 북핵문제 해결을 위한 1차 6자회담이 8월 27일 북경에서 개최되었으며 2차와 3차 6자회담이 각각 2004년 2월 25–28일, 2004년 6월 23–26일 북경에서 개최되었다.

뿐만 아니라, 중국은 북미 대립을 적극적 해결하려고 하였다. 6자회담 기간 중 중국이 북미 양자 간 회담을 성사시켰을 때 회담 좌석의 배치, 상대방에 대한 호칭(북한과 미국은 상대방을 각각 깡패국가, 미제국주의라고 불렀는데 중국의 권고에 따라 회담에서 서로 미스터라고 칭함) 등 사소한 부분에도 신경을 쓰고[41] 북한의 본심을 감안하고 이를 배려해주었다. 중국은 의장국으로서 각국이 회담 참여를 잘 할 수 있도록 노력했는데 구체적으로 첫째, 북한과 미국이 구체적인 해결 방안을 내놓도록 하여 회담이 심화될 수 있게 했다. 둘째, 각국이 서로를 존중하도록 반복적으로 설득하여 각국이 제시한 해결방안을 진지하게 연구하도록 만들었다. 셋째, 교착 국면이 나타날 때 신속하게 절충방안을 내놓아 중재하였다.[42] 북핵으로 인한 자국의 연루 가능성을 차단하려는 중국의 시도는 매우 합리적인 선택이었다.

2005년 2월 북한이 핵보유를 선언하자 왕자루이(王家瑞) 중국공산당 대외연락부장은 평양을 방문하고 한반도 비핵화에 관한 기존 입장을 강조하면서 북핵문제가 더 이상 복잡하게 전개되지 않기를 희망한다고 중국의 입장을 표명하였다.[43] 또한 우다웨이(武大偉) 6자회담 중국측 대표도

"북핵위기 때 중국의 대북 동맹안보딜레마 관리 연구," 『국제정치논총』, 제46집 1호, 2006.

40 《人民日報》, 2003년 8월 9일.

41 李肇星, 『說不盡的外交』, 2013, pp. 106–107.

42 王毅, "中國在會談中發揮三大作用,"『新華網』, 2004년 6월 26일.

43 《人民日報》, 2005년 2월 22일.

방한을 통해 한국과 미국에게 6자회담 재개를 촉구하였다.[44] 결국 제4차 6자회담은 2005년 7월 26일 북경에서 개최되어 한차례의 휴회 끝에 제4차 6자회담 공동성명, 즉 9·19공동성명을 합의해냈다. 중국은 2003년 이라크 전쟁 이후 표면화된 미국의 대테러 연대에 동참하는 한편 2차 북핵 위기에서 북핵 문제의 평화적 해결을 위한 중재자 역할에 적극적으로 나서면서 대미 관계를 안정시키고 국제사회에서 중국의 입지를 확립하고자 노력하였다.

3) 9·19공동성명의 성과와 북중 균열

2005년 9월 13일 2단계 제4차 6자회담을 휴회 37일 만에 재개하고 9·19공동성명[45]을 채택하였다. 9·19공동성명의 채택에 참여하는 중국은 냉전기에 한반도의 평화는 무장적 평화, 핵 공포의 평화 혹은 동맹 대립적 평화라고 할 수 있었지만 현재는 비대칭적 상호위협적 평화가 이루어졌다고 인식하였다. 무장적 평화 및 위협적 평화는 언제라도 깨질 수 있기 때문에 중국의 목표는 비핵화의 한반도, 게다가 한반도의 영구적 평화를 만드는 것이었다.[46] 따라서 중국의 입장에서 9·19공동성명은 핵문제의 해결과 한반도 평화체제의 실현이라는 두 가지 목표를 동시에 추진할 수 있는

---

44 《人民日報》, 2005년 3월 25일.

45 9·19공동성명의 내용은 장달중·이정철·임수호, 『북미대립』, 2011, pp. 332–333 참고.

46 9·19공동성명 초안을 만든 중국 외교관 인터뷰, 2011년 7월 북경.

일석이조의 합의였다. 중국은 6자회담과 9·19공동성명을 후진타오 주석 임기 시기에 확보한 정치적 유산으로 간주하였다.

9·19공동성명의 주요한 내용은 다음 두 가지로 요약할 수 있다. 첫째, 북한은 핵무기를 포기하고 NPT 및 IAEA에 복귀하는 것을 약속한다. 미국은 핵무기 또는 재래식 무기로 북한을 공격하지 않을 것임을 재확인한다. 둘째, 북미 상호 주권을 존중하고, 평화적으로 공존하며, 각자의 정책에 따라 관계정상화를 위한 조치를 취할 것을 약속한다. 즉 9·19공동성명을 통해 북한의 핵포기와 북한에 대한 미국의 소극적 안전보장을 제공하는 것이다.

9·19공동성명을 달성한 후 북한은 외무성 대변인성명을 통해 "미국이 경수로 제공을 통하여 우리로 하여금 NPT에서 탈퇴하도록 만든 근원을 제거할 것을 강력히 요구하였다. … 미국이 우리에게 신뢰조성의 기초로 되는 경수로를 제공하는 즉시 NPT에 복귀하며 IAEA와 담보협정을 체결하고 이행할 것"이라고 발표하였다.[47] 북한의 불만은 9·19공동성명에서 북한은 모든 핵무기를 파기하고 NPT 및 IAEA로 복귀하는 반면, 미국은 북한 불가침이라는 소극적 안전보장을 제공하는 데 그쳐, 선 핵무기 포기 후 경수로를 제공할 것을 약속한 것이나 다름없다는 것이었다. 북한은 담화를 통해 "조미 사이의 핵문제에서는 아무것도 달라질 것이 없을 것이며 그 후과는 매우 심각하고 복잡할 것이다"고[48] 9·19공동성명에 대한 불만 입장을 밝혔다. 9·19공동성명에서 "적절한 시기에 조선민주주의인민공

47 외무성대변인 담화, 《조선중앙통신》, 2005년 9월 20일.

48 외무성대변인 담화, 《조선중앙통신》, 2005년 9월 20일.

화국에 대한 경수로 제공 문제에 대해 논의하는데 동의"한 것은 맞지만 "적절한 시기"라는 모호한 표현에 그쳐 제네바합의보다 미국의 경수로 제공 방안은 구체적으로 마련되지 않았다.

6자회담과 9·19공동성명에서 나타난 중국의 관심사는 한반도 비핵화와 평화체제 수립이기 때문에 북한의 경수로 요구 배경에 대한 고려는 부족하였다. 북한 입장에서는 9·19공동성명이 중미 간 협력으로 달성된 만큼 중국이 미국과 함께 자국에 압력을 가하려 한다는 의심을 품을 만 하였다. 하지만 중국 입장에서는 어렵게 공동성명이 합의된 다음날 북한이 곧바로 경수로 제공과 핵포기를 연관시킨 것은 불쾌한 일이었다. 결국 6자회담과 9·19공동성명에 대한 북중 간의 균열이 발생할 수밖에 없었다.

북중 간의 균열은 두 가지 사건으로 표출되었다. 하나는 북중 지도부 상호방문과 정상회담에서 갈등이 노출된 것이다. 9·19공동성명에 합의한 지 한 달 뒤인 10월 28일 후진타오 주석이 취임 이후 처음으로 방북하였다. 6자회담과 9·19공동성명은 동북아 지역 안보 구조의 새로운 틀로 후진타오 정부에게는 외교적 성과였기 때문에 이를 북중정상회담에서 논의하지 않을 수 없었을 것이다. 그러나 예상과 달리 북핵문제, 6자회담 및 9·19공동성명에 대한 공식적 보도 내용이 없었다. 단지 중국은 "지역 안정과 세계의 평화의 공동적 사업을 위해 더욱 큰 공헌을 하겠다"고 언급하였다.[49] 반대로 북한은 중국의 새 중앙영도집단에게 북중관계의 발전

49 "胡錦濤主席出訪朝鮮 : 中朝友誼世代相傳," http://news.xinhuanet.com/world/2005-10/27/content_3690461.htm(검색일: 2013년 11월 20일).

을 중시하고 양국의 우의를 강조하였다. 그리고 "국제무대에서 중국의 역할은 나날이 증대되고 있다. 이것은 세계의 다극화와 평화와 안정을 도모하는데 부합된다"고[50] 하였다. 후진타오의 첫 방북과 양국의 보도 내용에서 나타난 것처럼 9·19공동성명은 합의되었지만 북한과 중국은 서로 다른 입장과 태도를 가지고 있다는 것을 알 수 있다. 즉 중국은 지역안보문제에 있어 북한의 협력을 기대한 반면, 북한은 중국이 미국의 패권과 협력한 것과 세계 평화에 무책임한 행위를 간접적으로 비난한 것이다. 9·19공동성명의 달성을 예외적으로 언급하지 않은 것은 다시금 북한과 중국이 공동성명에 대한 의견차가 있었으며 성명의 실현 방식에 대해서는 합의하지 못한 것을 보여주었다. 2006년 1월 김정일 위원장은 중국을 방문할 당시 6자회담에 대해 긍정적으로 평가하였지만 9·19공동성명 이행을 강조하였다.[51] 중국이 6자회담이 핵문제를 해결하는 제도로 인식한 반면에 북한은 6자회담을 통해 합의된 조항을 이행되는 과정을 강조함으로써 회담의 실제적인 효력을 중요시하는 것이었다.

북중 간의 균열을 야기한 또 다른 요인은 2006년 중국이 미국을 따라 대북 금융제재에 동참한 것이었다. 2005년 9·19공동성명 발표 이후 미국 재무부가 화폐위조 및 마약밀매 등을 이유로 북한에 대한 금융제재를 가하였다. 미국의 압력으로 마카오 BDA(방코델타아시아, Banco Delta Asia)은행이 북한계좌 2400만 달러를 동결시켰다. 사실 2400만 달러의 자금이 실질적 영향력이 있다기보다 북한에 압력을 주는 메시지일 뿐이었

50 『조선중앙년감』, 2006년, pp. 5–6.

51 『조선중앙년감』, 2007년, p. 236.

다. 하지만 북한의 입장에서는 6자회담 진행되는 상황에서 대화가 아닌 고립과 압박을 통해 미국이 대북 "제도전복"을 추구하는 것으로 보고 있었다. "이러한 압박공세는 공동성명의 정신에 위반될 뿐만 아니라 우리가 한 공약도 리행할 수 없게 만들고 있다"고 금융제재를 비난하였다.[52] 북한에게 미국이 대북 금융제재 과정에서 마카오에 압력을 가한 것은 '미중의 공동지배'의 일환으로 보였고, 6자회담체계에서 1대 5의 고립을 의미하는 것으로 여겨졌다.[53] 이 때문에 북한은 중국에게 불만과 배신감을 느낄 수밖에 없었다. 미중 협력이 이루어지면서 미국에 중국 카드를 쓸 수 없고 중국에 미국 카드를 쓰기 어려운 상황에서 북한은 핵능력의 강화를 통해 억제력 및 강제력을 높이는 것 외에는 현실을 타개할 대안이 없었다.

2006년 여름부터 북핵문제가 다시 고조되었다. 2006년 7월 5일 북한의 미사일 발사는 기존 정책이기도 하지만 중국에 대한 불만을 표출한 대응이었다. 백남순 외무상은 5월 30일부터 6월 6일까지 중국을 방문하였는데 후진타오 주석 접견은 실패하였다.[54] 6월 1일 북한은 6자회담의 교착상태에서 벗어나기 위해 미국측 단장을 초청하였으나 거절당했다. 중국과 미국의 협력을 얻지 못한 채 7월 5일 북한은 미사일을 발사하였다. 그리고 미사일 발사는 정상 군사훈련 중 하나로서 앞으로도 계속하게 될 것이라고 미국과 중국을 협박하였다. 북한에게 이러한 미사일 개발과 시험

52 북한 외무성 대변인 성명, 《조선중앙통신》, 2005년 12월 3일; 2006년 1월 10일; 2006년 2월 10일; 2006년 3월 1일.

53 박홍서, "중국의 부상과 탈냉전기 중미 양국의 대한반도 동맹전략: 동맹전이 이론의 시각에서", 『한국정치학회보』, 42집 1호, 2008.

54 『조선중앙년감』, 2007년, p. 239.

생산 및 배치는 동북아 지역에서 힘의 균형을 보장하고 평화와 안정을 보장하려는 자위적 국방력 강화 행위였다.[55] 중국 외교부장 리자오싱은 말레이시아에서 열린 아세안포럼에서 특별히 백남순 외무상에 대해 "조선동지는 미사일 발사하는데 왜 알리지 않는가?"라며 중국의 불만을 표출하였다. 중국은 북한이 미사일 발사하기 전에 중국에 통보하지 않는 것에 상당히 불쾌한 반응을 보였다. 그러나 백남순 외무상은 중국이 "공정하지 않다"고 지적하였다.[56] 북한은 외무성대변인 성명을 통해 북한이 "미사일 기술통제제도에 가입한 성원국도 아니며 이 제도에 따르는 어떠한 구속도 받을 것이 없다"고 변명하고 "사전 통보하지 않았다고 도발이요 뭐요하고 걸고들은 것 역시 언어도단"이라고[57] 직접 중국을 비난하였다.

한반도 정세가 다시 긴장되는 가운데 7월 10일 후이량위(回良玉) 부총리가 방북하지만 김정일 위원장과 만나지 못해 미사일에 대해 북한과 논의하지 못했다. 북한 미사일의 직접적 영향을 받은 일본은 미국, 영국, 프랑스와 함께 유엔안보리에 북한에 대한 제재안을 제출하였다. 중국은 러시아와 같이 북한의 미사일 발사 중단을 호소하고 국제사회에 미사일을 개발용 기금, 기술 및 원료를 반입하지 말라는 다소 덜 강력한 결의안을 유엔에 제출하였다. 결국 중국은 유엔 안보리의 대북 1695호 제재안에 찬성하였다. 북한은 1695호 결의안을 전면배격하면서 "누구도 우리를 지켜줄 수 없다고 … 자기의 강력한 힘이 있어야 민족의 존엄과 나라의 자

55 외부성대변인 성명, 《조선중앙통신》, 2006년 7월 7일.
56 李肇星, 『說不盡的外交』, 2013, p. 109.
57 외무성대변인 성명, 《조선중앙통신》, 2006년 7월 7일.

주독립을 지킬 수 있다는 것"이라고[58] 동맹국인 중국의 제재안 찬성에 반발하였다. 9월 9일 중국 등 세계 24개 금융기관이 1695호 결의안에 의해 대북 거래 중단시켰다. 중국은 미국이 제기한 강력한 제재결의안 대신 유엔안보리 상임이사국들과의 협상을 통해 결의안을 약화시킴으로써 북한을 구하고 한반도의 위기를 제거한다고 생각하였지만 북한은 오히려 중국이 대북제재에 가입하였다면서 불만을 가졌다.

8월 28일 북한은 금융제재확대에 필요한 모든 대응조치를 다 강구해 나갈 것이라고 선포하였다. 대응조치의 일원으로 외무성은 10월 3일 자위적 전쟁억제력을 강화하는 새로운 조치를 취하기 위해 핵실험을 할 것이라고 성명을 발표하였다.[59] "핵무기를 먼저 사용하지 않을 것이며 핵무기를 통한 위협과 핵이전을 철저히 불허할 것이다"며 "조선반도의 비핵화를 실현하고 세계적인 핵군축과 종국적인 핵무기 철폐를 추동하기 위하여 백방으로 노력할 것이다"고 주장하였다.[60]

북한의 발언은 중국을 향한 불만을 표출하는 것이었다. 왜냐하면 중국이 6자회담의 재개와 북핵문제의 해결을 위해 한국과 가까워졌기 때문이었다. 9월 28일 우다웨이는 6자회담의 재개를 위해 한국을 방문하였고[61] 10월 13일 노무현 대통령이 중국을 방문하기에 이르렀다. 북미대립과 한반도의 구조적인 문제로 야기된 북핵위기는 최종적으로는 북중 관계 악화를 초래하게 되었다. 결국 북한은 10월 9일 1차 핵실험을 단행하였다.

58 조선외무성성명, 《조선중앙통신》, 2006년 7월 18일.
59 조선외무성성명, 《조선중앙통신》, 2006년 10월 4일.
60 조선외무성성명, 《조선중앙통신》, 2006년 10월 4일.
61 《人民日報》, 2006年 9月 29日.

3) 1차 핵실험: 북한으로부터의 방기

2006년 10월 북한은1차 핵실험을 강행할 때 북한은 핵실험 20분 전에야 중국에 통보하였다. 중국은 "제멋대로(悍然) 핵실험을 실시했다"는 강경한 어조의 비판 성명을 발표하였다. 중국 정부는 북한의 1차 핵실험에 대한 유엔 안보리 1817호 결의안에 찬성표를 행사하고 이에 따른 대북제재에 동참하면서 북한의 1차 핵실험에 대한 공개적이고 강력한 반대를 표명하였다. 이 같은 중국의 대응은 중국이 북한의 핵실험 이전까지 북한의 핵능력을 불신하고 있었던 데서 기인한다고 평가된다. 중국은 당초 미국이 계속 제기해 온 북한의 핵 위협을 과소평가하고 있었다.[62] 심지어 미국과 러시아가 중국 외교관을 불러서 북한 핵실험의 대안을 상의할 때조차 북한의 핵능력을 의심하였다.[63] 북한의 핵위기 조성은 60년 가까이 지속된

---

62 2차 북핵위기의 발단이 된, 2002년 10월 제임스 켈리 미국 동아시아태평양 차관보의 방북과 북한의 고농축우라늄 의혹 제기에 대한 중국의 기본 입장은 '우려할 만한 북한의 핵능력은 존재하지 않는다'는 것이었다. 한편 후나바시 요이치에 따르면, 미국의 고농축우라늄 의혹 제기에 대한 한국과 일본의 입장 역시 미국과 완전히 일치하지는 않았다. 2차 북핵위기가 고조되던 2002-2003년, 북한의 핵개발 의도 및 능력에 대한 미국을 제외한 한, 중, 일, 러의 입장은 위기고조의 책임과 북한의 핵능력을 둘러싸고 명확히 정리되지 않은 것으로 파악할 수 있다. 특히 중국은 북한의 핵개발은 정전체제의 북미대립 구조와 한반도의 비대칭적 냉전해체에서 기인하는 것이므로 북핵 문제의 근본 해법은 미국의 대북 강압정책의 이완에 있다는 입장을 지속해왔다. 북한의 핵은 미국의 적대정책을 탈피하려는 카드이기 때문에 "방울을 단 사람이 방울을 떼어 내야 한다(解鈴還須系鈴人)"는, 다시 말해, 미국이 해결의 열쇠를 쥐고 있다는 대미 비판적 입장이다. "북한 위기를 해소하려면 미국이 양보해야 한다(化解朝鮮危機需要美國放下架子)," 《光明日報》, 2002년 12월 20일 사평.

63 중국 핵문제 전문가에 대한 인터뷰, 2011년 11월 서울.

정전체제 하 북미대립과 국제적 고립의 안보 위기를 타개하기 위한 카드로서 실제 북한의 핵위협 수준에 대한 중국의 평가는 유보적인 것이었다. 이러한 상황에서 1차 핵실험을 통한 핵능력의 가시화는 중국의 북핵 위협에 대한 현실적 인식조정을 강제할 수밖에 없었고, 중국은 유엔 안보리의 대북제재 결의안 1874호에 찬성표를 행사하면서 북핵 문제에 대한 미국과의 공조를 강화하였다.

"북한은 과연 핵을 갖고 있는가"라는 질문을 계속 던졌던 중국은 이제 경악할 수밖에 없었다. 더 경이로운 것은 핵실험 20분 전에야 북한으로부터 핵실험 통보를 받은 것이었다. 이것은 핵실험 2시간 전에 통보받은 러시아보다 늦은 것이었다. 리자오싱의 회고록에 의하면 중국은 북한이 미사일을 발사할 때 중국에 통보하지 않은 것에 불만을 표하여 공식적이거나 비공식적이거나 중대한 일을 사전에 통보할 것을 요구하였다.[64] 북한이 1차 핵실험을 중국에 통보하였지만 러시아보다 늦게 알린 것은 중국으로서는 체면을 잃은 일이었을 뿐만 아니라 중국의 대북 영향력이 지닌 한계를 다시 보여준 일이었다.

한편, 이러한 20분 전 핵실험 통보는 북중동맹 준수가 제대로 이루어지지 않고 있음을 보여준다. 그러나 이러한 상호통보의 동맹규범은 탈냉전기 북중동맹 체제에서 이미 형식적인 차원에서 실행되거나 의사소통채널이 제대로 기능하지 않는 문제를 보여왔다.[65] 앞서 밝힌 바와 같이 북한

64 李肇星,『說不盡的外交』, 2013, p. 109.

65 2006년 북한의 1차 핵실험 발표가 중국의 강한 반응을 불러일으킨 원인이 상호통보의 동맹규범이 제대로 준수되지 못한 것 자체에 있었던 것은 아니다. 1992년 한중수교 이후 1999년 북중 양국 간 교류가 재개되기까지 북중동맹은 최악의 양국

의 핵능력에 대한 유보적 평가를 바탕으로 북핵 문제가 제기하는 위협 자체에 대한 인식에 있어 미국과 거리를 두었던 중국이 북핵 문제의 영향력과 전개 양상에 대해 재고하지 않을 수 없었다는 것이 1차 핵실험의 중국에 대한 여파였다고 볼 수 있다.

리자오싱 외교부장은 북한을 징벌하고 대북 영향력을 제고하기 위해 1차 핵실험 사흘 뒤인 10월 12일 강석주 외무성 제1부상과 중국 선양에서 비밀회담을 개최하였다. 여기서 중국 측은 중국이 유엔 안보리에서 대북제재에 찬성한다는 결정을 내리게 된 배경을 설명하는 동시에 더 엄격한 제재 결의안을 막기 위한 중국의 외교적 노력을 설명하기도 하였다. 대북 결의안 채택 직후, 중국 국무위원 탕자쉬안(唐家璇)은 후진타오의 구신(구두친서, 口信)을 가지고 북한을 방문하여 북한의 6자회담 복귀를 적극적으로 설득하였다. 제2차 북핵위기 때 우둥허(武東和) 중국 주재 북한 대사(임기: 2001–2006년)는 대북 실무자로서 북한에서 하루를 일 년같이 보냈다(度日如年)는 비유를 들어 당시 중국의 물밑작업이 순조롭지 않았음을 밝혔다.

관계를 경험하였고, 이 시기 의사소통채널은 단절되었다. 2002년 양빈 구속으로 인한 북한의 신의주 특구개발 무산과정에서도 북중 간 의사소통채널은 원활하게 기능하지 못했다. 김홍규·최명해, "양빈 사건과 북한·중국 관계," 『한국정치학회보』, 39권 1호, 2005. 신의주 특구개발의 경우 북한 당국의 강한 의지와 북한의 개혁개방을 지속적으로 주문해 온 중국의 이해가 서로 일치하는 사안의 중요성에도 불구하고, 사전협의채널의 비제도화로 인한 불협화음으로 양빈 구속과 신의주 사업 무산이라는 결과가 나온 것은 양국 간 동맹규범 이행의 현실을 보여준다. 같은 맥락에서 2006년 핵실험에 대한 의사소통 문제로 비롯된 북핵에 대한 중국의 위협 인식 변화는 동맹규범에 대한 성실한 이행이 이뤄지지 않았다는 것보다 핵능력이라는 사안의 심각성에서 기인한 것으로 볼 수 있다.

북한은 1차 핵실험 이후 미국과의 협의에 진전을 보이며 원하던 양자 대화를 이끌어냈다. 2007년 1월 북미 간 '베를린 합의'를 거쳐 6자회담 틀에서 2·13합의가 이뤄지면서 중국은 중국을 견제하는 북한의 행위로부터 역전된 '방기' 우려에 처하게 되었다.[66] 2007년 남한과 북한은 진전된 남북관계를 바탕으로 10·4공동선언에 합의하면서 "한반도 평화체제를 구축하기 위해 3자 또는 4자 정상들이 종전 선언을 추진한다"고 밝혔는데, 3자의 경우 남한, 북한, 미국을 포함하고 중국을 제외한다는 북한의 요구를 반영하여 북한의 대중 견제 입장이 분명히 드러났다.[67]

이러한 북한의 중국 배제 입장은 2007년 3월 김계관 북한 외무성 부상이 전미외교정책협의회(NCAFP)와 코리아소사이어티 주최로 가진 토론회에서 북한도 미국의 대중견제 전략에 협조할 수 있다고 했다. 그리고 중국은 북한을 이용만 하려 한다고 비난하며 미국이 중국의 대북한 영향력을 지나치게 과대평가한다면서 미국이 지난 6년간 핵문제 해결을 위해 중국에 의존했지만 해결된 것이 무엇인지 반문하였다.[68] 결국 북한이 중국을 우회하여 미국과의 양자 접근을 주도적으로 추진하고, 남한, 일본, 러시아와의 관계를 다각화하며 중국의 대북한 영향력을 상쇄하고자 하면서 중국 내외적으로 중국의 역할에 대한 재평가가 요구되는 배경이 되었다.[69]

66 김태경, "자주와 동맹 사이에서: 북한의 핵보유와 북중 결박동맹," 『사회과학연구』, 경성대학교 사회과학연구소, 28집 1호, 2012.

67 남북정상회담 선언문, 《시사인》, 6호, 2007년 10월 22일.

68 신종대, "김정은 체제의 대외정책 전망: 북미, 북중, 남북관계," 『한반도포커스』, 제20호, 2012.

69 김태경, "자주와 동맹 사이에서: 북중동맹 딜레마와 북한의 핵카드 (2002-2009)", 서울대학교 석사학위논문, 2010.

2차 북핵위기 때 중국의 대북정책은 1차 북핵위기 때보다 최소한 세 가지 측면에서 개입하였다. 첫째, 유엔 안보리의 대북제재 결의안을 찬성하고 대북제재에 동참한 것이었다. 둘째, 북핵문제에 있어 미국과 적극적으로 협력하는 모습이 나타났다. 셋째, 한반도 비핵화를 위해 6자회담의 의장국으로서 북핵문제가 드러낼 때마다 셔틀외교(shuttle diplomacy)를 전개하였다. 하지만 무력한 소통자였던 중국의 상황, 6자회담을 둘러싼 북중의 균열, 북한으로부터 방기의 우려로 인해 중국의 소통은 제한적일 수밖에 없었다. 그렇다면 왜 중국은 기존의 수수방관 정책을 포기하고 북핵에 대해 개입했을까? 중국은 국가 이익을 어떤 식으로 새롭게 계산하였을까? 왜 1차 북핵위기 때 불간섭은 중국의 국가 이익인 반면 2차 북핵위기 때에는 개입이 국가 이익으로 간주되는가? 바로 이 부분에 대해 다음 두 장에서 자세히 살펴보겠다.

제2장 책임지는 대국의 정체성

2000년대 초부터 중미관계에는 구조적 변화가 없었지만 그 내용과 함의는 1990년대와 달라졌다. 미국의 패권 유지와 중국의 부상에 대한 인식으로 인해 중국은 국제문제에 있어 책임을 지는 국가 정체성의 형성을 촉진시켰다. 국가 성격에 대한 인식은 개발도상국과 책임을 지는 국가로 두 가지가 공존하지만 외교정책에서는 중국의 책임을 더욱 강조하게 되었다.

1. 미국의 패권 유지와 중국의 부상

1) 중국 대중정책의 전향

21세기에 들어 중국은 중미관계에 구조적 변화는 없지만 중미관계의 내용(context)과 주제(topic)가 변화한다고 평가하였다. 중미관계에는 이데올로기의 차이, 동서문화의 차이, 아태지역에서 지정학적 경쟁관계, 부상국과 패권국의 잠재적 충돌, 대만문제 등 다섯 가지 구조적 모순이 계속 존재하였다. 양국 경제 이익의 확대, 반테러 및 지역안보 문제의 협력 등에 대한 구조적 협력관계 역시 변화하지 않았다.[70]

그러나 2000년대 들어 중국과 미국이 각각 중미/미중관계를 수립함에 있어 상대국에 대한 인식이 달라졌다. 중국이 부상하면서 미국의 대중 의제는 부상하는 중국에 어떻게 대응하고 관리할 것인가 하는 것으로 바뀌었고, 이에 중국 견제론과 협력론이 대두하였다. 견제론은 미국이 중국에 대해 전략적 불신과 경계감이 계속 증가하면서 부상 중인 중국에 대하여 강경하게 대응하는 것이다. 협력론은 중미 경제이익과 안보이익의 범위를 확대하고 그 내용도 풍부하게 하여 서로를 이해관계자(stakeholder)로 인식하여 중국에 책임을 지우는 방법으로 중국 행위를 관리하는 것이다.

9·11사건으로 인해 대(対)테러리즘이 부시 행정부 대외정책의 핵심적인 위치를 차지하고 있었다. 미국의 '강경파'들은 중국이 미국의 전략적 경쟁자라는 사실은 변하지 않는다고 보았다.[71] 예컨대 대만문제에서 미국과 중국의 갈등이 계속 존재했는데, 부시 행정부는 대만에 판매하는 무기를 방어적인 무기에서 공격적인 무기로 전환하였다. 나아가 미국은 대만과

70 袁鵬, "中美關系： 新變化與新挑戰," 『現代國際關系』, 2006年第5期.

71 傅夢孜, "布什政府對華政策與中美關系的未來," 『現代國際關系』, 2003年第1期.

의 군사교류를 늘리고 '군사적 핫라인'까지 개통하였다.[72] 중국은 미국이 대만에 대한 군사관계를 강화하는 것에 대해 "강력히 불만하고 분노한다(強烈的不滿和憤慨)"고 표명하였다.

그러나 미국은 테러리즘에 대한 중국의 협력이 필요하였다. 따라서 미국은 대중국 강경정책을 일정한 수준에서 유지하는 동시에 중국과의 협력을 시도하였다.

이러한 배경에서 중미관계는 부시 행정부 시기에 발전되었다. 2001년 10월 APEC 중미 정상회담에서 양국은 '건설적 협력관계'를 공식화하였다.[73] 2002년 2월 부시 대통령은 중국을 국빈방문하였고 10월 장쩌민 주석은 미국을 국빈방문하였다. 지도자 상호 방문을 통해 부시는 중국과의 관계를 "솔직하고 건설적이고 협력적이다"(坦率的、建設的和合作性的)라고 평가하였다. 중국과 미국은 "테러리즘에 대항하는 동맹파트너"라고 언급하였으며 중국과 "전략적으로 중미 건설적 관계를 발전시키는 중요 합의(共同致力于発展中美建設性合作関系的重要共識)"를 달성하였다.

2) 동상이몽의 중미관계

부시 행정부 2기 출범 이후, 미국의 중국에 대한 정책은 온건해졌

72 吳心伯, "中美經貿關系的新格局及其對雙邊關系的影響,"『復旦學報』, 2007年 第1期.

73 《人民日報》, 2001년 10월 20일.

다. 미국은 중국과의 관계를 '이익의 공유자(Stakeholder)'로 설정하였고 양국의 갈등은 완전히 해소되지 않았지만 '안정적인 경쟁상태(Stable Competitive Situation, 平穩的競爭態勢)'로 진입했다.

부시 행정부 2기에 중미 양국은 협력과 상호 교류를 추진하기 위해 고위급 전략대화 채널을 개시했다. 부시 때 모두 6차례에 걸쳐 중미 양국은 고위급 전략대화를 통해 서로의 관심사에 대한 의견을 교환하고 양자 간의 문제뿐만 아니라 국제 이슈의 해결에 있어서도 협력을 강화했다. 이를 두고 일부 학자들이 묘사한 것처럼 1990년대 후반부터 중국은 미국과 "동상이몽(同床異夢)" 혹은 "적도 아니며 우도 아닌 가짜 친구"의 관계를 유지하기 시작하였다.[74]

중미 양국의 전략대화는 '책임 있는 중국'이라는 개념을 제시하고 이를 중심으로 양국 관계가 질적으로 변화하고 있음을 보여주었다. 중국은 자국의 위상 및 특수성에 대한 존중과 세계경제에 대한 책임을 서로 맞바꾸는 방향으로 국제사회의 요구에 임하고 있었다. 미국은 세계경제질서의 구축과정에서 중국을 책임 있는 동반자로 간주하고 중국책임론을 인정하였다. 미국은 중국에게 국제경제질서에 대해 책임지는 태도뿐만 아니라, 인권문제, 환경문제, 에너지 문제와 핵확산 등의 영역에서 다양한 역할을 부여했다. 특히 2008년 미국발 국제금융위기 이후 중미 간의 경제협력이 더욱 강화되었다. 후진타오 주석은 부시 대통령과 통화를 통해 양국

74 David M. Lampton, *Same bed, different dreams: Managing US–China relations, 1989–2000,* Univ of California Press, 2001; 閻學通, "對中美關系不穩定性的分析,"『世界經濟與政治』, 2010年第12期.

지도자들이 세계경제와 금융질서 안정에 대해 합의를 달성하고 긴밀한 협력을 추진하기로 하였다.[75]

21세기 들어 중국은 대외전략을 다극화 전략 대신에 '평화적 부상' 전략으로 전환했다. '평화적 부상'은 평화와 협력에 비중을 두는 전략으로서, 기존의 국제질서를 변화시키려 하기보다 합의와 협력에 중점을 두는 것이었다. 즉 이 전략은 미국의 지배적 지위를 인정하고 미국과의 관계를 안정화시킴으로써 강대국으로서의 지위를 확보하려는 시도였다.[76] 중국이 평화적 부상을 실현하기 위해 중요한 현안 중 하나는 미국이라는 패권국과의 관계를 잘 관리하는 것이다. 중국은 수십 년 동안 세계경제와 정치에 대한 미국의 영향력이 매우 큰 것을 인정하고 미국과의 관계를 안정시키는 것이 자국의 부상에 결정적 영향을 끼칠 것으로 보았다. 평화적 부상은 중국이 미국의 쇠퇴에 희망을 걸기보다 자국의 부상에 미칠 수 있는 미국의 부정적 영향을 최소화시키는 방향을 의미하였다.[77]

아울러 중국은 미국을 비판적 언급을 줄이고 미국에 중국의 평화적 의도를 확신시키려고 했다. 중국은 미국과의 관계 개선을 통해 미국과의 협력과 교류를 강화하였다. 미국과의 협력을 통해 미국으로부터 국제질서에서의 지위를 인정받으려고 한 것이다. 이를 통해 중국은 '책임지는 대국'이라는 이미지로 국제질서에 적극적으로 편입하고 자국의 역할을 발휘하고자 하였다. 2006년 4월 후진타오 주석은 미국 방문 때 '중미 건설

75 《人民日報》, 2008년 10월 21일.

76 鄭必堅, "中國的和平掘起與亞洲的新角色,"『學習時報』, 2005年第5期.

77 江西元·夏立平, 『中國和平掘起』, 中國社會科學出版社, 2004, p. 9.

적 협력관계를 전면적으로 추진하자'(全面推進中美建設性合作関系)는 주제로 연설하였다. 2007년 10월에 개최된 17차 당대회에서 후진타오는 "국가 간의 상호의존이 더욱 긴밀해지고 세계평화에 유리한 방향으로 발전하고 있다"고 인식했다. 이를 통해 "선진국과의 전략대화를 지속적으로 강화해야 하고 상호신뢰의 증강, 협력의 심화, 의견 분쟁의 원활한 처리와 장기적이고 안정적인 양성발전을 추진할 것이다"라고 발표하였다.[78] 따라서 중국은 부상을 통해 패권국 미국에 도전하려는 것이 아니라 오히려 국제질서에 편승하고 미국과 협력을 지속함으로써 자국의 부상을 유지하는 데에 목적이 있었다.

요컨대 후진타오 정부 1기에서 중미 양국 간의 상호 인식은 '전략적 경쟁자'에서 '전략적 이익공유자'로 전환되는 과정이었다. 미국은 중국의 부상을 변하지 않는 현실로 간주하고 부상하는 중국이 더 많은 책임을 질 것을 기대했다. 한편 중국은 '평화적 발전' 전략을 통해 미국과의 대립관계 구도를 협력관계로 전환하였다. 중국은 미국의 패권국 지위를 인정하고 미국이 주도하는 국제질서에 편승하여 지속적인 발전을 추구하였다. 이와 동시에 중국은 평화적 발전을 통해 미국의 패권적 지위에 도전하지 않을 것이라는 중국의 의지를 미국에게 끊임없이 전달하였다. 그 결과 중국은 미국과의 협력을 더욱 심화시키고 지속적으로 발전시켜갔다.

78 胡錦濤, 『十六大報告』, 2002년 11월 8일.

2. 책임대국에 대한 인식: 중국위협론에서 책임대국론으로

1) 책임대국론의 등장: 중국위협론에 대한 대응

'책임지는 대국론'은 1990년대 중반 등장한 미국의 '중국위협론'에 대응하기 위해 제기되었다. 미국『타임』지는 "우리는 왜 중국을 봉쇄해야 하는가"라는 칼럼에서 "21세기에는 중국이 제2차 세계대전 당시 독일 같은 위협적인 존재가 될 것"이라며 중국봉쇄론을 주장한 바 있다.[79] 또 1997년『다가오는 중국과의 갈등』,『문명의 충돌』,『또 다른 전쟁』같은 책에서 경제, 문화, 군사적 측면에서 중국위협론을 부각시켰다.

그 반면에 1989년 천안문사건으로 인해 중국은 1990년대 중반까지의 긴 시간 동안 내정에 전념할 수밖에 없었다. 장쩌민을 중심으로 한 제3세대 지도부는 이미 국내 좌우 이념의 차이를 정리했고, 정부 내부에 지식인과 엘리트를 많이 수용함으로써 사회를 통제하였다. 중국은 매년 9%의 경제 성장을 이룩하면서 공산당 일당 체제의 합리성을 확보하기도 하였다. 정치적 안정성과 경제의 지속적인 성장으로 인해 미국은 중미관계를 더 이상 무시하지 못하였다. 클린턴 행정부 국방장관 페리는 미국은 중국 관여정책을 실시하여 중국을 책임 지는 대국으로 만들어야 한다고 밝혔다. 올브라이트 국무장관(Madeleine Albright)도 중국이 세계무대에서 건설적 파트너 역할을 발휘해야 한다고 호소하였다. 2005년 미국 국무부 부

79 Charles Kranuthammer, "Why We Must Contain China," *Time,* July 31, 1995.

장관 졸릭(Robert Zoellick)은 중국이 국제체제의 '책임지는 이해관계자'(stakeholder)로서 국제사회에 공공재를 제공하고 대외정책을 변혁해야 한다고 주장하였다.[80]

미국 대중 인식의 변화에 대한 1999년 중국 외교부정책연구실이 펴낸 『중국 외교』에는 중국의 책임을 지는 대국에 대한 공식적 입장이 나타나 있다. "중국의 하나의 평화, 협력, 책임을 지는 대국의 이미지가 날로 두드러지면서 국제적 지위 및 영향력이 더욱 향상되었다."[81] 중국이 공식적 입장을 제기하게 된 계기는 1997년 아시아 외환위기로, 이때 중국은 책임을 지는 태도로 인민폐 화폐 가치가 떨어지지 않도록 노력하였기 때문에 아시아 지역의 안정을 이루었고 세계의 금융 및 경제에 공헌하였다고 자평하였다. 중국 정부는 적극적으로 책임지는 국가로서 글로벌 경제위기에 대응하는 "책임을 지는 대국"의 국가 이미지를 보여준 것이다.

미국이 요구한 중국의 국제적 책임은 첫째, 중국은 더 이상 편승하지 말고 국제 구호, 반테러, 국제기구에 더 많은 비용 분담을 하는 것이다. 둘째, 금융 시장 개방, 인권문제 개선, 이산화탄소 배출 감소 등 국제적 기준 이행에 책임을 지는 것이다. 이러한 미국의 요구에 대하여 중국은 첫째, 미국은 패권 정치, 보편적 가치관을 강조하는 반면 중국은 "내가 당해서 싫은 일을 남에게 하지 않는다(己所不慾 勿施于人)"는 것을 존중한다고 강조한다. 중국은 미국이 타국에 고압, 무력, 제재 등 수단을 가하는 데 반대

80 Robert B. Zoellick, "Whither China: from membership to responsibility?." NBR ANALYSIS, Vol. 16 No. 4, 2005, p. 5.

81 中華人民共和國外交部政策研究室編, 『中國外交』, 世界知識出版社, 1999, p. 4.

한다는 것이다. 그리고 대국의 책임이라는 것은 본국의 이익 및 전략 목표를 넘어 국제적 현안에 대한 대국 간, 각 당사국 간에 분담하는 것이라고 밝혔다.

중국 지도부의 발언을 통해서도 국제사회에서 책임을 지는 대국으로서의 중국의 정체성을 확인할 수 있다. 1997년 장쩌민 중국 국가 주석은 "신안보관"을 제기하면서 중국에게 평화적 국제환경이 필요하며 대외관계에서 상호 존중 및 평화 공존을 강조한다. 그의 후계자 후진타오도 중국은 평화적 굴기를 추구하며 국내 발전에 집중하고 국제적 확장은 하지 않겠다고 밝혔다. 2003년 후진타오 시기 공산당 중앙당교 상무 부교장이었던 정비젠(鄭必堅)이 보아오 포럼(博鰲)에서 화평굴기를 제안한 후, 2003년 12월 원자바오(溫家宝) 총리가 미국 하버드 대학 강연에서, 12월 후진타오 주석이 마오쩌둥 탄생 110주년 기념대회에서 화평굴기를 강조하면서 새로운 화두로 "화평굴기론"이 주목받았다.

2) 책임대국에 대한 인식: 긍정적 및 부정적 입장

중국의 입장에서 책임지는 대국이란 국내정치에 대한 책임과 국제문제에 대한 참여라는 두 가지 역할을 모두 수행하는 것이다. 즉 책임 있는 대국을 평가할 수 있는 기준 중 하나는 국내 문제를 처리하는 능력을 갖춰 국가의 정치안정과 경제발전을 유지시키는 것이다. 다른 하나는 국제 이슈에 적극적으로 참여하고 국제사회의 평화를 책임지는 것이다.[82] 개발도상국이라는 중국의 기존 정체성에서 책임지는 대국으로 정체성이 변화한 것 역시 중국이 기존 국제질서를 수용하며 협력을 추진하려 한다는 차원에서 기본적으로 동일하다고 할 수 있다.

한편 책임 대국론에 대하여 중국이 과연 책임을 질 수 있는 대국인가, 중국은 어떤 책임을 져야 하고, 질 것인가를 둘러싸고 긍정과 부정의 두 가지 견해가 있다.

먼저 중국의 책임대국론에 대한 긍정적인 입장을 살펴보자. 첫째, 중국의 부상에 대하여 미국 등 기존 선진국은 강압적 수단으로 중국의 힘의 증대를 억제하는 것은 어렵다고 보았고, 중국 역시 기존 국제정치경제 질서를 전면적으로 수정하기는 어려운 상황이다. 둘째, 기존 패권국도 국제사회에서 전통 및 비전통 안보 문제를 해결하기 위해서는 중국의 협력이 필요하다. 셋째, 중국의 전략 의도가 모호하고 중국 이데올로기 및 권력 운용 방식에는 서방 선진국과 차이가 있기 때문에, 중국에 현존 국제 질서의 "책임", "명예", "지위" 등을 부가함으로써 중국의 수정주의적 행태를 억제하려는 것이다. 요컨대 중국의 경성 권력 및 연성 권력의 전면적 부상과 더불어 중국이 가진 의도의 불확실성 때문에 미국은 중국을 자기 편으로 끌어당기는 한편 연성적 균형을 꾀한다고 볼 수 있다.

부정적인 입장은 다음과 같다. 미국이라는 패권국과 함께 국제 이슈를 해결하는 것은 다른 발전도상국의 불만 및 불안을 초래해서 중국과 개도국 간 관계를 악화시킬 수도 있다는 의견이다. 즉 과거 중국은 국제 이슈를 회피하는 방식을 통해 북핵 문제를 해결하려 했는데, 책임 대국의

82 孔寒冰, "負責任大國要內外兼修," http://www.people.com.cn/GB/paper68/10270/939009.html(검색일: 2014년 8월 24일).

역할을 자임하게 되면 더 이상 도피할 수 없다는 것이다. 다른 국가에 대한 개입 정책은 타국의 반감을 초래하기 마련이라는 점에서도 우려를 낳는다. 결국 미국의 목적은 중국을 띄워 주어 자아도취에 빠지게 함으로써 장래를 망치려는 것일 수 있다는 것이다.[83]

이러한 논의에 따르면 중국은 책임에 대해 객관적으로 평가해야 한다. 책임의 근본적 목표는 국제 및 지역의 안정에 있으며 중국의 책임은 우선 지역적 책임에 있다.[84] 중국은 국제 이슈에 대한 국제사회의 일반적 판단 및 요구, 사건의 시비곡직 및 긴박성에 따라 적절한 개입정책을 실시해야 한다.[85]

책임지는 대국론이 제기된 후 미중 양국은 전략대화 및 전략경제대화를 개최하면서 포괄적인 세계 문제를 논의하였고, 이를 통해 중국은 대국 협력의 기제 안에 들어오게 되었다.[86] 책임지는 대국론은 중국 국력의 증대를 설명하지만 중국의 시각에서 보면 이러한 책임은 다른 나라가 중국에 가한 것이 아니고 중국 스스로 자국의 국력 및 국정에 의해 분담한 국제적 도의 및 사명이다.[87] 예컨대, 『2008년 중국국제지위보고』는 중국의 국제지위가 높아질수록 책임이 증가한다고 설명한다.[88]

---

83 黃靖, "西方不斷傳來嘆服之聲 警惕有人捧殺中國," 《環球時報》, 2006년 2월 9일.

84 肖歡榮, "中國的大國責任與地區主義戰略," 『世界經濟與政治』, 2003年第1期.

85 劉鳴, "中國國際責任論評析," 『毛澤東鄧小平理論硏究』, 2008年1期, p. 11.

86 Daniel Drezner, "The New World Order," *Foreign Affairs,* March/April, 2007.

87 孫哲, "向世界說明中國的責任－讀2008中國國際地位報告有感," 『世界經濟硏究』, 2008年第10期.

88 張幼文,黃仁偉, 『2008中國國際地位報告』, 上海遠東出版社, 2008.

그러나 중국의 책임지는 대국 정체성의 수립은 어려운 과정을 겪었다. 내부 원인으로는 중국이 냉전시기 오랫동안 수정주의 국가였기 때문에 미국의 국제질서에 편입되려 하지 않았다는 점을 들 수 있다. 외부적 원인으로는 미국 내에서 중국위협론이 대두되었다는 것이다. 이러한 대내외적 어려움을 완화하기 위해 중국은 첫째, 각국과 협력동반자 관계를 맺으면서 국제적인 인정을 받았다. 둘째, 국제 이슈에 적극적으로 참여하면서 대국의 책임을 분담하였다. 예를 들어 동아시아 외환위기 당시 중국은 애초에 WTO에 가입하지 않았고 세계 금융시장 진출이 제한적이었기 때문에 외환위기의 영향을 크게 받지 않았으며 위안화를 절하하지 않음으로써 경제회복에 일익을 담당하였다. 동시에 태국에 40억 달러를 원조해 주고 동남아 국가들에 무이자대출을 해 줌으로써 동남아 국가들이 외환위기를 극복하는 데 적극적으로 도움을 주었다. 이를 계기로 중국의 역할 정체성에 대해 "책임지는 대국"(負責任的大国)이라는 평가도 힘을 얻기 시작하였다.

3. 경제이익과 정치이익 병행

1) 경제이익과 정치이익 동시 중시

책임대국론이 등장한 후 중국은 국가이익을 새로 평가하게 되었다. 정치이익에 경제이익을 더한 복합적 국가이익이 등장하였다. 안보이익 역시 중요하지만 경제이익과 정치이익보다 긴박성이 떨어지기 때문에 중요시하지 않았다.

우선, 이 시기에 중국이 안보이익을 중요시하지 않은 이유를 살펴보겠다. 2차 북핵위기 때 중국의 주변 안보 국면은 1990년대 초반에 일어났던 1차 북핵위기보다 더 좋아졌다. 미국은 반테러 및 이라크전 때문에 중동의 소용돌이에 빠지게 되었다. 이를 두고 중국은 미국이 연관된 안보문제에 대한 걱정 없이 10년 동안 발전할 수 있는 기회가 온 것으로 판단하였다. 중한관계 역시 안정적이었다. 고구려 역사 사건 및 무역 분쟁 등과 같은 작은 물결은 중한관계의 긍정적 추세에 영향을 미치지 못하였다. 중일관계는 2001년 냉각되었지만 후진타오 정부 등장 이후 2002년 중국의 "대(对)일 신사고"[89] 및 2005년 동아시아지역주의의[90] 바람 때문에 대체로 양호 태세였다. 미국의 동아시아 개입 감소 및 한중일 삼국의 동아시아 지역주의로 인해 안보환경이 중국의 경제발전을 저해할 수 있다는 우려는 줄어들었다. 즉, 중미관계와 주변 안보환경이 비교적 안정되었기 때문에 당시 안보이익은 가장 중요한 국가이익 요소가 아니었다.

반면에 경제이익과 정치이익에 대한 추구는 시급한 과제가 되었다. 특히 경제발전은 중국공산당 권위주의 통치의 정당성과 관련된 문제였기 때문에 중요시할 수밖에 없었다. 경제이익의 중요성은 다음 세 가지 측면으로 볼 수 있다.

첫째, 중국은 빠른 속도의 경제 성장을 추구하였다. 중국은 2000년

89 馬立誠, "對日關系新思維——中日民間之憂," 『戰略與管理』, 2002年第6期.

90 王毅, "亞洲區域合作與中日關系," 『外交學院學報』, 2005年第1期.

부터 매년 GDP가 10%씩 성장하면서 2000년 11,983억 달러였던 GDP는 북한이 1차 핵실험을 강행한 2006년에는 26,801억 달러에 달했다. 2000년 및 2006년 미국의 GDP 규모는 각각 98,170억 달러 및 133,989억 달러, 일본은 각각 46,674 및 43,625억 달러였다. 중국의 GDP 변화상을 살펴보면 급속한 성장 추세를 보이는 가운데 경제 규모는 일본이나 미국보다 작다는 것을 알 수 있다. 같은 맥락에서, 중국은 1999년 11월 미국과 WTO 가입 관련 합의를 성사시키고 2001년 마침내 WTO에 가입국이 되었다.

둘째, 중국은 경제성장을 통해 국내 정치 및 사회 문제를 해결하고자 하였다. 중국공산당 15차 당대회 이전까지 진행해 온 경제체제 개혁으로 말미암아 비대칭적 경제성장과 분배의 불량이라는 결과를 가져왔다. 중국 내 사회계층 간 빈부 격차 확대, 지역 간 빈부 격차 확대, 경제 중심주의 확산이라는 삼중고는 1990년대 중반부터 더욱 심각한 문제로 대두되었다. 당시 중국의 지니계수(Gini Coefficient)는 2003년의 0.479, 2004년 0.473, 2005년 0.485, 2006년 0.487, 2007년 0.484, 2008년 0.491까지 계속 증가하였다.[91] 지니계수의 지속적인 성장은 중국 도시와 농촌, 사회계층 수입의 불균형이 심각한 상황을 가져왔다. 더 심각한 문제는 1990년대 중후반부터 중국의 국유기업(国有企業) 및 집체기업(集体企業)의 취직자 수가 대폭 하락하였다. 1978년부터 1995년까지 취업률이 꾸준히 상승하였으며 4560만 명 누적 증가하였다. 그러나 2004년 국유기업의 직원 수는

91 人民網, "國家統計局首次公布2003至2012年中國基尼系數," http://politics.people.com.cn/n/2013/0118/c1001-20253603.html(검색일: 2014년 8월 23일).

1995년보다 3908만 명이 감소하고, 집체기업도 2698만 명이 줄어들었다. 국유기업 및 집체기업 취직자 수를 합치면 6606만 명, 47.5% 감소하였다.[92] 일부 전문가들이 지적하듯이 1990년대 초까지 중국의 경제개혁이 윈윈게임(win—win game)라고 하면 1990년대 중반 이후 중국의 경제개혁은 제로섬게임(zero—sum game)이라고 할 수 있었다.[93] 공동부유(共同富裕)를 지향하는 사회주의 중국은 결국 자본주의보다 더 심각한 경제 격차 수준을 가져왔다.[94]

이러한 문제는 중국 경제개혁의 문제, 특히 지역, 성향(도시와 농촌), 계층 간 불균형한 경제성장과 비합리적 배분 때문이었다. 즉 1990년대 중반부터의 경제개혁으로 극소수자는 이익을 얻은 반면 대다수의 국민은 그 희생양이 되어버렸다. 덩샤오핑이 제기하는 "선부론(先富論)"은 수단이지 목적이 아니었다. 그러나 1990년 들어 중국의 개혁은 효율 우선, 공평 부재의 결과를 나타냈다. 국가 발전의 목적으로 비춰보면 경제중심주의 및 효율 우선주의를 기계적으로 준수한 결과이다. 국가는 단기간 내에 수천만 명의 국유 및 집체 기업의 점원을 고용하여 기업의 효율을 향상시켰지만 이후 국가로부터 버림받은 도시 빈곤층이 급격히 증가하여 경제 격차 및 사회 불안을 야기할 수밖에 없었다. 2005년 중국에서 일어난 군체

92 國家統計局,『中國統計摘要 2005』, 北京 : 中國統計出版社, 2005, p. 44.

93 王紹光·嶽經綸, "從經濟政策到社會政策: 中國公共政策格局的歷史性轉變,"『中國公共政策評論』, 2007年第1期.

94 지니계수만 비교해보면 중국이 1998년 0.386, 미국이 0.393이었다. 1999년부터 중국의 지니계수는 미국을 초월해 2008년까지 꾸준히 증가하였다. 上海統計, "中國與美國1978—1999年居民個人收入的基尼系數比較," http://www.stats—sh.gov.cn/xwdt/201103/94950.html(검색일: 2014년 8월 23일) 참고.

성사건(群体性事件, 집단소요사건)은 8만7000건에 달하였다. 한 중국 전문가는 매일 약 500건이 발생하는 것으로 추정하였다.[95] 군체성사건의 유형은 그 목적에 따라 권리보호(維權), 분풀이를 하는 것(泄憤) 그리고 소란(騷乱)이라는 세 가지로 나눠볼 수 있다.[96] 세 유형의 성격은 서로 다르지만 그 근본적인 원인은 사회 경제 배분을 합리화시키지 못한 정부의 과실로 볼 수 있다.

중국은 개혁개방 이후 괄목할 만한 발전을 이루었지만 복합적인 위기가 닥치면서 사면초가의 위기에 처하고 있었다. 중국은 경제 성장의 속도보다 경제 성장의 방식, 분배의 합리성 및 공정성 등 정치·사회 영역의 문제를 해결해야 한다는 새로운 사회적 도전을 맞닥뜨리게 되었다. 이 도전을 해결할 방법은 분배체제의 합리적 개혁과 지속적 경제성장뿐이다. 따라서 경제이익에 대한 추구와 함께 경제체제 및 분배제도에 대한 개혁을 달성하는 것 역시 중요한 국가이익이 되었다.

한편, 정치이익은 주권, 인권 및 국가위상이라는 세 가지 주요 영역을 포함하고 있다. 이 중 주권과 인권 영역의 정치이익은 특히 미국으로부터 타격을 받은 반면, 국가위상 영역의 정치이익은 비교적 성공적으로 성취되었다.

즉, 미국이 티베트 문제와 대만 문제에 개입하였는데, 이는 중국 입장에서는 미국이 중국 주권에 개입한 것으로 간주되었다. 2001년 5월 23

95 조영남,『중국의 꿈』, 2013, p. 197.

96 于建嶸, "當前我國群體性事件的主要類型及其基本特征, "『中國政法大學學報』, 2009年第6期, pp. 118−124.

일 부시 대통령은 백악관에서 달라이 라마를 회견하였고 2003년 9월, 2005년 11월 그리고 2007년 10월 달라이에게 의회 명예 훈장(Congressional Gold Medal)을 수여해 티베트 문제에 개입했다. 또한 미국은 대만에 무기를 판매하는 것 외에도 중국 내 인권 문제를 제기하였는데 중국은 이 역시 중국의 주권을 훼손한다고 주장하였다.[97] 그 외에도 무역문제, 환경문제 심지어 군사투명도 등도 국제협력의 심화와 신간섭주의의 등장에 의해 주권 문제가 되었다.

그런데 중국은 이 시기에 스스로를 개발도상국이 아닌 책임지는 대국으로 정체성을 규정함으로써 국가 이미지 제고를 꾀하였다. 예컨대, 1997년의 아시아 외환위기 때 중국이 위안화를 절하하지 않겠다는 약속, 위기를 극복하기 위해 1997년 영국으로부터 반환된 홍콩을 강력히 경제 부양한 것, 태국에 40억 달러 규모의 경제 지원을 한 것, 동남아 국가들에게 무상대출을 해준 것은 중국이 경제 수단을 이용하여 이러한 목적을 달성한 것이라 볼 수 있다. 중국은 이렇게 아시아 외환위기 때 책임지는 대국의 면모를 발휘하였으며, 2차 북핵위기 때 중국이 개입한 배경 역시 이러한 맥락에서 이해할 수 있다.

정리하자면, 이 시기 국가이익은 지속적 경제 성장과 국가위상 제고를 동시에 추구하는 복합적 모습을 띠었다.

97 "中美關系：人權問題是關鍵," 求是理論網, http://www.qstheory.cn/gj/gjsspl/201202/t20120220_139743.htm(검색일: 2014년 9월 2일).

2) 복합적 국가이익과 책임외교

제1차 북핵위기에서 중국은 발전도상국으로 '도광양회 유소작위'라는 외교정책의 기본방침을 계속 준수했으나 유소작위보다 미국과 협력하려는 도광양회의 경향을 보였다. 1990년대 중후반 중국은 동아시아 금융위기를 겪으면서 책임대국론의 등장과 함께 중미협력, 중국의 책임외교를 모색하는 모습을 보였다. 예컨대 중국 『정부업무보고』(政府工作報告)에서 중국 외교 관계에 대한 언급을 살펴보면 과거 "제3세계국가 및 발전도상국 관계"에서 16차 당대회(2002년 11월 8일) 이후 "선진국 및 대국과의 관계"로 용어가 바뀌었다.[98] 다시 말해, 미국과의 협력으로 자국의 책임을 발휘하려는 것을 보여주었다.

책임지는 대국은 중국 국내 발전에 주목할 뿐만 아니라 국제 현안 해결 및 국제사회의 평화를 위한 의지와 능력을 갖추어야 한다. 여기에는 두 가지 의미가 있다. 하나는 중국이 기존 세계 질서를 준수하고 도전하지 말아야 한다는 것이다. 소련 해체 이후 선진국과 이데올로기 측면에서 차이를 지닌 사회주의 대국은 중국뿐이다. 1990년대에는 중국위협론이 등장하고 중국에 대한 경계심이 나타났다. 이에 대해 책임지는 대국이라는 수사는 미국 등 선진국에 유리한 세계질서를 유지시키고 중국을 경계하고자 하는 의도를 반영한다. 다른 하나는 전술한 바와 같이 중국이 미

98 『정부업무보고』는 매년 3월에 중국 총리가 지난해 정부가 진행했던 정치 경제 문화 등 영역 사업에 대한 보고서이다. 1954-2012년 사이 『정부업무보고』 전문은 중국 정부공식 사이트 참고. http://www.gov.cn/test/2006-02/16/content_200719.htm(검색일: 2014년 2월 12일).

국에 편승하고 미국이 주도한 기존 국제질서에 도전하지 않으면서 중국위협론 및 미국의 경계심을 완화시키려는 의미이다. 책임지는 대국으로서의 중국이 대외정책에 있어 유소작위(有所作為)의 자세를 보여주는 것은 바로 제2차 북핵위기 시 중국이 미국과 협력하여 대북 개입 정책을 취한 것과 맥락이 상통한다.

제3장 제한적 개입 정책(退而結網)

1차 북핵위기 때 중국의 수수방관정책으로 인해 북한의 핵능력이 한층 더 강화하였기 때문에 미국은 핵 이슈를 이용해 한반도의 긴장을 조성하였다. 또한 북미 양자의 접촉을 통해 합의가 달성된 경우(예컨대 제네바합의) 중국은 한반도에서 소외감을 느낄 수밖에 없었다. 2차 북핵위기 때 중국은 한반도 문제 및 북핵 문제의 책임을 분담하여 한반도에서 중국의 영향력 제고를 꾀하는 한편 국제사회에서 책임을 지는 국가 이미지를 만들고자 하였다. 중국 고서『한서』(漢書)에는 "임연선어 불여 퇴이결망(臨淵羨魚不如退而結網)"이라는 말이 있다. "못에 가서 고기를 부러워하는 것이, 물러나 그물을 만드는 것만 같지 못하다"의 뜻이다. 이 말은 소원이 있으나 행위를 취하지 않으면 아무 의미가 없다는 뜻을 비유한다. 그렇다면 기존의 북핵에 대한 불개입정책에서 개입정책으로 선회하는 데에는 어떠한 담론이 영향을 끼쳤는가? 또한 이 담론은 어떤 의미를 담고 있는가? 이번 장에서는 이 두 가지 문제를 살펴보기로 한다.

1. 2차 북핵위기 때 중국의 대북 인식

2차 북핵위기 때에는 중국 내에서 책임을 지는 대국의 담론이 지배적인 시기였다. 책임을 진다는 것은 영향력을 확대하기 위해 과거 책임을 회피하는 무책임한 행위를 수정하는 것을 의미한다. 주지하듯이 동아시아 지역 특히 한반도는 중국이 미국의 정책에 영향을 미칠만한 역량을 지닌 유일한 지역이다.[99] 한국에서는 한미 동맹관계 때문에 중국의 영향력이 제한적일 수밖에 없었다. 핵위기를 조성하고 있는 북한은 중국 영향력 행사의 대상이자 중미 게임의 유일한 국가가 되었다. 따라서 중국이 이 시기에 북한과 냉각 관계가 지속하게 되면 중국의 대북 혹은 지역적 영향력을 확대하기 어려웠다. 이에 중국은 냉각적 북중관계를 개선하기 위해 대북 인식을 변화시켜 새롭게 북중관계를 규정하였다.

1) 북중관계의 회복

중국은 북한과 우호관계를 복원시키려고 하였다. 우선, 중국은 북한

99 Gerald Segal, "Does China Matter?" *Foreign Affairs,* 1999, pp. 24–36.

식 사회주의에 대한 지지 의사를 표명하고 개혁개방을 강요할 생각이 없음을 강조하였다. 1996년 중국은 1992년에 철폐하였던 "우호가격"을 다시 회복하고 북한에 파격 지원을 할 것을 비밀리에 약속한다고 밝혔다.[100] 1999년 6월 김영남 북한 최고인민회의 상임위원장의 방중을 계기로 북중 고위급 호방 관계가 회복되었고 중국은 북한에 15만 톤의 식량과 40만 톤의 코크스를 무상 지원하였다.[101]

반면에 북한은 경제개혁을 시도하기 시작하였다. 2000년 5월 김정일 위원장이 처음으로 중국을 방문했을 때 중국은 양국의 각기 다른 사회주의 발전방식을 존중한다고 강조하였다.[102] 2001년 1월 김정일 위원장의 방중 때 중국 개혁개방의 선두–상하이를 방문하였고 권위주의 체제와 개혁개방 및 경제성장 공존하는 중국의 사례를 보았다. 김정일 위원장은 이를 두고 "중국공산당의 정확한 영도 밑에 커다란 성과"로[103] 평가하기도 하였다.

또한, 1998년부터 북한 경제는 플러스 성장을 회복하여 개혁과 개방의 과제를 추진하였고 2002년 7월 1일 '7·1경제관리개선조치'를 발표하게 되었다. 이로써 실리를 추구하는 경제정책이 시작되었다. 7·1조치는 공식적, 표면적으로는 사회주의 계획경제시스템의 정상화를 위한 것이라고 간주되었지만, 실질적 내용에 있어서는 시장경제로의 이행을 향한 여러

100 《매일경제》, 1996년 7월 19일; 《한겨레》, 1996년 7월 19일.
101 《조선중앙통신》, 1999년 6월 7일.
102 《人民日報》, 2000년 6월 2일.
103 『조선중앙년감』, 2002, p. 218.

가지 요소를 동시에 내포하고 있었던 것으로 평가할 수 있다.[104]

〈표 4-1〉 7·1조치 이전과 이후의 북한 경제 시스템의 변화 구분

구분	7·1조치 이전	7·1조치 이후	현황 및 부작용
계획	중앙정부: 세부 계획을 지시 계획의 일원화-세부화 유지	중앙정부: 중요 지표만 제시 계획의 일원화만 유지	기업 자율결정 확대
재정	재분배 가능에 중점	안정화 가능에 중점 사실상 세금인 '사용료' 징수	'사용료' 확대 지방 인센티브 허용
생산	산출량 극대화	이윤 마인드 허용	경영청부 확산
가격	비용 중심 가격책정	이윤 개념을 가격에 도입	인플레이션 유발
유통	국가 독점수매와 독점공급	생산재: 물자교류시장 거래, 소비재: 종합시장 거래	사적 상업유통 출현
판매	배급소와 국영상점	국영상점망과 시장 동시 활용	종합시장 확대
노동	노동 정량에 의한 임금제 (국가가 임금 지급)	번수입에 따른 분배 (기업이 임금 지급)	인센티브 확대

(출처: 이정철, "선군경제, 시장 그리고 개혁," 장달중 편, 『현대북한학강의』, 2013, p. 166.)

2) 주변외교의 추진과 북중 16자 방침

북중 간 오해가 풀리면서 중국은 새로운 대북 '16자 방침'('전통 계승, 미래 지향, 선린 우호, 협조 강화')을 발표하게 되었다. 이는 2000년 김정일 방

104 이정철, "선군경제, 시장 그리고 개혁," 장달중 편, 『현대북한학강의』, 서울: 사회평론, 2013, p. 169.

중 및 2001년 장쩌민 북한 답방 시 특히 적극적으로 언급되었다. 한편, 1999년 중국이 베트남과 관계 개선을 위해 제기한 중-월 16자방침(장기 안정, 미래 지향, 선린 우호, 전면 합조)이 발표되었다. 두 개의 16자방침을 비교하면 중-조 16자방침은 두 가지 특징을 띄고 있다. 하나는 전통적 우호관계에 대한 강조, 다른 하나는 쌍방 협조의 강조이다. 이는 당시 김정일 방중 및 정상회담 관련 업무를 담당한 리청런(李成仁) 중련부 부부장의 회고에서도 발견된다. 그는 장쩌민이 "고층 왕래의 유지, 국제 및 지역 등 중대한 문제에 있어 소통과 합조, 양당 간의 소통과 교류, 양국 경제무역의 발전, 양국 청년의 왕래와 교류" 등 5가지 견의를 강조하였다고 밝혔다. 김정일은 1세대 혁명자들이 개척한 북중우호관계를 발전시키겠다고 천명하였다.[105]

중국이 북한과의 관계를 복원시키는 것은 중국이 추진해 온 지역 전략의 일환으로 볼 수 있다. 1차 북핵위기 때에 중국은 북한과 특수관계나 국가 대 국가의 관계에서 모두 양자 관계를 추진했다. 그러나 1990년대 후반기부터 중국이 지역적 전략을 모색하기 시작하면서 변화가 감지되었다. 예컨대 1996년에는 신안보관을 제안하고, 1997년에는 15차 당대회에서 주변 국가를 중시하는 내용이 나왔다. 그리고 2002년 16차 당대회에서는 주변국과 지역 협력을 강화하는 내용을 제안하였다. 중국의 지역 전략은 세 가지가 포함되어 있는데 첫째, 중국의 주변 지역을 개별적이 아니라 전반적인 큰 구도 하에서 접근하고, 둘째로 중국의 발전과 부상이라는

105 李成仁, "深化睦鄰友好 促進全面合作——中越, 中朝, 中老關系三个16字方針的產生和發展," 『当代世界』, 2010年第10期, pp. 25-29.

큰 배경 하에서 주변 지역에 대한 접근을 고려하며, 그리고 마지막으로 이 지역의 통합 및 단결에 유리한 환경을 조성하는 것이다.[106] 이러한 배경 하에 북한은 지역의 평화 및 안정, 지역의 통합에 중요한 국가로 평가할 수밖에 없었다.

2. 2차 북핵위기에 대한 중국의 인식

2차 북핵위기를 통해 중국은 북핵에 대해 새롭게 평가하게 되었다. 1차 핵위기보다 북한의 북미대립이 심화되었고 북한 핵능력이 향상되었다고 판단한 것이다.

1) 미국의 이중 기준과 북미대립의 심화

북핵문제를 둘러싼 국제환경은 변화하였다. 1998년 5월 인도 및 파키스탄은 잇따라 핵실험을 하였으나 유엔 안보리는 이들이 포괄적핵실험금지조약(CTBT: Comprehensive Test Ban Treaty)에 가입하는 것만 요구하고 NPT에 가입하지 않은 인도 및 파키스탄에 대한 추가 제재를 가하지 않

106 장원링, "중국의 대전략과 아시아 지역주의," 문정인 지음, 『중국의 내일을 묻다』, 2010, pp. 200-201.

았다. 반면 이라크의 사담 후세인은 IAEA 조사에 계속 응하였으나 대량살상무기(WMD: Weapons of Mass Destruction)를 가졌다는 주장이 제기되어 이라크 전쟁이 발발했다. 미국이 이렇게 국제 핵문제에서 이중 기준을 적용하자 북한의 핵보유 결심을 자극할 수밖에 없었다.

이에 따라 북미 대립이 심화되었다. 클린턴 행정부보다 부시 행정부는 '불량 정권'인 북한 체제 붕괴와 핵문제 해결을 연결시켜 고려하였다. 9·11 이후 '테러와의 전쟁' 여론으로 인해 미국 내 강경파의 주장은 더욱 강화되었고 북한의 국가생존에 대한 위기감은 고조될 수밖에 없는 상황에 놓이자 결국 대미 억제력으로 핵보유 노력을 가속화하였다. 2002년 10월 25일 외무성 담화에서 북한은 "우리는 핵 프로그램을 가지게 되어 있다. 이보다 더 강력한 무기도 갖고 있다"고 강경한 입장을 표명하였다. 미국의 위협과 북한의 반박이 갈수록 심화하기 때문에 양국이 계속 대립할 수밖에 없었다.

2) 북한 핵능력의 향상과 지역 안보의 악화

2차 북핵위기는 1차 북핵위기와 연속성이 있지만 차이도 존재한다. 첫째, 북한의 핵능력이 향상되었다. 1차 북핵위기 때 미국은 북한이 1–2개의 핵탄두를 제조할 수 있다고 판단하였다. 그러나 2차 북핵위기를 겪고 나서 2006년 북한은 1차 핵실험을 실시하였다. 1차 핵실험 이후 미국은 북한이 8개 핵탄두를 보유하는 것으로 판단하였다. 결국, 북한은 사실상의 핵보유를 통해 핵능력을 향상시켰다.

둘째, 활발한 북한 핵외교와 지역 안보의 악화이다. 제1차 북핵위기 때 북한은 NPT를 탈퇴하겠다는 성명을 낸 후 북미 간 양자 협상을 통해 다시 NPT에 복귀하였다. 그러나 제2차 핵위기에서 북한은 NPT 탈퇴를 선언하자 미국이 양자 회담을 거부하면서 결과적으로 북한의 NPT 탈퇴는 기정사실화되었다. NPT조약의 제10조에 의해 "모든 체결국은 본 조약상의 문제에 관련되는 비상사태가 자국의 지대한 이익을 위태롭게 하고 있을 때는 본 조약으로부터 탈퇴할 수 있다"며 "탈퇴할 경우 3개월 전에 모든 조약 체결국과 UN 안전보장이사회에 통보해야 한다."[107] 이 때문에 북한의 NPT 탈퇴는 첫째, 자국의 국가 주권을 행사하는 것이다. 둘째, 북한 입장에서 보면 자국의 국가 이익에 위태로운 미국의 위협이 심화되어 NPT에서 탈퇴하는 것이 합리적인 선택이었다. 셋째, 2003년 북한은 NPT에 탈퇴를 선언한 후 2006년에는 1차 핵실험을 실시하기 때문에 NPT조약은 핵실험을 제한하지 못했다. 따라서 NPT조약은 등장한 지 30년 만에 첫 탈퇴국이 발생하였으며 국제사회는 이에 대해 놀라운 반응을 보였지만 북한의 NPT 탈퇴는 불법이 아니었다. 북한의 능숙한 핵외교는 핵보유와 같이 동아시아 지역 안보에 영향을 미치지 않을 수 없었을 것이다.

북한 핵능력이 증가함에 따라 북핵문제는 더 이상 북미 양자 간의 문제가 아니라 지역 평화문제로 간주되었다. 동아시아 지역에서는 한국과 일본이 북한의 핵위협에 대응하여 미국과 동맹관계를 유지하면서 각자의 군사력을 향상시켰다.

107 NPT조약의 내용은 http://www.un.org/disarmament/WMD/Nuclear/NPTtext.shtml 참고.

북한의 핵무기는 중국에 발사하려는 목적을 가진 것은 아니지만 중국과 북한은 뗄 수 없는 밀접한 역사 및 지리적 관계를 맺고 있기 때문에 핵으로 인한 군사 충돌이 중국에 영향을 미치기 마련이다. 김경일이 중국과 한반도 관계사를 세 가지 측면에서 논의한 것처럼 양국은 "일의대수(一衣帶水, 두 나라는 강 하나를 사이에 둔 인접국이다), 보거상의(輔車相依, 아래턱뼈와 털의 관계처럼 서로 의존한다), 순망치한(唇亡齒寒, 입술이 없으면 이가 시리다)"의 관계이다.[108] 샴보도 한반도는 중국에게 라틴아메리카가 미국에게, 중앙아시아가 러시아에게만큼 중요하다고[109] 지적하였다. 이러한 주장은 긍정적 측면에서 북한이 중국에 지니는 중요성을 강조하였으나, 실제로 핵위기가 발생한다면 중국에게는 이러한 여건이 부정적 영향을 미칠 가능성이 높다. 따라서 2차 북핵위기 특히 2006년 1차 핵실험 이후 중국은 북핵문제는 더 이상 북미 양자문제일 뿐만 아니라 지역 평화의 문제로 여기게 되었다.

3. 제한적 개입과 영향력의 상실

2000년대 중반까지 중국 국내에서 책임지는 대국의 정체성의 분위

108 金景一, "淺論中國與朝鮮半島關系史的三個層面," 『東疆學刊』, 2002第2期.

109 Shambaugh, David, "China and the Korean peninsula: Playing for the long term," *The Washington Quarterly,* Vol. 26 No. 2, 2003, pp. 43–56.

기가 확산되었으며 책임지는 대국으로서 중국의 책임을 개입 여부(방관 혹은 개입), 개입의 역할(연미 혹은 연북 혹은 중재자) 두 가지 차원에서 보여주었다. 결과적으로 중국은 중재자로서 북핵 문제에 제한적으로 개입하였지만 이러한 개입으로 인해 대북 영향력을 상실하게 되었다.

1) 개입론의 재등장

2차 북핵위기를 두고 당시 중국 내부에서는 중국의 대북정책이 방관과 개입 중 어느 노선을 취할 것인지 의견이 분분하였다.

먼저, 중국은 1차 북핵위기 때처럼 간섭하지 말아야 한다는 의견이 있었다. 그들의 근거는 첫째, 미국이 결자해지의 자세를 가져야 한다는 것이었다. 북핵문제의 근원은 미국의 대북 강압으로 인한 것이며 미국이 열쇠를 쥐고 있다. 따라서 중국이 아무리 외교적으로 노력해도 북핵 현안을 해결하지 못할 것이다. 둘째, 9·11 이후 미국의 전략 중심이 극동지역으로 향하였기 때문에 중국은 20년 동안의 전략적 기회기(戰略機遇期)를 경험할 것으로 16차 당대회(2002년 11월 8–14일 베이징에서 개최)에서 판단한다. 중국은 20년의 전략적 기회기를 이용해서 경제건설 및 대만문제에 초점을 맞춰 샤오캉사회(小康社会)[110]를 실현해야 한다. 북핵문제는 중국의 안보에 영향을 끼치지만, 중국이 많은 외교적 노력으로 적극 개입하는 것은

110 샤오캉(小康)은 원래『예기·예운』에서 나오는 대동사회(중국의 유토피아)의 전 단계이다. 샤오캉 사회는 사유제를 기초하여 신분과 질서에 의해 개인은 사회에서 적

중국 경제발전에 불리하다.[111] 셋째, 중국 경제 중심의 남부 이동 및 현대전쟁 기술 및 무기의 발전, 전쟁 형태의 다양화 등으로 인해 중국이 북한으로부터 취할 수 있는 지정학적 이익은 감소하고 있다. 청일전쟁 및 제2차 세계대전 때처럼 일본이나 다른 나라가 북한을 정복하고 중국 침략의 발판으로 삼는 것은 재현될 수 없다.[112] 넷째, 탈냉전 이후 북한의 대외관계는 미국을 중심으로 전개하되 중국은 계속 무시당하고 있다. 중국의 대북 개입은 북한에게 매우 민감한 사항이다. 예컨대 북한이 제안한 남북미 3자 회담은 바로 중국의 영향을 제거하기 위한 것이다.[113] 한반도 평화로 인한 중국의 대북 개입은 북한의 반감 및 불만을 초래할 수 있으니 결국은 북중관계에 손해를 줄 수 있다. 중국은 북핵문제에 계속 개입하지 말아야 한다는 주장은 1차 북핵위기 때 보았던 중국의 북핵에 대한 인식과 연속성을 지닌다.

반면에 북핵문제는 단순한 북미 양자의 문제만이 아니며 중국도 여러 가지 의무가 있다는 책임론도 있었다. 첫째, 중국은 조약을 준수하고 전쟁을 방지할 책임이 있다. 북중동맹조약 때문에 북한에 전쟁이나 혼란

당한 자리를 차지하고 참름실즉지예절(재산이 풍족하고서야 비로소 예절을 알아차린다)의 사회정치경제 질서이다. 개혁기 들어 덩샤오핑은 샤오캉 사회를 제기하고 2002년 16차 당대회에서 2020년까지 전면적 샤오캉 사회를 건설하는 목표로 삼고 있다. 2020년까지 일 인당 GDP 수준이 6000불에 달하고 중등 선진국이 되는 것이다.

111 Wang, Yi Wei. "Special Issue on From Division Toward Peaceful Unification in Korea: Articles; Chinas Role in Dealing with the North Korean Nuclear Issue," *Korea Observer*, Vol. 36 No. 3, 2005.

112 王俊生,『朝核問題與中國角色 多元背景下的共同管理』, 2012, p. 39.

113 沈國放·張璉瑰·于美華 외, "替換朝鮮半島停戰協議： 三方還是四方,"『世界知識』, 2007年21期.

이 생기면 중국은 독선가가 될 수 있다. 북중동맹조약은 1961년 7월 맺은 후 두 차례 연장하여 유효기간은 2021년까지이다. 북중조약의 제2조는 "체약 쌍방은 체약 쌍방 중 어느 일방에 대한 어떠한 국가로부터의 침략이라도 이를 방지하기 위하여 모든 조치를 공동으로 취할 의무를 지닌다. 체약 일방이 어떠한 한 개 국가 또는 몇 개 국가들의 연합으로부터 무력 침공을 당함으로써 전쟁상태에 처하게 되는 경우에 체약 상대방은 모든 힘을 다하여 지체 없이 군사적 및 기타 원조를 제공한다."[114] 이 조항은 쌍방이 타국의 침략을 받을 경우 자동 군사개입을 하는 것으로 해석된다. 2차 북핵위기 때 부시 행정부는 북한을 "악의 축(axis of evil)"으로 보았기 때문에 이라크전쟁처럼 북한에 대한 선제공격을 개시할 수도 있다는 가능성을 배제하기 어려웠다.[115] 만약 전쟁이 일어난다면 북중동맹조약에 따라 중국은 참전해야 하며 미국과 직접 대결하는 상상할 수 없는 비극이 일어날 수 있다. 설령 중국은 참전하지 않더라도 북한에 대한 영향력을 상실하거나 미국의 전략적 압박이 주는 위험성을 감당하지 못할 것이다. 따라서 중국은 북미 양자 사이에 끼어 전쟁의 위험성을 차단해야 했고, 그 결과 2차 북핵위기 때 방관과 개입이라는 두 정책 사이 선택의 논쟁에서 중국은 결국 책임을 지는 대국으로 북핵에 개입하여 자국의 책임성을 드러내기로 결정했다.

한편, 중국은 북핵 개입 가능성과 효과를 긍정적으로 전망하였다. 중국은 남북한 및 미국과 모두 우호적 관계를 유지하고 있기 때문에 북미

114 중국 외교부당안(外交部檔案) 114－00206－01호.
115 인터뷰, 2011년 7월, 북경; 2012년 11월, 서울.

및 남북 간의 소통에 적극적으로 힘을 발휘할 수 있다는 것이다. 1992년 한중수교 이후 중국은 러시아와 함께 남북한과 모두 국교관계를 보유한 국가가 되었다. 2000년 김정일의 방중으로 북중관계를 회복하고 2002년에는 한중수교 10년에 이를 만큼 중국은 남북한과 모두 양호 국가관계를 유지하고 있었다. 이와 동시에 장쩌민 주석과 부시 대통령은 2001년 10월부터 2002년 10월까지 1년 3차례의 회담을 하였고, 1990년대부터 2002년까지 미중 무역액은 매년 18%의 속도로 증가하였으며[116], 2002년 10월 FBI 베이징에서 대표처를 설립하여 반테러에서 밀접한 교류와 협력을 하고 있고[117] 중미 양국의 반테러 협력은 양국의 구조적 모순을 잠시 감추었다.[118]

북핵문제를 둘러싼 당사자 3개국과 긴밀한 관계를 유지하는 중국은 1차 북핵위기 때와는 달리 중국의 북핵문제 영향력이 적지 않다고 보았다. 중국이 북핵문제에 개입하면 세 가지 효과를 거둘 수 있을 것으로 생각되었다. 첫 번째 효과는 북핵이 아닌 북핵위기에 개입하는 것은 위기 분위기 속에 있는 동북아의 긴장을 완화해줄 수 있다는 것이었다. 둘째, 북핵문제를 해결하는 과정에서 미국과 협상의 카드를 쓸 수 있다. 중국은 많은 국내 및 국제문제 해결을 위하여 미국과의 협력이 필요하였다. 그중에서 2000년대 초에 가장 걱정한 것은 대만문제이다. 2000년 5월 민진당

116 新華網, "統計顯示 : 中美建交23年兩國雙邊貿易額增長32倍," http://news.xinhuanet.com/fortune/2002-02/18/content_280539.htm(검색일: 2012년 10월 3일).

117 《環球時報》, 2002年10月28日.

118 袁鵬, "中美關系 : 新變化與新挑戰,"『現代國際關系』, 2006年第5期.

이 대만에서 집권 시작함으로써 대만 독립의 소리가 나왔다. 대미 특수관계 때문에 중국 정부는 양안관계에 있어 미국과의 협력을 더욱 의존하게 되었다고 판단한다.[119] 북핵문제로 골치 아픈 미국과 협력해줌으로써 대만 문제에 대한 미국의 양보를 꾀할 수 있다.

2) 제한적 중재자 역할

그렇다면 어떤 식으로 북핵문제에 개입해야 하는가? 즉 중국은 미국과 연합해야 하느냐, 아니면 북한과 연합해야 하느냐를 두고 양자택일의 난관에 봉착하게 되었다.

연미론을 주장하는 근거는 다음과 같다. 첫째, 중미 양국이 북핵문제에 있어 북한의 비핵화라는 공동 이익을 갖고 있는 것은 중미 협력의 기초가 될 수 있다. 지역적 접근성으로 인해 중국은 북핵의 최대 수혜자이며 핵확산에 있어 중미의 공동 이익이 있기 때문에 협력의 필연성과 가능성이 있다.[120] 둘째, 중국은 북한에 물심양면으로 지원해주지만 북한은 중국의 지원에 대해 감사하지 않고 오히려 위기를 조성하여 중국을 진퇴양난의 처지에 놓이게 한다.[121] 셋째, 북중조약을 수정함으로써 벼랑 끝 외교

119 葉自成, "中美關系十論－紀念中美1972年上海聯合公報發表30周年,"『世界經濟與政治』, 2002年5期.

120 李華·方秀玉, "外交與威懾—論中美在朝核問題中的政策取向及其限度,"『國際問題論壇』, 2007年春季號.

121 沈驥如, "維護東北亞安全的當務之急——制止朝核問題上的危險博弈,"『世界經濟與政治』, 2003年第9期; 李南周, "朝鮮的變化與中朝關系——從 "傳統友好合

전술을 통해 북한이 중국을 이용하는 것을 감소시키는 것이다. 2차 북핵위기 때 핵문제를 둘러싼 북미 간의 게임은 한반도를 전쟁의 심연 속으로 밀어 넣고 있기 때문에 중국이 북중관계를 수정하지 않으면 북한의 도발을 야기할 수 있다.[122]

연북론의 근거는 아래와 같다. 첫째, 2차 북핵위기는 미국이 제네바 합의를 준수하지 않고 북한을 "악의 축"으로 간주하였기 때문에 발생한 것이다. 미국의 대북 적대적 인식 때문에 북한의 태도는 더 강경해졌고 핵개발로 이어졌다.[123] 둘째, 중국은 미국과 구조적 모순 때문에 미국 편에 들어가면 북중관계에 악영향을 미치게 되고, 따라서 북한이 중국의 전략 완충지대로서의 역할해 온 것이 약화될 수밖에 없을 것이다. 셋째, 북한은 소련과 파키스탄으로부터 핵기술을 학습하였고 핵개발에 필요한 우라늄과 플루토늄을 보유하고 있기 때문에 핵무기의 개발은 피할 수 없다. 즉 시간이 문제지, 기술적 문제가 아니다. 기왕 북한의 핵개발이 이미 현실화되었으니 북한의 핵개발을 저지할 수 없다. 넷째, 북한의 핵개발은 미국으로부터 선제공격을 억제하고 한반도에서 전쟁의 위험을 줄일 수 있다. 중국이 약소국인 북한에게 양보하는 것은 중국 주변 전략환경의 변화를 야기하지 않지만 강국인 미국에 양보하는 것이야말로 중국 전략 회전의 여지 및 반격의 수단이 없어지기 때문에 결국은 패권국으로부터 지배당할

作關系" 到 "實利關系",『現代國際關系』, 2006年第9期.

122 沈驥如, "維護東北亞安全的當務之急——制止朝核問題上的危險博弈,"『世界經濟與政治』, 2003年第9期.

123 葉自成, "朝核之變·中國策,"《南方周末》, 2003年 7月 24日.

것이다.[124]

마지막으로 중국은 미국 편이나 북한 편을 모두 들어주지 않고 북미 양자 사이에서 독특한 영향력을 발휘하는 중재자 역할을 해야 한다고 주장한다. 중국은 북핵 문제에 대해 첫째, 동아시아의 평화 및 안정을 유지하는 책임을 지니고 북미 양자 사이의 중재자 역할을 발휘해야 한다. 북핵문제의 발생은 한반도 분단의 비극과 북미 대립의 냉전적 유산으로 형성되었기 때문에 단기간에 해결하기가 어렵다. 중국은 북미 양자 사이에서 완충지(damper)로서 한반도 정세를 더 이상 악화시키지 않으려면 어느 정도 완화하는 것이 더 현실적이고 합리적인 선택이다. 반면에 미국과 북한 양국 사이에서 양자택일해야 한다는 사고방식은 중국의 북핵정책을 딜레마에 빠지게 한다.

둘째, 중국은 유엔 법안의 준수 및 동맹국 보호라는 두 가지 책임을 조화시켜야 한다. 미국과 같이 강력히 대북제재를 실시하는 것은 북중동맹조약을 위반하는 것이며 북한이라는 완충지대를 상실할 수 있다. 더 나아가 동맹국인 북한을 버리는 것은 중국이 패권국인 미국에 굴복하고 약소국을 보호하지 못하는, 책임지지 않는 국가라는 이미지를 구축할 것이다. 북한의 핵정책을 지지하는 경우 중국은 미국 등 서방 국가뿐만 아니라 한국, 일본 등 주변국에 대항하는 국제적 고립에 놓일 수 있다. 북핵에 개입하지 않는 것은 국제적 핵군축을 지지해 온 중국의 핵정책에 상반된 것이기 때문에 국제 이미지의 악화를 초래할 것이다.

---

124 張西虎, "朝鮮半島核危機與中國的現實選擇,"『二十一世紀網絡版』, 2005年第42期.

종합하면, 2000년대 중반까지 중국 국내에서는 책임을 지는 대국으로의 정체성의 분위기가 확산되었으며 2차 북핵위기 때에는 책임지는 대국으로서 1차 위기 때와 비교하면 정책의 연속성과 변화성을 모두 보여주었다. 그러면서도 한반도 비핵화, 한반도의 안전 및 대화를 통한 한반도 문제 해결이라는 세 가지 정책은 계속 견지했다. 한편, 중국의 대북정책의 변화는 대북 개입과 개입 방식에 대한 논쟁 속에서도 중국이 책임을 다해야 한다는 방침을 고수하고 있음을 다시 확인할 수 있다.

3) 제한적 개입과 영향력의 상실

중국은 북핵 개입의 정당성을 확보한 데다 그 결과를 긍정적으로 전망하였기 때문에 기꺼이 중재자로 북핵에 개입하고 북미 양자의 소통, 한반도 평화체제, 동아시아 지역안보를 위해 노력하였다. 그러나 그 결과는 제한적 개입과 중국의 대북 영향력 상실로 귀결되었다. 6자회담 때 북한이 여타 5개국에 어떻게 응대 차이를 두는지 보도되어 주목받은 적이 있는데, 해당 보도에 따르면 북한은 미국에는 '존중', 한국에는 '감사', 일본에는 '무시', 중국에는 '거리두기', 러시아에는 '친근감'을 표한다.[125] 북한의 1차 핵실험 이후 북중관계는 악화된 반면에 북미관계는 비밀 협상을 통해

125 《연합뉴스》, "〈6자회담〉 북한의 '응대차이' 주목," http://news.naver.com/main/read.nhn?mode=LSD&mid=sec&sid1=104&oid=001&aid=0001060455(검색일: 2013년 2월 19일).

2007년 '2·13합의'를 달성할 정도로 안정적이었다. 이어서 3월에 제6차 6자회담이 개최되었고 북한 김계관 부외상이 미국을 방문하여 "중국을 견제"하고 미국과의 관계를 개선하겠다는 의지를 표명하였다.

이러한 북미 간의 합의는 중국의 입장에서 볼 때 북핵문제를 일으킨 북미 간의 갈등이 북중 간의 갈등으로 전환되는 것을 의미한다. 중국은 공식적으로 북중관계의 냉각을 언급하지 않았지만 여러 가지 소소한 사건에서부터 중국의 대북정책 기조 변화를 알 수 있다. 2006년 설립된 국무원응급관리판공실(国務院応急管理辦公室)[126]은 2007년 "조선반도에서 중국의 국제위기관리"라는 프로젝트를 공모하였다. 국무원응급관리판공실은 국내 중대한 위기의 해결 및 대응을 맡고 있으며 대외정책 및 외교영역의 중대위기에 응대하기도 한다. 이에 비춰볼 때 중국은 1차 핵실험 이후 대북정책을 스스로 반성하는 분위기를 드러냈다. 이러한 학습 효과는 추후 북한이 제2차 핵실험을 강행할 때 중국의 대응을 달라지게 하는 주요 원인을 제공하였다. 즉 중국은 미국이 주도적으로 나서서 북핵문제를 해결할 의지를 보이지 않는다면 스스로 책임과 비용을 증가시킬 정책을 먼저 채택하지 않겠다는 것이었다.

여기서 계속 던질 수 있는 문제는 중국이 대북 영향력을 얼마나 갖고 있느냐는 것이다. 1차 북핵위기 당시 중국은 미국의 미중 협력으로 대북 압력의 요구를 정중하게 거절하였다. 당시 중국이 제시한 이유는 자신

126 국무원응급관리판공실은 2006년 4월에 설립하여 국내의 자연재해, 성산/교통/환경 안전, 전염병/식품 안전, 사회 치안/군체성 사건 그리고 외교와 관련되는 중대 돌발성 사건 등 업무를 처리한다.

들이 평양에 대해 아무런 영향력이 없다는 것이었다.[127] 1차 북핵위기가 발발했을 때는 김일성과 중국 간 1세대 혁명적 유대감이 강하던 시기였다. 따라서 북중 1세대 지도자들이 사망했던 2차 북핵위기 때에는 중국의 대북 영향력이 약화될 수밖에 없었다. 또한 핵개발과 같은 북한의 핵심적 국가 이슈에 대한 중국의 영향력이 사실상 제한적일 수밖에 없었다.

북한이 핵실험을 하고 북중관계가 냉각된 것만 본다면 중국의 대북 개입은 실패라고 평가할 수 있다. 그러나 중국은 북핵 개입을 통해 국제적 위상, 미국과 협력 등 이익을 얻기도 하였다.

첫째, 중국이 처음에 능동적인 대북 개입을 통해 6자회담이라는 대화 메커니즘을 만든 것은 이후에도 한반도 문제 해결의 틀이 되었다.[128] 북한의 핵을 포기시킨다는 측면에서 본다면 6자회담이 성공적이라고 할 수 없지만 6자회담을 대체할 수 있는 메커니즘이 부재하기 때문에 핵위기 때마다 6자회담의 역할을 다시금 강조하는 것이다. 6자회담은 우선 미국이 무력을 통해 북핵 문제를 해결하려는 시도를 막고 평화적 대화를 통해 국제 분쟁을 풀어가는 방식을 지지한다. 이는 이라크 전쟁과 리비아의 비극을 재현하지 않으면서 동아시아 지역의 평화 및 안정에 도움이 되는 방향이다.

또한 이러한 협상을 통해 북핵 문제를 해결할 뿐만 아니라 동아시아의 역사 문제와 현안에 대한 해결을 도모할 수 있고 최종적으로 한반도

127 케네스 퀴노네스 지음, 노순옥 옮김, 『2평 빵집에서 결정된 한반도 운명』(서울: 중앙 M&B), p. 131.

128 王逸舟, 『創造性介入』, 2012, p. 70.

평화체제를 만드는 데 기여할 수 있다.[129] 한반도에서 중국의 첫 번째 이익은 한반도의 비핵화이다. 우방궈(吳邦国) 중국 전국인대 위원장은 한국 외무부장관에게 다음과 같은 세 개의 악몽을 언급하기도 하였다. 이 세 가지 악몽이란 1) 핵을 보유하는 북한, 2) 전쟁, 3) 북한 붕괴이다.[130]

둘째, 중국이 평화를 수호한다는 이미지가 수립되었다. 6자회담은 북미관계의 개선에 유리하다. 9·11 테러 사건 이후 부시 행정부는 2002년 초 북한을 3대 "악의 축"으로 규정하고 북한의 '정권교체'를 시도하였다. 이어 2003년 이라크가 대량살상무기를 보유하고 있다는 명분을 대며 전쟁을 선언한 것도 북한의 위협인식을 자극하였다. 북한은 이라크처럼 나쁜 결말로 끝나지 않기 위해서 핵무기 개발을 미국 강경정책에 대응해 자국의 생존을 보장하는 유일한 수단으로 간주한다. 6자회담은 북미 간의 대화와 접촉을 통해 이러한 긴장관계를 어느 정도 완화해줄 수 있다.

셋째, 중국의 대북 개입을 미국과의 협상카드로 사용함으로써 대만, 티베트 등 주권과 관련한 문제에 미국의 양보 및 협력을 꾀하는 것이다. 미국은 북핵문제에 대해 중국이 책임을 져야 한다고 말한다.[131] 어떤 중국 외교전문가 주장한 것처럼 중국은 핵을 갖고 있는 북한을 싫어하지만 북핵 문제가 없었다면 미국은 현재처럼 중국을 협력자라고 생각하지 않았을 것이다. 북한이 중국 카드를 던지는 것처럼 중국도 미국에 대해 북핵

129 趙成烈·崔强, "韓半島和平機制的構築與東北亞安全合作", 『當代韓國』, 2007年 第2期.

130 David M. Lampton, *Following the Leader Ruling China, from Deng Xiaoping to Xi Jinping*, University of California Press, 2014, p. 130.

131 인터뷰, 2011년 8월, 북경.

카드를 던질 필요가 있다.[132] 예컨대 2007년 대만은 유엔 가입을 위한 국민투표를 선포했는데 미국이 진수비안(陳水扁) 대만 대통령의 부정부패안을 제기함으로써 무산되었다. 이 때문에 중국은 대만문제를 둘러싸고 미국과 협상할 경우 북핵을 하나의 협상 카드로 쓸 수 있다. 어떤 고위급 외교관은 중국은 대만이라는 핵심이익을 위해 북한을 이용한다고 말했다. 중국은 미국의 대만정책이 어떠한가에 따라 미국과 북한문제를 협력할 것이다.[133] 중국은 공식적으로 북핵 카드론을 거부하지만 실제로 대만문제를 포함하여 미국과 협상할 때 북핵을 도구로 썼다. 2005년에는 외교와 관련해서 어떤 중국의 고위급 장관은 평화적 비핵화된 한반도에 있어 중국은 이미 미국과 함께 협력하려고 한다고 표명하며 "중국이 한반도에 신경을 쓰는 것만큼 미국이 대만에 신경을 쓰기를 바란다고 말했다. 양안관계가 안정적이기만 하면 우리는 북한을 포기할 것이다. 북한은 중국의 이러한 생각을 알고 있으니 현재(2009)가 핵을 가질 마지막 기회라고 생각한다"는[134] 것이다. 이렇듯 대만문제와 북핵문제는 상관이 있다.

중국은 6자회담을 통해 북핵문제를 해결하였으며, 9·19공동성명에서 제기한 동북아시아의 항구적인 평화와 안정을 구축하고자 하였고, 그뿐만 아니라 북핵 문제에서 중미협력을 이루어 쌍방의 상호신뢰감을 증가시키고 공동이익을 구축할 수 있었다. 요컨대 중국은 북핵에 개입하였으

132 인터뷰. 2011년 8월, 북경.

133 David M. Lampton, *Following the Leader Ruling China, from Deng Xiaoping to Xi Jinping*, University of California Press, 2014, p. 211, 275.

134 David M. Lampton, *Following the Leader Ruling China, from Deng Xiaoping to Xi Jinping*, University of California Press, 2014, p. 202.

나 오히려 북한에 대한 영향력을 상실했다. 하지만 6자회담을 통해 북핵 문제를 해결하는 메커니즘을 구축할 뿐만 아니라 중미협상까지 끌어내면서 책임을 지는 대국의 국제 이미지를 정착시켰다.

4. 소결: 중국식 개입주의

1990년대 후기부터 중국의 외교 방침이 변화하기 시작하였다. 1949년 사회주의 중국의 성립 이후 현재까지 중국 외교정책을 이끈 외교이론 또는 지도 방침은 두 가지가 있다. 하나는 1954년 제기된 "평화공존 5원칙", 다른 하나는 1996년 제기된 "신안보관"이다.[135] 평화공존 5원칙의 핵심은 영토보존과 주권, 상호불가침, 내정불간섭, 평등 및 상호이익, 평화공존이다. 그러나 탈냉전과 중국의 부상에 따라 중국의 국가 이익은 국내에 국한되지 않고 대외 이익과 "책임을 지는 대국"의 역할로까지 확대되었기 때문에 신안보관 이론이 제시되었다. 신안보관은 "상호신뢰"(互信), "상호이익"(互利), "평등"(平等), "협력"(協作)의 네 가지 핵심 개념으로 구성된다. 신안보관은 이름만 보면 안보가 들어가고 있지만 실제로 네 가지 핵심 개념이 의미하는 바는 모두 중국의 내정 및 이데올로기에 간섭하지 않는 경우 중국은 미국과 협력할 수 있다는 것이다. 중국이 신안보관을 제시했다는 것은 중국 외교가 과거 수동적으로 국제 문제의 현안을 해결하는 것에

135 조영남, 『21세기 중국이 가는 길』, p. 238.

서 벗어나 능동적으로 국제사회에 참여하겠다는 것을 의미하고, 동시에 중국이 국제사회에서 중요한 역할을 담당하겠다는 의지를 적극적으로 표명한 것이다.[136]

중국은 자국의 국가 정체성을 변화시키면서 북핵에 개입하기 시작하였다. 중국의 북핵 문제에 대한 접근방식은 1차 북핵위기 때 관망적이었던 것에서 2차 북핵위기 때에는 개입으로 변화한다. 1차 북핵위기 때 중국은 북핵문제는 미국과 북한의 양자 문제임을 강조하며 북미 양자 대화의 방식을 통해 해결하는 의견을 제시했다. 특히 내정불간섭의 원칙을 지키면서 북한은 주권 국가이며 북한의 미사일이나 핵무기의 개발은 중국이 간섭할 수 없는 문제라고 주장하였다.[137] 그러나 중국의 신안보관에 기초한 외교정책의 조정에 따라 중국이 국제사회에서 중요한 역할을 담당하겠다는 의지가 생겼고 주변국이 핵무기 보유국으로 인정받는다면 중국 안보에 위협이 된다는 인식이 생기면서 2차 북핵위기 때는 북핵문제에 개입하려 했다. 한편, 2차 북핵위기 발발 시 중국은 중재자로서 북핵에 제한적으로 개입하였다. 하지만 이러한 중국의 개입은 오히려 대북 영향력 상실의 결과를 가져왔다.

한편, 2007년에 들어 북한은 여러 가지 새로운 국면에 놓이게 되었다. 김정일 위원장의 건강이상설, 심각한 경제난, 국제사회에서의 고립 등 북한 체제의 안정성을 위협할 만한 요인들이 대내외적으로 작용하였다.

136 조영남, 『21세기 중국이 가는 길』, pp. 238–239.

137 朱鋒, "伊拉克戰爭後布什政府的朝核政策: 變化和調整," 『國際政治研究』, 2003年第3期.

북한 체제가 위태롭게 되자, 중국이 과거에 내놓았던 대(対)북한 카드, 예컨대, 경제 원조, 무기 수출, 석유 수출 등은 북한의 생존과 직결되었기 때문에 중국은 북한의 체제 안정을 고려하여 이를 사용하지 못하게 되었다. 즉, 일부 학자가 지적한 것처럼 중국의 대북 영향력이 "한계적"[138]인 것이 아니라 오히려 너무 커서 그 영향력을 발휘할 수 없는 것이다. 따라서 3차 북핵위기가 발생하였을 때 중국은 북한 체제를 위협하지 않으면서 대북 영향력을 확대시킬 수 있는 새로운 카드를 찾게 되었다.

138 정재호,『중국의 부상과 한반도의 미래』, 2011, pp. 330-336; 蔡建, "中國在朝核問題上的有限作用,"『韓國硏究論叢』, 2012年第1期.

제5부
강대국으로서 북핵에 대한 포괄적 개입

제1장 3차 북핵위기와 중국의 포괄적 개입 정책

1. 3차 북핵위기의 경위

1) 위기-완화-위기의 악순환

3차 북핵위기는 위기-대화를 통한 완화-새로운 위기의 구도를 깨지 못한 1, 2차 핵위기의 연장이다. 북한은 북미수교를 성취하기 위해 2009년 등장한 오바마 행정부에 핵카드를 다시 던졌다.

2009년 오바마 대통령 취임을 앞두고, 북한은 1월 13일 외무성 대변인 성명을 통해 "미국 핵무기의 남조선 반입과 배치, 철수 경위를 확인할 수 있는 자유로운 현장접근이 담보되고 핵무기가 재반입되거나 통과하지 않는지를 정상적으로 사찰할 수 있는 검증절차가 마련되어야 한다"[1]며 다시 한번 한반도 비핵지대화와 핵군축에 대한 자국의 입장을 표명하였다. 북한의 성명에 대해 힐러리 클린턴 국무장관 내정자는 강경하게 대응하였다. 그는 "북한이 의무를 이행하지 않는다면 미국은 협상의 어떤 지렛대도 놓지 않을 것"이라며 북한이 만족스러운 답을 내놓지 않을 경우 북한을 테러지원국으로 다시 설정하는 것은 물론 그 이상의 제재도 가할 수 있다는 경고를 가했다.[2] 북한은 오바마 정부가 대북 포용적 정책을 내놓길 기대했으나 결국 오바마 정부가 부시 정부와 다를 바 없다는 인식을 갖게 된 것으로 보인다. 북한의 기대치와 달리 미국은 대북 강경 태도를 취하였다. 이에 대해 북한은 2월 24일 통신위성을 발사하게 되었다. 미국은 이 행위를 미사일 발사로 간주하며 북한의 미사일 발사는 안보리 1718호 결의안을 위반하는 것이라 주장하였다.

긴장 대치의 결과, 2009년 4월 5일 북한은 '광명성 2호' 인공위성을 발사하고 유엔 안보리는 긴급회의를 개최했지만, 중국은 계속 신중한 자세를 취했으며 결과적으로 유엔에서는 제재가 아닌 의장성명이 합의되었다. 북한은 위성발사를 자주권이며 평화적 이용권으로 유엔성원국의 응당한 권리라 주장하였다. 북한에 따르면 결의안은 자국의 자주권과 존엄을 침해하는 것이다.[3] 그 때문에 북한은 안보리 의장 성명에 강력히 반발하면서 사죄가 없으면 핵실험 및 대륙간탄도미사일(ICBM) 발사로 응대하겠다고 협박했다. 4월 14일 북한은 6자회담을 탈퇴하고 IAEA 미국 측 검

1 장달중 외, 『북미대립』, 2011, p. 279.

2 외무성 대변인 성명, 《로동신문》, 2009년 1월 13일.

3 《조선중앙통신》, 2009년 9월 4일.

중요원을 추방하였다. 4월 25일 북한은 폐연료봉의 재처리를 시작했고 5월 19일 미국은 대(対) 테러 비협력국에 북한을 재지정하였다. 이렇듯 미국이 대북 적대 행위에 나서자 5월 25일 북한은 2차 핵실험을 단행하였다. 5월 25일 2차 핵실험을 실시함으로써 3차 북핵위기가 시작되었다.

미사일 발사와 2차 핵실험을 통해 북한의 핵기술은 한층 강화되었다. 핵무기 보유국은 최소한 두 가지 조건을 갖추어야 한다. 즉 실험된 핵탄두의 보유와 핵탄두를 실어 나를 수 있는 미사일 타격 능력을 보유해야 한다. 여러 차례 핵실험을 진행했기 때문에 이제 남은 과제는 소형화였다. 이에 대해서는 북한이 이미 핵탄두를 소형화하는 데 성공했다고 보는 미국의 북한문제 전문가의 주장도 있다.[4] 그리고 대륙간 탄도미사일은 미국 서부 로스엔젤레스 지역까지 타격이 가능한 것으로 알려졌다. 결국 북한은 실질적 핵 타격 능력과 실존적 핵억제력을 가지게 되었다.

6월 12일 유엔 안보리는 핵실험을 강행한 북한에 대해 대북제재 1874호 결의안을 만장일치로 통과시켰다. 18일 미국은 북한의 '강남호' 선박이 군수물자 수송을 하고 있다고 추정하였으며 22일 대북 경제 제재의 1년 연장을 발표하고 7월 8일에는 대북 금융제재를 강화하였다. 일련의 제재에 대해 7월 15일 북한은 6자회담 영구종식을 주장하였다. 유엔 안전보장이사회 제재위원회가 16일에 북한의 핵실험 및 미사일 발사와 관련된 5명의 인물, 5개 기업과 기관, 그리고 2개 물자에 대한 제재, 이른바 '5·5·2 제재'를 확정지으면서 국제사회의 대북 압박은 새로운 국면에 접어들었

4 "북한, 핵탄두 소형화 완료," http://www.ytn.co.kr/_ln/0104_201411141744246746 (검색일: 2014년 12월 20일).

다.[5] 국제사회의 압력에 대해 7월 26일 북한은 미국에 양자회담을 제의하였으나 미국이 거절하였다. 8월 4일 클린턴 전 대통령 방북과 북한의 미국 기자 석방에도 불구하고 미국의 대북제재는 계속 진행되었다. 미국은 7월 30일 조선혁신무역회사에 대한 금융제재 실시와 함께 8월 11일 조선광선은행을 금융제재 대상 기업으로 지정하고 9월 8일 조선원자력총국 및 조선단군무역회사의 자산을 동결시켰다.

2) 미국의 전략적 인내

북한은 핵문제 및 미사일문제와 북미수교·평화협정을 일괄타결할 수 있는 협상판을 짜려고 시도했다.[6] 그러나 오바마 정부는 '전략적 인내(strategic patience)' 기조로 대응하였다. 전략적 인내는 북한이 먼저 핵개발 포기에 대한 진정성 있는 의지나 행동을 보이지 않으면 어떠한 대화나 행동도 취하지 않겠다는 원칙이다. 구체적으로는, 북한이 핵개발을 포기하는 것은 북미관계 개선의 전제이며, 6자회담이 북핵문제 해결에 중요하지만 실질적 진전이 없으면 회담하지 않으며, 조건부로 북미 접촉을 하고, 동맹국과의 관계 강화를 통해 북핵문제 해결에 있어서 다자 협력을 하는 네 가지 내용을 포함하였다.[7]

---

5 《통일뉴스》, 2009년 7월 17일.

6 임수호, "탈냉전기 대외정책과 대외관계," 장달중 편, 『현대북한학강의』, 2013, p. 126.

7 Charles L. Pritchard and John H. Tilelli Jr., Chairs, U.S. Policy Toward the Kore-

미국이 대북 전략적 인내를 펼치는 것은 북핵문제에 대한 새로운 사고와 동아시아 지역 구도에 대한 종합적 판단에 따른 반응이었다. 우선 북핵에 대한 인식이 20년의 위기–완화–위기의 순환을 거쳐 북한은 핵보유국이 되었다. 위기가 반복적으로 발생하는 것은 북핵위기에 대한 오판 때문이다. 즉 북한이 핵개발을 포기하는 데 진정성이 있는지에 대한 오판이다. 2009년 북한의 2차 핵실험 이후 보스워스가 특사로 북한을 방문하지만 북한이 핵포기에 진정성 있는 자세를 보이지 않았기 때문에 6자회담을 거부하고 전략적 인내 정책을 취하였다. 미국이 북한의 핵공갈을 받지 않겠다는 의도로 설명할 수 있다. 다음으로, 동맹관계를 강화시킴으로써 북한에 압력을 가하는 미국은 역으로 북한의 핵위협을 이용하여 자국의 동맹체제를 공고화하는 것으로 볼 수 있다. 국제공조를 통해 북핵의 외부확산을 막는 한편 북한의 핵위협을 명분으로 동아시아 미사일방어망과 군사동맹을 강화하여 중국 견제에 활용하려는 구상이다.[8] 미국은 북핵문제를 방치했던 것이 아니라 전략적 인내를 통해 동맹국과 관계를 강화시켜 중국을 견제하려 했던 것이다. 예컨대 북핵에 대응하여 사드(THAAD 고고도미사일방어체계)를 배치하는 데 대한 정당성을 부여했던 것이다.

an Peninsula, Independent Task Force Report No. 64, Council on Foreign Relations, June 2010; Glenn Kessler, "Analysis: North Korea tests US policy of 'strategic patience'," *Washington Post,* May 27, 2010.

8 임수호, "탈냉전기 대외정책과 대외관계," 장달중 편, 『현대북한학강의』, 2013, p. 126.

3) 3차 핵실험과 위기의 승급

김정일 위원장 사망과 후계자 김정은의 등장 이후, 북한은 2012년 12월 은하3호 발사 성공에 이어 2013년 2월 3차 핵실험을 실시하였다. 1월 23일 유엔 안보리는 대북제재 2087호 결의안을 만장일치로 채택하였으며, 북한에 탄도 미사일 기술 장비를 이용한 어떠한 추가적인 발사도 진행하지 않을 것과 안보리 규정 준수를 요구하였다. 북한은 안보리 결의안 통과 이후 외무성 성명을 통해 강력히 반발하였다. 외무성은 "핵 억제력을 포함한 자위적인 군사력을 질량적으로 확대 강화하는 임의의 물리적 대응 조치들을 취하게 될 것 … 조선반도 지역의 평화와 안정을 보장하기 위한 대화는 있어도 조선반도 비핵화를 논의하는 대화는 없을 것"이라며 대북제재에 강력히 반발하였다.[9] 결과적으로 2월 12일 북한은 3차 핵실험을 강행하였다. 핵실험 이후 북한이 '정전협정 파기', '불가침조약 무효화' 등을 발표하여 2013년 한반도의 긴장국면이 더욱 심화되었다.

3차 북핵위기는 1, 2차 북핵위기와 비교하여 세 가지의 차이점이 있다. 첫째, 핵위기의 주기가 단축되었다. 1차 북핵위기(1993년 2월 북한 NPT 탈퇴–1994년 10월 북미 제네바합의), 2차 북핵위기(2002년 10월 북한 HEU 시인 발표–2005년 9·19공동성명과 2007년 2·13합의)는 거의 10년 간격으로 발생하였다. 그러나 3차 북핵위기가 시작한 2009년은 북미 간 2·13합의를 달성한 지 불과 2년밖에 지나지 않은 시기였다. 둘째, 북한의 핵능력은 더욱 향

9 외무성 성명 2013년 1월 23일; 국방위원회 성명, 2013년 1월 24일; 조평통 성명, 2013년 1월 25일.

상되었다. 1차 북핵위기 때 미국은 북한이 1–2개의 핵탄두를 가지고 있다고 추측하였으며, 2차 북핵위기 때 8개의 핵탄두를 보유하고 있다고 추측하였다. 3차 북핵위기가 진행 중이던 2010년, 블레어 미국 전 국가정보국장은 북한이 8–10개의 핵탄두를 보유하고 있다고 밝혔다.[10] 그리고 2014년 10월 말 미국 전문가는 북한이 노동 미사일 탑재용으로 핵탄두 소형화를 진행했을 가능성이 있다고 주장하였다.[11] 셋째, 북핵문제 해결의 기제가 사라졌다는 점이다. 2009년 4월 14일 북한이 6자회담의 탈퇴를 공식적으로 발표한 이후 6자회담은 무기한 중단되었다. 이후 각국의 6자회담 대표가 접촉하였으나 6자회담 재개에는 이르지 못했다.

2. 중국의 포괄적 개입 정책

그렇다면 3차 북핵위기가 1, 2차 위기보다 가속화되고 다자 대화의 기제가 사라진 상황에서, 중국은 이에 어떻게 대응하였을까? 중국은 대북 군사충돌 방지, 정치소통 강화 및 경제협력 촉진이라는 세 가지 영역에서 북한에 대해 포괄적으로 개입하였다. 이러한 포괄적 개입은 2차 북핵위기 때 전쟁 및 충돌을 방지하려 한 제한적 개입보다 개입의 영역을 확대시켰다.

10 《연합뉴스》, 2010년 10월 22일.

11 《연합뉴스》, 2014년 10월 30일.

1) 군사충돌 방지

2009년 4월 5일 북한은 '광명성 2호'를 발사하고 5월 25일 2차 핵실험을 단행하였다. 이러한 행동들은 협상 카드 확보라는 목표에서부터 나아가 북한이 핵억제력을 보유하려는 적극적이고 전략적인 계획으로 보였다. 따라서 3차 북핵위기는 중국의 대북정책에 대한 새로운 도전이 되었다.

중국은 충돌과 전쟁을 방지하기 위한 정책을 계속 수행해왔다. 충돌 방지의 한 사례로, 2009년부터 2010년까지 한반도의 긴장 국면을 이용하여 동맹을 강화함으로써 중국을 견제하려는 미국에 대해 중국은 "불에 기름을 끼얹지 말라"(火上澆油)는 표현으로 설득하였다.[12] 미국의 대북 사전공격을 배제할 수 없기 때문에 북핵으로 인한 한반도 위기의 승급을 막으려는 의도였다. 특히 북핵으로 인해 한미동맹 및 미일동맹이 강화된 데 따른 중국 주변 환경의 악화를 예방하는 것이었다.

이러한 맥락에서 4월 5일 광명성 2호 발사 이후 중국 외교부는 "북한 측은 실험통신위성 발사를 사전에 통보했고 … 우리는 상관 각국이 냉정함과 자제를 유지하고, 이 사건을 적절하게 처리하여, 해당 지역의 평화와 안정이라는 국면을 함께 옹호하도록 희망한다."는 자세를 취했다.[13] 북한은 사실상 중국의 장거리 탄두미사일에 대한 큰 걱정이 필요치 않다. 왜

12 "國防大學教授:美韓軍演將爲朝韓局勢火上澆油," http://mil.eastday.com/m/20101127/u1a5575049.html(검색일: 2012년 12월 5일).

13 "外交部發言人姜瑜就朝鮮發射活動答記者問," http://news.xinhuanet.com/world/2009-04/05/content_11133727.htm(검색일: 2012년 12월 5일).

냐하면 북중 양국이 접경하고 있는 상황에서 북한이 중국을 공격하고자 한다면 정규 무기만으로 충분하기 때문이다. 과거 북한의 미사일에 대해 크게 비판하는 것은 미국을 추종하는 논리일 뿐이었다.[14]

2차 핵실험에 대해 중국은 '제멋대로'(悍然)보다 완화된 '단호한'(堅決)이라는 표현으로 유엔 안보리의 1874호 결의안에 찬성표를 던졌다. 이는 북한 1차 핵실험에 대한 강경한 대북 비판으로 인해 북중관계가 악화되었던 교훈에 대한 학습 효과로 볼 수 있다. 중국 외교부 대변인은 중국이 비핵화라는 국제적 책임을 수행할 것을 확인하면서도, 북한은 주권국가이자 유엔회원국이고, 주권과 영토, 합리적인 국가안보와 발전이익은 존중받아야 한다고 강조하였다. 이와 동시에 북한이 NPT에 복귀한 후에는 평화적 핵을 이용할 권리가 있다고 밝혔다.[15] 또한 중국은 1874호 결의안에 찬성표를 행사했음에도 2009년 가을부터 맞은 광범위한 북중 협력으로써 유엔 대북제재 결의안의 효력을 무력화하였다.[16] 중국은 북한과 2차 핵위기로 인해 냉랭해진 관계를 복원하고자 하였다.

두 번째 사례로, 중국은 3차 핵실험을 실시하여 동아시아 지역 안보를 악화시키는 북한에 경고하기도 하였다. 북한은 2012년 12월 은하3호 발사의 성공에 이어 2013년 2월 3차 핵실험을 실시하였다. 핵실험 단행 시기 중국은 지도부 교체와 중국의 전통 명절인 춘절을 맞이한 상황이었다. 2013년 2월 12일 북한의 3차 핵실험 직후, 중국 외교부장 양제츠(楊潔篪)

---

14 인터뷰, 서울, 2012년 4월.

15 "外交部發言人秦剛就聯合國安理會通過朝鮮核試驗問題第1874號决議發表談話" http://news.mod.gov.cn/acd/2009-07/07/content_3040127.htm(검색일:)

16 이종석, 『2차 핵실험 이후 북한-중국 관계의 변화와 함의』, 세종정책연구, 2012.

는 주중 북한대사를 접견하고 북한 핵실험에 대한 강력한 불만과 확고한 반대 입장을 표명하였다.[17] 북한의 3차 핵실험 이후 중국에 확산된 북한에 대한 실망감은 중국 내외에서 '대북정책 실패론', '북한 포기론' 등을 낳았다. 『신화통신』과 『환구시보』[18]는 서로 다른 목소리를 냈다. 신화통신사는 중국의 대북정책이 실패하지 않았으며 북한 핵실험의 근원은 북미대립에 있다고[19] 반발하였다. 반면 환구시보는 북한 핵실험이 계속 진행되는 현상은 바로 중국 대북정책의 딜레마를 반영하고 있으며, 중국이 대북 지원 감소를 통해 북한을 징벌해야 한다고[20] 주장하였다. 3월 8일 중국 외교부 정례브리핑에서 중국은 처음으로 "북중 간 일반적 국가 대 국가 관계"[21]에 대해 공식적으로 언급하였다. 북한의 도발로 인해 한반도가 다시 긴장 국면에 처하는 시점에서 중국 외교부장 왕이(王毅)는 반기문 유엔 사무총장과의 전화통화에서 "조선반도는 중국과 가깝다. 그렇기 때문에 중국은 이 지역에서의 모든 도발적인 언사와 행위를 반대하며 중국의 대문에서 다툼이 발생하는 것을 용납하지 않을 것이다"라는 발언을 하였다.[22] 4월 7일 시진핑 국가주석은 보아오포럼(博鰲論壇)에서 "아시아의 안전이 새로운 도전에 직면해 있다"고 지적하고 "개인의 이익 때문에 혼란을 야기하

---

17 《人民日報》, 2013년 2월 12일.

18 환구시보는 중국 관영 신문지인 인민일보 하부의 고도로 시장화된 신문으로 중국 관영 신문이 아니다. 하지만 환구시보는 중국 사회의 목소리를 반영하여 시장의 추세와 구독자의 환영을 받는 중요한 신문이다.

19 『新華社』, "中國對朝政策失敗輪很不靠譜," 2013年 2月 16日.

20 《環球時報》, "朝鮮若核試驗中國應該毫不猶豫減少援助," 2013年 1月 25日.

21 중국 외교부 정례브리핑, 2013년 3월 8일.

22 "王毅談朝鮮半島局勢 : 不允許在中國家門口生事," http://world.huanqiu.com/regions/2013-04/3800685.html(검색일: 2013년 5월 9일).

는 것을 용납해선 안 된다"고 강조했다. 이러한 발언은 한미 군사훈련과 미국의 대한반도 군사 개입에 대한 반대 입장을 표명하는 동시에, 북한이 다시 핵카드로 동아시아 지역의 안정을 도발한 것을 비판하였다.

2) 정치 소통 강화

3차 북핵위기를 조성한 북한은 핵탄두를 보유하면서 2009년 9월 4일, 핵폭탄 제조를 위한 우라늄 농축 마무리 단계에 들어갔으며 플루토늄을 무기용으로 재처리 중이라고 유엔 안보리 의장에게 통보하였다. 9월 28일 박길연 북한 외무성 부상은 유엔총회에서 북한은 책임 있는 태도로 핵무기를 처리하고 핵확산을 하지 않을 것이라 답하였으며, 국제사회와의 대화의 필요성을 표명하였다. 10월 원자바오(温家宝) 중국 총리가 동북지역의 행정장관 및 기업 인사와 함께 북한을 방문하였다. 원자바오 총리의 방북은 중국 총리가 18년 이래 북한을 처음으로 방문하는 것이었다. 그리고 김정일 위원장은 2010년 8월, 2011년 5월, 2011년 8월 러시아 방문에 이어 중국의 동북지역을 방문하는 등, 1년 동안 3차례나 중국을 방문하였다. 중국 9명 상무위원이 모두 김정일 위원장과 회담을 하게 되었으며 김정일 위원장의 방중과 북중 정치적 의사소통을 중요시하는 것으로 보였다.

정치관계 소통의 강화에 대해서, 북한은 양국의 형편을 각기 통보, 북중 양당 양국 관계를 한층 더 발전시키는 의견을 교환하고 공동의 관심사인 중대한 국제 및 지역문제들에 대하여 허심탄회한 의견을 교환하였으며 견해를 일치했다고[23] 보도하였다. 중국은 "고층의 왕래를 유지, 상방 지도자가 상호방문, 특사 파견, 구신 등 다양한 형식을 통해 밀접한 연락을 유지시키는 것이다. 그리고 전략적 소통을 강화하는 것인데 쌍방이 정기적·비정기적 양국 내정외교의 중대한 문제, 국제 및 지역 형세, 치당 치국 경험 등 공동 관심사에 대해 깊게 소통"했다고 보았다.[24] 중국이 강조한 "양국 내정외교의 중대한 문제 소통"에 대해 북한은 보도하지 않았다. 북한이 이를 보도하지 않는 이유에 관해 고려하면, 내정외교의 중대 문제는 개입으로 해석할 수 있기 때문이다. 반면 중국은 북한이 원치 않아도 북한과 정치적 소통을 강화하려는 것으로 볼 수 있다.

북중의 신밀월기는 김정일 위원장의 갑작스러운 사망 이후 조문외교를 통해 계속 진행되었다. 2011년 12월 17일 김정일 위원장 별세 직후 후진타오를 비롯한 중국 지도부는 직접 베이징에 주재한 북한대사관에 가서 애도를 표하였다. 한편 중국은 새로운 북한의 지도자 김정은을 지지하는 의사를 표하고 새로운 김정은 체제가 핵카드 없이 중국식 개혁개방을 추진하기를 희망하기도 하였다. 중국 측은 김정은이 후계자로 알려진 후부터, 유학파이면서 젊은 지도자인 김정은에 대해 "젊을수록 변화 가능성이 있다"고[25] 희망을 표했다. 그리고 중국은 2012년 8월 중순 방중한 장성택, 심지어 2013년 3차 핵실험 이후 5월 방중한 최룡해에게 모두 김정은

23 『조선중앙년감』, 2011년, p. 359.

24 "中共九常委悉數與金正日見面胡錦濤與其會談," http://news.ifeng.com/mainland/special/jinzhengrifanghua/zuixin/detail_2010_05/07/1494048_0.shtml(검색일: 2012년 12월 5일).

25 《조선일보》, 2011년 4월 8일.

지도자에 대해 지지 의사를 전달하였으며 경제 협력과 북핵문제를 둘러싼 소통을 촉진시켰다.

3) 경제 제재와 경제 협력 병행

중국이 북한의 경제 분야에 개입하는 방식은 한편으로 국제규범과 유엔 대북제재 결의안에 의거한 북한 제재에 동참하는 것이었다. 예컨대 2013년 5월에 들어 중국은행, 건설은행, 농업은행과 공상은행은 북한 조선무역은행과 금융거래를 중단한다고 발표하였고[26] 중국은 대북 금융제재를 실시하였다. 조선무역은행은 북한의 핵개발을 위해서 자금 조달을 해온 것으로 알려져 있었다. 중국이 대북한 금융제재를 실행하는 것은 유엔 안보리 결의안에 의한 개입이라고 할 수 있었다.

다른 한편으로, 북한과 경협을 확대시킴으로써 북한 경제에 개입하는 방식도 있었다. 초기 북중경협은 국가가 제안하고 동북지역의 지방정부 주도로 전개되었다. 후진타오 지도부가 구성된 2002년 16차 당대회에서 중국은 '동북진흥계획'을 추진하게 되었는데, 북한과 접경하고 있는 헤이룽장성(黑竜江省), 지린성(吉林省), 랴오닝성(遼寧省) 등 동북3성의 경제 발전을 중시하게 된 데 그 배경이 있다. 이와 같이 중국의 대 북한 무역과

26 "中國銀行凍結朝鮮外貿銀行賬戶," http://finance.sina.com.cn/money/bank/20130507/175615377579.shtml(검색일: 2013년 5월 9일).

투자 정책은 중국 정부의 대내경제정책 구상에 따라 이루어졌다.[27] 2004년 4월 김정일의 방중 시 북중 최고지도부 간 경제협력 강화에 대한 합의가 이루어진 이후 중국기업의 대 북한 투자가 대폭 증가하였다. 2004년 중국의 대 북한 투자가 5천만 달러에 달하여 전년도의 100만 달러에 비해 50배 폭증한 것으로 나타났다. 특히 북중 사이에 나진항 개발·사용권, 무산철광개발권 등이 체결된 것으로 전해지고 있었다. 그러나 북중 정부간 소통의 부족 때문에 발생한 양빈사건, 2차 북핵위기 및 2006년 북한 1차 핵실험으로 인한 중국 기업 대북 투자 안전성의 우려로 북중경협은 좌초되었다.

3차 북핵위기 이후 양국 지도부는 다시 북중경협을 촉진시켰다. 2009년 원자바오 총리의 방북과 2010년부터 2011년까지 김정일 위원장의 방중, 2012년 장성택 방중 때 구체적 협정을 체결하고 실질적 경협이 이루어졌다. 2009년 원자바오 총리가 북한을 방문할 때 동북지역의 지방관원 및 경협 실무자들이 수행하였다. 중국은 공식적으로 경제원조, 기술 및 교육 영역 관련 협정, 관광 협정 등을 포함한 2억 달러의 광범위한 협정을 맺었다. 압록강대교 건설에 대해 중국은 1.5억 달러의 비용을 부담하였다. 1차 핵실험으로 인해 좌초한 신의주 특구 건설도 재개하였다.[28] 2010년 5월 김정일 위원장이 중국을 비공식 방문할 때도 평안북도위원회와 함경남도위원회 책임비서들이 수행하였고 8월 동북지역을 방문할 때도 황

27 『新華網』, "振興東北戰略決策提出的背景和重大意義," 2006年4月15日.

28 "溫家寶帶給朝鮮什么," http://paper.people.com.cn/dd/html/2009-10/01/content_383921.htm(검색일: 2013년 9월 20일).

해북도위원회와 평안북도위원회, 자강도위원회 책임비서들이[29] 수행하여 양국 지방 차원 간의 교류와 협력을 촉진시키려고 하였다. 양국은 특히 경제무역협조와 관련하여 의견을 교환하고, 서로 배우고 경험을 교류할 것을 합의하였다.[30] 김정일 위원장 사망 이후 장성택이 50명의 대규모 수행단과 함께 중국을 방문하고 중국 상무부장 천더밍(陳德銘)과 황금평·위화도·나선 지구 공동개발을 위한 3차 개발합작연합지도위원회 회의를 개최하고 중국의 경제 지원과 투자를 요청하였다.

중국은 원조를 통한 직접 지원의 한계를 극복하고 경제협력 방식을 통해 북한 경제를 활성화시키고 대북 영향력을 확대시키려고 하였다.

29 『조선중앙년감』, 2011년, p. 358, 362.

30 『조선중앙년감』, 2011년, p. 358, 361.

제2장 강대국의 정체성

3차 북핵위기 때 중국은 강대국으로 부상하는 국가라는 정체성 인식이 지배적이었다.[31] 이러한 인식은 미국의 상대적 쇠퇴 및 중국의 부상을 현실로 받아들이는 데서 기인한다. 또한 이러한 인식은 중국의 국가 정체성에 대한 "역전된 제2이미지(the second image reversed)" 식으로 나타났다. 즉 국제사회에서 중국이 부상하는 강대국이라는 정체성 담론이 중국 국내 정체성 담론에 영향을 미친다는 것이다. 국제사회 및 국제정치 연구에서 미국 발언권의 패권적 지위로 인해 중국 국내에서 강대국이라는 중국의 국가 정체성 담론이 지배하게 되었다. 이번 장에서는 강대국 정체성이 중국에 지배적으로 등장하게 된 원인 및 배경, 중국 국내에서의 확산과

31 중국에서 강대국(强大國)이라는 표현이 쓰지 않고 그 대신 대국(大國)을 쓰는 것을 밝힌다.

외교에 주는 함의를 다루고자 한다.

1. 미국의 상대적 쇠퇴와 중국의 급부상

강대국의 개념은 상대적인 개념이다. 일반적으로 국제정치 체제의 구조 및 규범의 결정과 확산에 상당한 영향력을 행사하는 핵심 행위자를 가리킨다.[32] 이번 장에서는 중국에서 강대국 정체성 담론이 등장하는 원인을 살펴보고자 한다. 미중 간 힘의 격차 축소에 대한 인식, 이로 인한 양국의 상대방에 대한 행위 중심으로 다루고자 한다.

1) 미중 간 힘의 격차 축소

2008년 금융위기 이후 중국 대외정책 담론에서 강대국 정체성이 지배적인 담론으로 등장하였다. 강대국 담론이 지배적으로 나타나는 근본 원인은 바로 2008년 이후 동아시아의 권력 구도 변화로 인해 중국의 국제적 지위가 높아졌기 때문이다.

우선 중국의 경제 성장은 일본을 추월했고 미국과의 격차 역시 축

32 정재호, "강대국화의 조건과 중국의 부상," 정재호 편, 『중국의 강대국화』(서울: 도서출판 길), 2006, p. 15.

소되었다. 1997년에 발생한 아시아 금융위기 이후 중국은 양호한 경제 성장 태세를 유지했고 2010년 GDP 54,742억 달러를 달성하여 일본을 제치고 미국 경제의 1/3 수준에 달했으며 4년 만인 2014년 10조 달러에 도달해 일본 GDP의 두 배가 되었고 미국의 2/3 수준에 달했다.[33] 그러나 중국 외교부는 "중국은 개발도상국 국가의 속성이 변하지 않는다"라고 발언했다.[34] GDP가 쾌속 성장하는 것은 양적 증가에 불과하고, 발전하는 가운데 많은 문제를 갖고 있다는 것을 인정한 것이다. 예컨대, 경제에서 양의 성장과 질의 성장의 비대칭, 성장과 환경문제의 비지속성, 지역의 불균형 등의 문제이다.

하지만 중국 경제와 선진국 간 격차 축소와 같이 지속적 성장이 대외정책에 아무 의미가 없다는 것은 아니다. 힘의 격차를 축소하는 과정에서 미국의 지위와 미중관계에 대한 평가는 지속과 변화가 함께 드러났다. 지속적 측면에서 중국은 미국의 국력이 쇠퇴하는 것이 아니라 경제발전의 탄성이 하강하기 때문에 GDP가 다시 상승할 것으로 예상하였다.[35] 그리고 국제적 역량에 대해 미국은 극동 지역이나 동아시아에서 영향력이 가장 크다고 평가했다. 따라서 중국은 미국의 패권 지위를 인정하고 도전할 능력이나 의도가 없다고 공식적으로 제기하였다.[36]

33 "2014年中國GDP突破10萬億美元爲日本2倍," http://politics.people.com.cn/BIG5/n/2015/0120/c70731-26416328.html(검색일: 2015년 1월 20일).

34 "外交部 : 中國仍然是發展中國家的屬性沒有變," http://finance.huanqiu.com/roll/2011-02/1499250.html(검색일: 2015년 1월 20일).

35 왕지쓰, "중국의 대미 정책-협력 vs. 대항," 문정인 지음, 『중국의 내일을 묻다』, 2010, pp. 123-124.

36 중국 부총리 왕양(汪洋, 19대 정치국 상무위원 유력자)은 "미중상업관계포럼"에

반면, 미국에 대한 평가와 미중관계에 대한 인식이 변화하는 징조도 드러났다. 이러한 인식의 원인은 미국이 절대적인 쇠퇴라기보다 상대적 쇠퇴를 겪고 있다는 인식에 기반을 둔다. GDP나 국제시장에서 미국의 점유율이 줄어들고 중국을 비롯한 신흥경제(BRICS)는 부상하고 있었다. 실제적 경제의 발전 상황에 의해 신흥경제국이 불공정한 국제경제질서를 수정할 의도는 높아진다고 볼 수 있다.

강대국 정체성이 지배적으로 성장한 또 다른 원인은 미국이 중국을 강대국으로 인정했다는 사실이다. 미국은 중국이 더 이상 개발도상국이 아니라 미국과 아시아 지역에서 패권 경쟁을 벌이는 나라로 간주했다. 미국에서는 "G2", "차이메리카(Chimerican)", "미중 간 세계 공동 통치" 등 용어들이 출현하였다. 중국의 힘에 대한 과대평가는 미국의 패권 능력의 약화에서 기인한다. 그러나 이러한 미국의 평가들에 기반해 중국 매체와 인터넷은 외국인이 중국을 이미 세계 2위로 인식하고 있다는 과장되고 왜곡된 평가를 전했다. 때문에 중국에서는 미국의 시대는 이미 저물었고, 중국의 시대가 올 것이다, 중국모델을 세계로 확산하자 등의 소란이 일었다.[37] 매체 보도뿐만 아니라 학계에서도 미중 세력 전이를 가지고 중국의 부상과 국제질서의 변화 등의 문제를 활발하게 토론하였다.[38]

서 발언, "汪洋 : 中美是全球經濟的夥伴, 但引領世界的是美國," http://news.xinhuanet.com/world/2014-12/22/c_127323268.htm(검색일: 2014년 12월 31일).

37 장루이좡(張睿壯), "신형대국관계 전략의 기원과 난제," 『성균차이나브리프』, 제2권, 제1호, 2014.

38 미중 세력 전이와 국제질서의 변화를 주제로 한 대표적인 논문 및 저서는 趙全勝, "中美關系和亞太地區的雙領導體制," 『美國研究』, 2012年第1期; 黃仁偉, "從美國走向霸權的過程看當前中美權力轉移," 『美國研究』, 2012年第3期; 閻學通, "權

이러한 담론은 진정한 오판이든 고의적 오보든, 또는 현실과 얼마나 괴리된 것인지와 상관없이, 중국을 아시아 지역 주도권을 둘러싸고 미국과 경쟁하는 강대국으로 그려낸다. 따라서 미국의 아시아 재균형(re–balancing)과 중국의 반균형(anti–rebalancing)의 현상이 설정되었다.[39] 힐러리 클린턴 전 미국 국무부 장관은 2010년 "미국의 동아시아 귀환(the United States is back in Asia)"을 공식적으로 제기하고 미국의 신 아태정책을 펼쳤다.[40] 물론 미국은 아시아에서 떠난 적이 없으며 지속적이고 적극적으로 아시아 지역 이슈에 참여해 왔다. 그러나 2008년 이후 자국의 상대적 쇠퇴로 인한 아시아 지역 국가의 우려를 제거하기 위해 재균형 정책을 제기하였다.[41] 따라서 중국은 미국이 아시아 귀환이나 재균형 정책을 통해 중

力中心轉移與國際體系轉變,"『當代亞太』, 2012年第6期; 朱鋒, "中美戰略競爭與東亞安全秩序的未來,"『世界經濟與政治』, 2013年第3期; 馬榮久, "中美權力轉移與亞州地區體系,"『當代亞太』, 2014年1期; Robert Sutter, "Assessing China's Rise and US Leadership in Asia—growing maturity and balance," *Journal of Contemporary China*, vol. 19, 2010. 그리고 환구시보는 2013년 연례회의가 "세계 권력전이의 재사고(權力轉移的在思考)"라는 주재로 중국의 저명한 국제정치 전문가를 초청하여 주목을 받았다.

39 이희옥, "중국의 신형대국론과 한중관계의 재구성,"『중국학연구』, 제67집, 2014; 이희옥·박용국, "중국의 대북한 동맹안보딜레마 관리 대미인식과 북한지정학의 재구성을 중심으로,"『중소연구』, 제37권 제3호, 2013; 박용국, "북·중관계 재정상화 성격 연구–2차 북핵실험 이후를 중심으로," 성균관대학교 박사학위논문, 2014; 장루이좡, "신형대국관계 전략의 기원과 난제,"『성균차이나브리프』, 제2권 제1호, 2014.

40 Hillary Rodham Clinton, "Remarks on Regional Architecture in Asia: Principles and Priorities," http://www.state.gov/secretary/20092013clinton/rm/2010/01/135090.htm(검색일: 2014년 12월 31일).

41 커트 캠벨(Kurt Campbell) 미국 국무부 동아시아태평양 담당 차관보와 수전 셔크(Susan Shirk) 교수는 미국은 동아시아에 떠난 적이 없다고 밝혔다. Kurt Campbell and Brian Andrews, "Explaining the US 'Pivot' to Asia," Aug. 2013 http://

국을 억제하려 한다고 판단하였다.[42] 이처럼 중국이 강대국으로서 미국의 견제에 대응해야 한다는 의견이 확산되면서 아시아 지역에서 중국은 미국 못지않게 강대국이라는 인식을 형성시켰다.

2) 미국의 재균형 전략

공식, 비공식적으로 강대국 정체성 담론이 지배적으로 부상하게 된 또 하나의 계기는 미중 간 재균형 및 반균형의 행위이다. 자기충족적 예언(self-fulfilling prophecy)처럼 미중 양국 상대국에 대한 평가 및 인식은 실천적 외교정책에 영향을 미치게 되었다. 부시 행정부 2기는 양국 관계에 대해 '이익 공유자(shareholder)' 및 '이해 상관자(stakeholder)'라는 표현을 제기하였다. 중국은 미국이 심리적 측면에서 부득이하게 중국의 부상을 받아들인다고 해석하였다.[43] 오바마 행정부는 초기에 부시 행정부 2기의 대중정책을 계승하면서 미중 관계의 중요성을 더욱 강조하였다. 오바마 정부

www.chathamhouse.org/sites/files/chathamhouse/public/Research/Americas/0813pp_pivottoasia.pdf(검색일: 2014년 12월 25일); 갬벨과 셔크의 토론은 "The Pivot to Asia with Kurt Campbell and Susan Shirk," UCtv Aug. 5, 2013. http://www.uctv.tv/shows/The-Pivot-to-Asia-with-Kurt-Campbell-and-Susan-Shirk-25372(검색일: 2014년 12월 25일) 참고.

42 Andrew J.Nathan and Andrew Scobell, "How China Sees Amercia," *Foreign Policy*, Aug. 25, 2012; 黃仁偉, "美國亞洲戰略的再平衡與中國戰略優勢再評估," 『現代國際關系』, 2012年第8期.

43 袁鵬, "對中美關系未來發展的戰略思考," 『現代國際關系』, 2010年第1期.

는 중국에 "전략보장(strategic reassurance)"의 새로운 구상을 제기하였다.[44] 2009년 11월 오바마 방중을 통해 미중 관계는 '건설적 전략 동반자 관계'(클린턴 정부 시기)에서 '21세기 적극적, 협력적, 전면적인 미중관계'[45]로 향상되었다. 그러나 오바마 정부의 대중 전략보장은 미국 내에서 "오바마의 대중 유화정책(appeasement policy)"으로 간주되었고[46] 미국의 구상은 현실과 멀다고[47] 비판받기도 했다. 이러한 비판은 미중관계의 기존의 문제점에서 벗어나지 않는다. 즉 미중 양국 정치체제의 차이, 중국의 급부상과 미국 세계 패권의 유지로 인한 권력구조의 모순, 그리고 미중 간 전략적 불신 등의 문제가 해결되지 못했기 때문이다. 결국 오바마 정부는 2010년부터 아시아 균형 정책을 강조하면서 대중 견제 전략을 채택하였다.

미국은 중동 지역의 전쟁을 종결시키고 전략적 중심을 아시아로 이전하겠다고 선언한 후 안보, 정치 및 경제 영역에서 중국을 견제하려는 삼중 전략을 펼쳤다. 중국과 주변국의 관계에 기초해 미국은 각기 다른 정책을 채택하였다. 첫째, 중국과 영토 분쟁을 벌이는 국가들을 미국이 지지하는 신호를 보냈다. 예컨대, 중일 간 조어도 분쟁, 중국과 필리핀, 베트남 등

---

44 James B. Steinberg, "Administration's Vision of the U.S.–China Relationship," Keynote Address at the Center for a New American Security, Sep. 24, 2009 http://www.state.gov/s/d/former/steinberg/remarks/2009/169332.htm(검색일: 2014년 12월 31일).

45 "共同推進新時期中美關系發展", 《人民日報》, 2009年 11月 18日.

46 Currie Kelley, "The Doctrine of 'Strategic Reassurance' What does the Obama formula for U.S.–China relations really mean?" The Wall Street Journal, Oct. 22, 2009.

47 Robert, Kagan and Blumenthal, Dan, "'China's zero–sum game," *Washington Post,* Nov. 10, 2009.

국가와의 남중국해 문제이다. 둘째, 민주주의의 보편적 가치를 이용하여 중국과 우호관계를 유지하는 국가를 유도하였다. 예컨대 아웅 산 수치(Aung San Suu Kyi)와 미얀마의 민주화에 대한 지지를 표명하면서 중국과 미얀마의 관계를 이간시켰다. 셋째, 경제적 측면에서도 아시아 지역에 대한 중국의 영향력을 줄이기 위해 환태평양경제동반자협정(TPP)을 추진하고 있다. 오바마 행정부는 미국이 정한 기준을 중국이 충족하면 중국의 가입도 환영한다며 공식적으로는 중국의 TPP 참여를 거부하지 않았다. 하지만 램프턴은 미국은 애초부터 중국을 포함하지 않는 아시아 경제협력체를 만들겠다는 점을 명확히 하였다고 지적한 바 있다.[48] 중국 역시 미국이 군사 및 경제 측면 모두에서 중국을 견제하려는 의도를 드러낸 것이라 해석하였다.[49]

3) 중국의 이중적 반균형

이러한 미국의 대중정책에 대하여 중국이 취한 조치는 반균형 정책이라 할 수 있다. 미국의 '아시아 재균형'에 대응하기 위해 중국은 미국의 패권을 인정하면서도 봉쇄에 대해서는 적극적으로 대응하는 이중적 대미 전략을 펼쳤다. 우선 중국은 정치, 군사, 경제에서 미국의 우월적 지위를

48 램프턴, "중국에 관한 오해를 깨라," 이용인·테일러 워시번, 『미국의 아시아 회귀 전략 미국의 전문가 15인에게 묻는다』(서울: 창비), 2014, p. 57.

49 黃仁偉, "美國亞洲戰略的再平衡與中國戰略優勢再評估," 『現代國際關系』, 2012 年第8期.

인정하며, 미국과의 직접적인 충돌을 회피하였다. 한편으로, 오바마-후진타오 정부 시기 제기한 의사소통 플랫폼(platform)-미중 전략 및 경제 대화(U.S.-China Strategic and Economic Dialogue)는 2009년 이후부터 미중 양국 갈등 및 협력의 중요한 시스템이 되었다. 2009년 7월 워싱턴에서 열린 1차 전략대화에서 오바마 대통령의 전략 및 경제 대화는 미중 간 적극적 협력적 및 전면적 미중관계를 추진하기 위한 중요한 지름길이라고 말한 바 있다.[50] 2010년 베이징에서 열린 제2회 미중 전략 및 경제 대화 회의에서 후진타오 주석은 21세기를 향한 적극적, 협력적, 전면적인 미중관계에 대해 중국의 입장을 재확인하였다. 2012년 5월 4차 베이징에서 열린 미중 전략 및 경제 대화 회의에서는 "신형대국관계론"을 제기하였다. 이러한 전략과 경제를 둘러싼 매년의 정기적 대화는 양국 간의 소통을 통해 양국 갈등의 공동 해결, 상대국의 정책 방향 파악에 있어 중요한 역할을 한다.

또한 중국은 미중 신형대국관계를 제안하였다. 신형대국관계는 전술한 바와 같이 4차 전략 및 경제 대화에서 제기하였다. 2013년 시진핑 주석은 오바마 대통령과 정상회담에서 다시 신형대국관계를 네 가지 불충돌, 불대항, 상호 존중, 상호 윈윈의 원칙이라 천명하였다.[51] 불충돌 및 불대항은 미중 신형대국관계의 낮은 목표, 상호 존중은 중간적 목표, 그리고

50 Obama, "Remarks by the President at the U.S./China Strategic and Economic Dialogue," http://www.whitehouse.gov/the_press_office/Remarks-by-the-President-at-the-US/China-Strategic-and-Economic-Dialogue(검색일: 2014년 5월 8일).

51 "習近平概括中美新型大國關系 : 不沖突,不對抗,相互尊重,合作共贏," http://news.xinhuanet.com/politics/2013-06/10/c_116107914.htm(검색일: 2014년 7월 1일).

협력윈윈을 최고의 목표로 단계적으로 설정하였다.[52] 명백하게 "신형"은 "구형"과 비교해 제기한 것이다. 구형대국관계는 냉전기 미소관계를 가리키며 대리전 등의 적대적 관계를 의미한다.

중국이 스스로 제안한 신형대국관계처럼 미중이 공생할 것인가는 더 지켜봐야 한다. 왜냐하면 미국의 동아시아 귀환으로 인하여 남중국해 및 동해의 해역 분쟁 등 중국 안보환경은 현실적으로 악화되고 있기 때문이다. 하지만 신형대국관계는 단순히 지향하는 것이 아니라 분쟁으로 인한 미중 충돌의 가능성을 배제하기 위하여 반드시 가야 하는 길이라 할 수 있다. 2014년 11월 미중정상회담에서 시진핑 주석은 "고위층의 소통, 핵심이익 상호 존중, 민간을 포함한 각 영역의 협조, 민감한 문제의 공동관리, 아태지역의 포용적 협력, 국제적 도전 공동"이라는 6개의 중점 방향을 제안하였다. 이러한 목표를 위해 중국은 미국과 전략적 불신을 축소하려는 의지를 다시 한번 표방하였다.

한편 중국은 신형대국관계를 제기하고 미국과 충돌 회피 및 신뢰를 강화시키면서도 미국의 견제에는 적극적으로 대응하기도 하였다.

우선 군사적 측면에서, 2010년에 미국과 그 동맹국인 한국과 일본은 중국의 주변에서 여러 차례 군사훈련을 실시하였다. 예컨대 5월 24일 한국의 천안함 사건에 대한 대응 조치의 일환으로 서해에서 한미 공동 군사훈련을 실시하였다. 중국의 코앞인 서해에 미 해군 항공모함 전투단이 출현하였다. 항공모함의 작전 반경 안에 베이징, 상하이 등 중국의 주요 도시들이 들어가기 때문에 이는 중국의 긴장을 야기했고 중국은 군사훈련

52 達巍, "構建中關新型大國關系的路徑選擇,"『世界經濟與政治』, 2013年第7期.

을 반대하는 일련의 행동조치를 취하였다. 우선 외교부 대변인 친강(秦剛)은 7월 8일 정례브리핑에서 "중국은 외국 군함과 군용기가 서해 및 중국 근해에 진입해 중국의 안보 이익에 영향을 미치는 활동을 하는 것을 결연히 반대하다"고 말했다.[53] 이와 동시에 중국 동해함대는 6월 30일부터 7월 5일까지 동중국해에서 실탄훈련을 진행하였다. 그리고 중국 근해에 들어온 항공모함에 대응하기 위해 7월 18일부터 중국의 7대 군구의 난징군구(南京軍区)와 제난군구(済南軍区) 등은 황해(서해) 해역에서 항공모함 야간 협동 공격에 대비하는 군사훈련을 실시하였다.[54]

또한 중국은 국방비를 늘려 자국의 군사력을 발전시켰다. 2011년부터 중국의 국방예산은 1000억 달러에 달하였다.[55] 미국의 2011년 7250억 달러의 국방비보다는[56] 뒤지지만, 군사대국으로 인정을 받은 러시아의 494억 달러보다[57] 높은 예산이다. 2014년까지 중국의 국방비 예산은 12.2%가 증가했고 1300억 달러에 달하였다.[58] 중국이 처한 복잡한 지정학적 위치로 인해 세계 50% 이상의 국제문제가 중국의 주변에서 일어나고 있다. 이

---

53 중국 외교부 정례브리핑, 2010年7月8日.

54 "2010年我國軍事演習頻繁, 抱團聯演已成常規路數," http://news.sina.com.cn/c/sd/2010-12-13/140821631932.shtml(검색일: 2013년 8월 7일).

55 "2011年國防費預算大約6011億元 比上年增長12.7%," http://news.xinhuanet.com/politics/2011-03/04/c_13761007.htm(검색일: 2013년 8월 7일).

56 "美國衆議院通過2011財年國防預算案," http://news.xinhuanet.com/world/2010-12/18/c_12892987.htm(검색일: 2013년 8월 7일).

57 "2011年俄羅斯軍費開支自1993年以來首次超過法國 ," http://news.xinhuanet.com/mil/2012-04/19/c_123006840.htm(검색일: 2013년 8월 7일).

58 "中國國防費增長12.2% 維護國家安全正當需要
," http://news.xinhuanet.com/politics/2014-03/05/c_119623528.htm(검색일: 2014년 9월 7일).

때문에 중국은 중국의 해외 이익은 국가 이익의 중요한 부분으로 국방비의 증가는 국가 안보를 위한 중요한 수단이라고 설명하고 있다.[59]

다른 한편 중국은 주변외교를 적극적으로 전개하였다. 우선 중국은 새로운 주변외교 정책을 제기하였다. 2010년부터 중국 외교의 공세적 행위로 야기한 주변국의 불만을 완화시키기 위해 "친(親), 성(誠), 혜(惠), 용(容)"의 주변외교 전략을 제기하고 지역의 운명공동체를 구축하고자 하였다.[60] "친, 성, 혜, 용"으로 주변외교를 강조함으로써 2009년부터 주변국과 중국의 각종 분쟁으로 인한 갈등관계를 완화시키려는 목적이다. 동시에 "용(容)"은 중국 상서(尚書)에서 "해납백천, 유용내대(海納百川, 有容乃大: 바다는 온갖 시내를 받아들이니 그 너그러움이 있어 거대하다)"로부터 나오며 포용하는 사상을 내포하고 있다. 아시아의 국가와 더 넓은 마음으로 적극적 협력을 통하여 아태지역을 발전시키는 것을 의미한다. 이는 기존의 "목린(睦隣), 안린(安隣), 부린(富隣)"이라는 이른바 후진타오 정부 시기 주변외교의 삼린정책(三隣政策)에서 한층 더 심화된 것이다.

또한 중국은 다자 협력 기구에 대한 내포의 심화 및 외연의 확대를 통해 자국이 주도하는 주변 경제 협력을 추진하였다. 내포의 심화란 중국이 기존의 다자 협력 기구에 새로운 운영 방식을 주입한 것이다. 상하이협력기구(SCO: Shanghai Cooperation Organization)[61]를 예로 들면, SCO는

---

59 "理性看待中國國防費," http://www.mod.gov.cn/intl/2014-03/06/content_4494857.htm(검색일: 2014년 9월 7일).

60 "中國特色周邊外交的四字箴言 : 親、誠、惠、容," 新華網, http://news.xinhuanet.com/world/2013-11/08/c_118063342.htm(검색일: 2014년 9월 7일).

61 상하이협력기구(上海協力機構, Shanghai Cooperation Organization)는 러시아, 중국, 카자흐스탄, 키르기스스탄, 타지키스탄과 우즈베키스탄이 1996년 결성한 지

2009년 10월 14일 베이징에서 개최한 8차 총리회담에서 회원국 간 무역거래 시 달러가 아닌 자체 통화 사용 방안을 제안하고 SCO 개발은행을 추진하였다. 외연의 확대는 기존의 다자협력기구의 범위를 확대시킨 것을 의미한다. 예컨대, 중국은 아세안+3의 기초에 아세안 국가와 함께 RCEP(Regional Comprehensive Economic Partnership, 역내포괄적경제동반자협정)를 제기하였다. 중국은 아시아 지역 내 다자협력기구에 적극적으로 참여하고 상호 협력할 뿐만 아니라 융합된 이익 공동체를 만들고 최종적인 운명공동체를 지향하고 있다. 중국 주변외교의 안배는 미국이 주도한 TPP에 대한 균형 행위로 자국의 영향력 및 아태지역의 위상을 높이려는 것이다. 결과적으로 중국은 "세 개 공동체(三個共同体)"−이익 공동체, 운명 공동체 및 책임 공동체를[62] 만들고자 한다.

나아가 중국은 동아시아에서 미국의 주변 동맹을 와해시키려고 하였다. 동아시아 지역에서는 미국이 가장 중요시하는 한미동맹과 미일동맹이 존재한다. 그런데 한중 양국 간의 협력 수준은 기존의 경제·무역 분야에서 한 단계 더 나아가 공동적 북핵문제와 일본의 우경화문제를 포함한 지역 안보 영역에까지 대응하는 전략적 동반자관계로 격상되었다. 한미동

역안보 모임이다. 회원국 상호 간 신뢰와 우호 증진, 정치·경제·무역·과학기술·문화·교육·에너지·교통·환경보호 등의 분야에서 협력과제 구축, 역내 평화와 안보·안전을 위한 공조체제 구축, 민주주의와 정의·합리성을 설립 목표로 삼고 있다. 매년 "평화사명"이라는 이름으로 정기적으로 군사훈련을 진행한다.

62 리커창 총리는 2014년 4월 6−8일 보아오아시아포럼에서 연설을 통해서 세 개 공동체 구상을 제안하였다. 中新網, "李克强首提構建三個共同體," http://www.china.com.cn/news/2014−04/11/content_32061584.htm(검색일: 2014년 11월 23일).

맹은 미국의 동맹 체계 속에서 가장 박약한 동맹이라고 생각하는 중국의 일부 전문가들 사이에서는 한중동맹을 맺어야 한다는 주장도 나왔다.[63] 중국 외교부 한반도 담당 외교관도 한미동맹의 미래를 비관적으로 전망하고 20–30년 내에 반드시 변화가 일어날 것으로 예측하였다.[64] 그러나 한미동맹은 냉전 후 조정을 거쳐 그 영역이 군사부터 경제에 이른다는 점, 한국사회에 미국식 전반적 가치관 및 이념이 침투하는 점 때문에 북한이라는 적(適)이 없어도 쉽게 와해되기 힘들 것이다. 최근 AIIB(아시아인프라투자은행)와 사드 등에서 문제가 발생하였지만 한미동맹의 공고성을 재확인시켰다. 이는 미국이 동맹을 유인할 수 있는 많은 카드와 역동성을 보유하기 때문에 중국이 미국의 동맹 체제를 아직 흔들 수 없다는 것을 다시 증명한 계기이다. 그럼에도 불구하고 일부 중국 전문가들은 한중관계에 대해 낙관적 평가를 내리기도 한다. 이들의 주장에 대한 학술적 비판을 제기하기에 앞서, 이는 중국이 한국과 가깝게 지내고 미국이 강한 동맹국으로부터 얻는 힘을 분산시키고자 한다는 것을 반증한다. 실제로 긍정적인 요소가 포착되고 있다. 예컨대 한중관계는 2013–2014년에 수뇌의 상

63 옌쉐퉁(閻學通) 중국 칭화대 교수는 2013년 신간인 『歷史的慣性』에서 한중동맹을 제안하였으며 2014년 성균중국연구소 회의에서 다시 한중동맹의 주장을 밝혀 주목을 받았다. 동시에 왕이웨이(王義桅) 인민대 교수와 한반도 전문가와 친북파로 알려진 리둔추(李敦球) 연구원도 같은 입장을 갖고 있다. “李敦球 : 中韓同盟, 有可能嗎？” 環球網, http://opinion.huanqiu.com/opinion_world/2014-10/5178757.html(감색일: 2014년 10월 23일) “王義桅 : 中韓可考慮締結睦鄰友好合作條約,” http://opinion.huanqiu.com/opinion_world/2014-10/5178757.html(검색일: 2014년 10월 28일).

64 인터뷰, 2011년 8월, 베이징.

호 방문이 이루어짐으로써 새로운 밀월기가 형성되었다.[65] 또한 일본의 과거사 문제와 집단자위권행사에 대해서도 한국과 중국이 긴밀히 협력하는 모습을 보였다.

미국은 동아시아로의 회귀를 통해 중국에 대한 균형을 꾀하였다. 이에 대해 중국은 이중적 대미정책을 전개하였다. 즉 미국과의 직접 충돌의 가능성과 위험성을 피하기 위해 신형대국관계를 제안하는 한편 경제력 및 군사력을 확대시키면서 동아시아 지역 내 국가들과의 관계를 강화했다.

정리하면, 미국의 상대적 쇠퇴 및 중국의 급부상, 미국의 아시아 재균형과 중국의 반균형 행위에서 보듯 힘의 격차의 축소로 아시아 역내 힘의 분포의 변화의 물질적 사실들은 중국이 새로운 정체성을 구성하는 데 도움을 주었다. 재균형과 반균형 행위를 취하는 미국과 중국은 중국의 강대국 정체성에 두 가지 함의를 가져온다. 하나는 미국은 부상하는 중국을 강대국으로 간주하기 때문에 아시아 재균형 정책을 펼친다. 다른 하나는 중국이 미국의 아시아 내 역량이 상대적으로 쇠퇴하였다고 평가하기 때문에 이것이 자국에 역내 강대국이 되는 기회를 제공해준다고 인식한다.

65 "中國專家 : 中韓關系將進入'新蜜月期'," http://news.takungpao.com/world/roll/2013-06/1722853.html(검색일: 2014년 7월 8일); "習近平訪韓 : 提升政治互信, 鞏固經貿'蜜月關系," http://www.chinanews.com/hb/2014/07-04/6350314.shtml(검색일: 2014년 7월 8일).

2. 강대국에 대한 담론: 지역대국에서 강대국으로

지금까지 강대국 정체성이 중국 외교에서 지배적으로 등장하는 이유를 살펴보았다. 이후부터는 중국 국내에서 강대국 정체성에 대해 어떻게 인식하는지를 분석하고자 한다.

1) 강대국론의 등장: G2와 C2

강대국론은 중국 국내에서 수동적 회피에서 능동적 추진의 과정을 겪었다. 수동적 회피란 중국은 미국이 제기한 G2를 공식적으로 거부함으로써 강대국의 정체성을 회피하는 것이다. 능동적 추진은 중국이 G2 대신 C2를 제안하고 미국과 공동협력의 방향을 추진해 나가는 것이다. 구체적으로 보자면, 2006년 미국 학계에서 G2라는 용어한 등장한 때로 거슬러 올라갈 필요가 있다. 중국의 GDP는 2006년 영국 및 프랑스를 넘어, 2007년 독일을 제치고, 2010년 일본을 추월해 2위의 경제 대국으로 부상하였다. 2009년 1월 베이징에서 열린 미중수교 30주년 기념 학술행사에서 브레진스키(Zbigniew Brzezinski)가 'G2 회의'를 주창하여 주목받기 시작하였다. 중국이 미국과 세계를 공동 통치하는 G2를 수용하는 데는 무리가 따르겠지만 실제로 동아시아 지역 내에서 대국으로 부상한 것을 부인하기는 어렵다. 미국이 제기한 미중 "공동통치"는 중국을 G2가 아닌 미국과 협력을 강조하는 C2(cooperation 2)로 규정하였다.[66] C2는 중국이 미중 양국 간 소통 신뢰, 상호 존중, 협력을 중시하고 윈-윈 할 수 있는 협력적 관계로 발전시키는 것을 의미한다. 그 핵심 내용은 2012년 5월 제4차 미중 전략경제대화에서 제기한 신형대국관계 개념이다. 신형대국관계는 불충돌, 불대항, 상호 존중, 상호 윈윈의 원칙이다. 즉 중국의 미국과의 관계는 냉전기 미소관계의 재연이 아니라 평화 협력과 공영으로 나가는 평화와 협력의 대국관계라는 것이다.[67] 신형대국관계에 대해 미국이 받아들일 것인지, 이 제안을 통해 '강대국 정치의 비극'을 피할 수 있는지 등은 더 지켜봐야겠지만, 주목해야 할 문제는 중국이 '신형대국관계'에 있어 자국이 강대국이라고 인식한다는 것이다.

강대국 정체성에 대해 보다 상세히 설명하면, 시간 범주에서 중국의 강대국화는 아직 시작하고 진행하는 단계이자 강대국으로 지향하고 있다. '중국의 꿈'을[68] 제기한 것처럼 현재 중국은 강대국으로 부흥하는 걸음의 시작 단계일 뿐이다. 현 중국 정부는 건당 100년(2021) 및 건국 100년

66 "習近平概括中美新型大國關系：不沖突，不對抗，相互尊重，合作共贏，" http://news.xinhuanet.com/politics/2013-06/10/c_116107914.htm(검색일: 2014년 7월 1일).

67 戴秉國, "中美不搞G2, 但可以搞C2," http://haiwai.people.com.cn/n/2012/0504/c232573-17004864.html(검색일: 2014년 3월 10일).

68 2012년 11월 시진핑(習近平)을 비롯한 중국 5세대 지도부의 등장과 함께 "중국의 꿈" 담론이 제기되었다. 7인의 상무위원이 '부흥의 길(復興之路)'이라는 특별 전시회를 관람하는 자리에서 시진핑 총서기는 '중화민족의 위대한 부흥'을 전 국민과 민족에게 호소하는 "중국의 꿈(中國夢)" 연설을 발표하였다. 이는 국내외에서 주목을 받았는데, 미국의 CNN과 영국의 BBC는 전국인대 회의를 보도하면서 중국이 이제 전 세계를 대상으로 '아메리칸 드림(American dream)'을 대신하는 '차이니즈 드림(Chinese dream)'을 말하기 시작하였다고 지적했다. 조영남, 『중국의 꿈』(서울: 민음사), 2013, p. 22.

(2049) 이른바 “두 개의 백년(两個百年)”까지 강대국으로 부상하는 것을 목표로 삼고 있다. 따라서 현재 중국은 스스로를 강대국이라 규정하기보다는 강대국으로 부상하는 길을 걷고 있다.

2) 취약한 강대국: 국내적 제한

국제정치에서 강대국으로 부상한 중국의 입장에서는 국내 정치 및 사회 문제와 대외적 문제가 공존하는 이른바 '취약한 강대국'[69]이라는 정체성의 딜레마가 존재한다. 즉 국제정치에서 중국은 강대국의 국가 지위 및 이미지를 갖지만 국내정치의 취약성으로 인해 강대국에 대한 담론은 국내정치와 국제정치 간에 분화되는 현상이 있다. 국내정치를 중심으로 볼 때 중국은 강대국이 아니지만 국제정치 측면에서 본다면 강대국으로 성장하고 있다는 딜레마이다. 대표적인 국내 문제로는 국내 경제발전의 불균형, 소수민족 문제, 민주화 문제 등을 들 수 있다. 예전에는 간과했던 군체성사건(群体性事件)은 인터넷의 보편화와 통신수단의 보급 때문에 빠르게 확산되었다. 2011년 자스민 혁명(茉莉花革命, 모리화혁명)[70]과 우칸사건(烏坎事件)은[71] 바로 그 예다. 결국 중국 정부는 매년 수차례의 군체성사건

---

69 취약한 강대국은 미국의 중국 정치전문가 수잔 셔크(Susan Shirk)의 *China: Fragile Superpower*(Oxford University Press, 2008)의 제목이다.

70 재스민 혁명은 2011년 2월 인터넷을 통해 퍼져 13개의 주요 도시에서 개최가 계획된 중국공산당의 일당체제를 반대하는 시위였다. 결과적으로는 공안에 의한 경계 때문에 소규모 시위가 일어났을 뿐 대규모 시위는 없었다.

71 우칸사건은 2011년 광동성 우칸촌 주민들이 토지강제수용 등에 항의해 9월 21일

이 일어나자 국내 안정을 위해 부득이하게 치안예산[72]을 증가시켰다. 대부분의 중국 학자들은 중국의 국내 안전유지 문제가 심각하다고 보고 있다.[73] 또한 신장 위구르 자치구(중국 영토면적의 1/10을 차지)에서 동투르키스탄의 독립세력, 티베트(중국 영토면적의 1/8)의 달라이 라마의 분열세력 등으로 인해 민족문제와 정치문제가 모두 중국이 글로벌 대국으로 성장하는데 악 영향을 주었다.

이러한 결과를 야기하는 원인은 기존의 민족문제와 민주화문제를 해결하지 못한 것, 갈수록 심화되는 불균형 발전이 야기하는 불공정한 정치경제제도와 연관이 있다. 이러한 국내문제들은 중국이 강대국으로 부상하는데 여전히 남은 숙제라고 할 수 있다. 이에 대한 입장은 일반 민중부터 지도부까지 이미 공식과 같다. 예컨대, 환구시보가 실시한 설문조사에 따르면 중국이 아직 개발도상국이라는 대답이 2012년 79.5%, 2014년 81.7%를 차지했다.[74] 원자바오 총리는 2010년 65차 유엔 총회에서 '중국의

부터 벌인 시위이다.

72 2012년 발표된 수치에 따르면 공공안전지출이 1150억 달러를 넘어 국방예산(1000억 달러)보다 많아졌다. 공공안전지출은 공공의료, 공공교통, 건축안전 등 여러 개의 영역으로 구성되고 있으며 안전유지(維穩) 예산은 그 중 민감한 문제로 공개하지 않기 때문에 알기 어렵다. 維穩費連續3年超軍費引猜疑中國斥偸換概念 http://military.dwnews.com/news/2013-03-05/59152940.html http://military.dwnews.com/news/2013-03-05/59152940.html(검색일: 2013년 5월 29일).

73 于建嶸, "當前壓力維穩的困境與出路——再論中國社會的剛性穩定,"『探索與爭鳴』, 2012年第9期; 張荊紅, "'維權'與'維穩'的高成本困局——對中國維穩現狀的審視與建議,"『理論與改革』, 2011年第3期; 于建嶸, "從剛性穩定到韌性穩定——關于中國社會秩序的一個分析框架,"『學習與探索』, 2009年第5期; 于建嶸, "當前農民維權活動的一個解釋框架,"『社會學研究』, 2004年第2期.

74 2012년 설문조사는 "環球輿情調査顯示八成受訪者認爲中國是發展中國家," http://china.huanqiu.com/roll/2012-08/2990442.html; 2014년 설문조사는 "環

진실에 대한 인식'이라는 제목의 기조연설에서 공식적으로 중국이 개발도상국이라고 주장하였다.[75]

그럼에도 불구하고 중국의 대외정책에 있어 강대국 정체성 인식이 무의미한 것은 아니다. 국제체제에서 강대국은 여타 국가와 비교해 나타나는 막강한 국가에 대한 지위를 가리킨다. 경제 수준(경제규모, 무역, 대외투자) 및 인구 규모, 군사력의 성장, 국제기구에서의 역할[76] 등 여러 측면에서 중국이 강대국으로 성장하는 것은 부인할 수 없다. 특히 중국공산당 18차 당대회에서부터 중국은 공식적으로 대국의 정체성을 강조하였다. 당대회 보고서는 중국 인민의 이익과 각국 인민의 공동 이익을 결합시켜 더욱 적극적인 자세로 국제 사무에 참여하고 책임을 지는 대국의 역할을 발휘하고 글로벌 차원의 도전에 대응하겠다고 하였다.[77]

중국은 국제적 강대국 이미지와 국내적 개발도상국에 대한 두 가지 상반된 인식을 가진다. 정체성에 대한 규정은 중국의 힘의 사용, 국가이익의 규정에 영향을 미치기 때문에 이중적 정체성은 외교정책의 딜레마를 야기할 수밖에 없다.[78] 그렇다면 국가 정체성과 대외정책을 둘러싸고는 어

球輿情調査: 近八成受訪者稱中國走在正確道路上," http://world.huanqiu.com/exclusive/2014-08/5095682.html(검색일: 2014년 12월 20일).

75 "溫家寶 : 認識一個眞實的中國 —在第六十五屆聯大一般性辯論上的講話," http://cpc.people.com.cn/GB/64093/64094/12801561.html(검색일: 2014년 12월 15일).

76 중국과 국제기구의 연구 대표적 저서는 王逸舟,『磨合中的建構: 中國與國際組織關系的多視角透視』, 中國發展出版社, 2003.

77 "十八大報告(全文)," http://www.xj.xinhuanet.com/2012-11/19/c_113722546.htm(검색일: 2014년 10월 2일).

78 李少軍, "論中國雙重身份的困境與應對,"『世界經濟與政治』, 2012年第4期.

떤 논쟁이 벌어졌을까?

3) 강대국 외교에 대한 논쟁

강대국의 담론은 중국 대외정책의 의미를 부각시켰고, 중국의 대외정책을 대국의 부흥 혹은 급부상하는 강대국화 과정에서 조정할 필요가 있는가라는 문제가 대두되었다. 학계에서 토론의 중심 의제는 만약 중국의 힘이 앞으로 계속 커진다면 중국은 자신의 권력을 어떻게 행사할 것인가? 이는 국제사회에 어떤 영향을 끼칠 것인가? 중국은 내정과 외교에 대해 어떤 개혁을 촉진해야 국제사회에서 강대국의 역할을 긍정적으로 수행할 것인가? 등으로 중국 내에서는 치열한 논쟁이 진행되고 있다. 다시 말해, 대외정책에 있어서 도광양회인가 유소작위인가, 양자 사이에 어떤 균형점을 맞춰야 하는가의 문제이다. 중국 외교의 강경파와 온건파는 다음 몇 가지 부분에서 의견차를 보였다.

첫째, 중국의 국제환경에 대한 평가이다. 강경파는 중국의 국제환경은 점차 악화되고 있으며 미국과 서방 선진국뿐만 아니라 중국의 주변국들은 미국이 주도하는 대(対)중국 억제에 영향을 받아, 중국과 영토 문제를 둘러싼 갈등이 빈번하다고 본다. 미국의 동아시아로의 회귀, 서방국가의 중국의 인권 문제와 티베트 신장 등 중국 내정문제에 대한 개입, 미국의 동맹국인 일본과 필리핀이 각 조어도와 남중국해에서 도발행위를 하는 등의 예를 들 수 있다. 온건파는 국제환경이 대체로 평화적이며 중국의 미국을 비롯한 서방국가와의 협력과 갈등의 관계 속에서 협력적 추세가 유력하다고 본다. 이에 따르면, 미중 간 무역액은 1971년의 500만 달러에서 2013년의 5,821억 달러로 증가하였으며, 또한 미국의 동아시아에서의 재균형은 중국을 직접 향한 것이 아니다. 아시아의 부상과 세계 경제의 엔진 효과로 인해 세계 패권국인 미국뿐만 아니라 모든 국가가 자국의 방식으로 아시아 지역의 이슈에 참여함으로써 자국의 이익을 확대하자는 것이다.

온건파에 따르면, 미국은 아시아로의 회귀 전략을 제기하기 전에 사실상 아시아 지역 이슈에 참여하는 것을 확대하고 있었으며 아시아 지역 대국 간에 밀접하게 협력해 왔다.[79] 일부 학자는 미국 재균형의 전략적 중심은 우선적으로 아시아에 있는 러시아 부근을 향해 있으며 중국은 그 다음이라고 생각한다. 그 이유는 미국이 중국의 주변국과 군사 협력을 강화시키는 것은 중국의 부상으로 인한 미중의 패권 경쟁 때문이 아니라, 중국 내란의 가능성에 대비하기 위해 중국 주변국의 군사력을 증강하는 것이기 때문이다. 더 나아가 미국의 아시아 재균형의 최후 목적은 중국의 급부상으로 인한 미국의 패권적 지위 약화의 예방책이라고 지적한다.[80] 그리고 조어도와 남중국해 등의 문제는 바로 각국의 국내정치를 위한 수단일 뿐이며 평화와 협력만이 문제를 해결할 수 있고 이것이 중국과 주변국 관계에 있어서 바람직한 발전 방향이라고 할 수 있다고 주장한다. 중국과 주변국은 하나부터 열까지 같이 죽고 같이 사는 관계(一損俱損 一栄俱栄)로서 주변국은 부상하고 있는 중국을 견제하는 것이지 봉쇄하는 것이 아니

79 兪邃, "這六說值得商権一當前國際形勢與國際關系的若看提法辨析," 『北京日報』, 2014年 4月 28日.

80 趙宏瑞, "專家 : 美'再平衡'重心在俄羅斯, 中國排第二," http://military.china.com/important/11132797/20140829/18746786.html(검색일: 2014년 9월 1일).

라고 여긴다.[81]

둘째, 2009년 이후의 중국 외교에 대한 평가이다. 강경파는 2009년 이후 중국이 취한 행동은 적극적 방어라고 주장한다. 주변국은 미국 중심의 대 중국 억제에 편승하여 중국을 봉쇄하려는 의도로 행동하기 때문에 중국은 부득이하게 적극적 방어 행위를 취한다는 것이다. 예컨대 조어도 영역권을 둘러싸고 일본과의 관계가 악화되는 이유는 바로 2012년 9월 일본 정부의 조어도 국유화 도발 때문이라고 주장한다. 반면, 온건파는 최근 중국의 외교를 비합리적이라고 평가한다. 그들에 따르면 외교는 담판과 합의를 통해 무력 전쟁의 위험을 줄이며 충돌을 회피하고 국가의 이익을 최대한 쟁취하는 것이다. 그러나 중국 외교는 군 내부의 여론, 국내 민족주의 감정 등에 의해 속박되는 모습이 나타난다.[82] 결국 미국은 중국과 주변국과의 관계 악화로 인한 이 지역의 반중 정서를 이용함으로써 용이하게 이 지역의 "맹주"로 복귀하게 된다.[83] 중국의 공세적 외교는 장기적으로 보면 중국의 국제적 이미지에 악영향을 줄 수밖에 없다는 것이다.

셋째, 앞으로 중국 외교정책의 방향이 어디로 갈 것인가에 대한 것이다. 이는 주로 "도광양회냐 유소작위냐"를 둘러싼 논쟁에서 비롯된다.

81 중국의 대외정책에서 대표적인 매파인 군부 뤄위안(羅援) 소장과 대표적인 비둘기파인 우젠민(吳建民) 전 대사 사이에 중국 국제환경의 변화 여부에 대한 토론이 벌어진 바 있다. 그들의 구체적인 토론 내용은 "環宇大戰略," http://v.ifeng.com/news/opinion/2014007/01a470a7-20f4-4669-af07-180ab24210d0.shtml(검색일: 2014년 8월 30일) 참고.

82 資中筠, "我對當下中國的幾點看法," 『當代社科視野』, 2014年第2期.

83 Shi Yinhong, "China and the United States in East Asia," 『전략연구』 제55호 (2012), pp. 61-83.

강경파는 중국의 기존 도광양회의 외교정책은 중국의 국정과 맞지 않으며 외교정책 영역의 개혁이 필요하다고 주장한다. 개혁 방향은 다음과 같다. 첫째, 다른 국가와의 충돌 가능성 증가에 대해 중국은 소극적으로 회피하지 말고 적극적 태세로 대응해야 한다. 둘째, 중국은 국제사회에 참여하는 이상 국제사회에 영향력을 발휘해야 한다. 셋째, 중국은 비동맹 정책을 폐기하고 동맹정책을 펼쳐야 한다.[84] 반면 온건파는 중국이 계속 도광양회의 대외정책을 견지해야 하며 현재의 공세적 외교를 합리적 외교로 개혁할 필요가 있다고 주장한다. 개혁 방향에 대해서는 우선 중국과 주변국의 영역 분쟁으로 인한 충돌 위험을 최대한 줄이고 "논쟁보류 공동개발(擱置争議共同開発)"을 원칙으로 삼아 외교적 수단으로 분쟁을 해결해야 한다. 둘째, 중국이 국제사회에 참여하여 중국의 부상으로 인한 부가적 이익(紅利)을 국제사회와 함께 누린다. 셋째, 동맹은 냉전의 유산이며 냉전식의 제로섬 게임(zero sum game)은 중국의 평화 발전과 정반대의 방향이라는 입장이다.

84 閻學通, 『歷史的慣性』, "中國應放棄不結盟政策 周邊12國爲結盟對象," 鳳凰網 http://phtv.ifeng.com/program/hydzl/detail_2012_07/09/15883874_0.shtml(검색일: 2014년 4월 9일).

〈표 5-1〉 중국 국제환경의 변화와 외교정책에 대한 논쟁

	매파	비둘기파
국제환경 변화 여부	중국의 국제환경 악화. 1. 미국과 비롯한 서방국가가 중국을 억제하려고 한다. 2. 주변국은 중국과 영토분쟁이 빈번하다. 3. 중국 국내 문제에 대한 간섭이 증가한다.	대체로 평화적인 국제환경. 1. 중국은 미국을 비롯한 서방국가와 협력하면서 견제하지만 대체로 협력적 추세이다. 2. 미국의 아시아 재균형은 중국을 향한 행동이 아니다. 3. 영토분쟁 문제는 당사국 모두 책임이 있으며 평화적 해결이 대세이다.
최근 외교에 대한 평가	적극적 방어이다. 1. 중국 공세적 태도는 바로 미국의 동아시아로의 회귀와 주변국의 대중 봉쇄 때문이다. 2. 중국은 과거 영토 영해 분쟁에 대한 소극적 회피를 수정하고 적극적 방어정책을 펼쳐야 한다.	비합리적이다. 1. 외교 행위자의 문제: 군인과 대중의 민족주의 감정이 외교에 개입한다. 2. 미국은 아시아를 떠난 적이 없으며, 단지 중국의 오만한 태도 때문에 주변국이 중국을 견제하는 것이다.
외교개혁 방향	대유소위(大有所爲) 1. 타국과 충돌에 대해 소극적으로 회피하지 말고 적극적 태세로 대응해야 한다. 2. 중국은 국제사회에 참여하는 이상 국제사회에 영향을 끼쳐야 한다. 3. 중국은 비동맹 정책을 폐기하고 동맹정책을 펼쳐야 한다.	도광양회(韜光養晦) 1. "논쟁보류 공동개발(擱置爭議共同開發)"을 원칙으로 외교적 수단을 통해 분쟁을 해결해야 한다. 2. 국제사회와 융합하면서 중국 부상의 보너스(紅利)를 함께 누린다. 3. 비동맹 정책을 견지하고 제로섬 게임(zero sum game)을 방지해야 한다.

(출처: 閻學通, "中國應放棄不結盟政策, 周邊12國為結盟對象,"『鳳凰網』, 寰宇大戰略, 2012年7月8日; 罗援·曲星, "2014年中國外交和軍事戰略如何协调,"『鳳凰網』, 寰宇大战略, 2014年1月26日; 吳建民·羅援. "中國外交战略是否处于十字路口,"『鳳凰網』, 寰宇大戰略, 2014年7月20日; 羅援·何茂春·宋忠平·趙啓光, "中美能否在亞太和平共處,"『鳳凰網』, 一虎一席談, 2014年10月4日)

위에서 살펴보듯, 대외 강경파와 온건파는 국제정치 환경, 중국 근래 외교에 대한 평가, 중국 외교 개혁 방향에 대해 상당히 다른 시각을 보

이고 있다. 이러한 견해차는 바로 경제적 급부상, 해외 이익의 확대와 중국 국제 지위의 상승으로 인한 자국 정체성에 대한 서로 다른 인식에서 유래한다. 매파의 비관적인 신현실주의 사고방식과 비둘기파의 낙관적 자유주의 사고방식 간의 논쟁이 중국 국가 정체성에 대한 인식상의 차이를 반영하기도 한다. 물론 매파와 비둘기파는 각각 대표하는 이익이 있고 이들의 중국 외교정책에 대한 조언은 중국 대외정책의 부분적 현상과 관련된 것이기도 하다. 하지만 그들의 논쟁은 중국의 급부상 속에서 중국이 과연 강대국인가에 대한 국내의 고민을 반영한다.

3. 포괄적 핵심이익 추구

1) 핵심이익의 제기

중국은 미국과 힘의 격차가 줄어드는 과정에서 포괄적 국가이익을 강조하였다. 2009년 1차 미중 전략경제대화가 끝난 후 중국은 '핵심이익'을 공식적으로 제기하였다. 중국 국무위원 다이빙궈(戴秉国)는 핵심이익이 사회주의 기본제도와 국가안보 수호, 국가주권과 영토보전, 경제 및 사회의 지속적이고 안정적인 발전이라고 정의하였다.[85] 2011년 국무원은 『중

85 "戴秉國: 首輪中美經濟對話, 除上月球外主要問題均已談及," http://www.chinanews.com/gn/news/2009/07-29/1794984.shtml(검색일: 2013년 4월 8일).

국의 평화적 발전』(中国的和平発展) 백서에서 다시 중국의 6가지 핵심이익을 제기하였다. 그 내용은 국가주권, 국가안전, 영토안전, 국가통일, 중국 헌법에 의한 국가 정치제도와 사회대국의 안정, 경제사회의 지속적 발전 등 6가지 내용을 포함한다.[86] 중국의 국가 핵심이익은 앞서도 계속 살펴보았듯 안보이익(국가안전, 영토안전), 정치이익(국가주권, 국가통일, 국가 정치제도) 그리고 경제와 발전이익(경제 및 사회의 지속적이고 안정적인 발전) 등 세 가지로 분류할 수 있다.

중국이 핵심이익을 제기하는 데는 두 가지 목적이 있다. 하나는 중국의 레드라인을 표명하는 것이다. 핵심이익에 대해 중국이 양보하지 못한다고 선언하는 것이다. 다른 하나는 협력의 공간을 제공해주는 것이다. 레드라인을 침범하지 않을 때 많은 협력이 이루어질 수 있다는 것이다. 또한 중국은 2008년 이후 중국의 급부상과 미국의 상대적 쇠퇴로 인한 미중 간 충돌을 회피하는 것이다. 앞에서 지적했듯이 2008년 이후의 미중 간 재균형과 반균형 사이에서 중국은 미국과 충돌을 피하고자 했다. 핵심이익이 제기된 이후 상대국을 비난할 때 쓰는 "중국 내정에 대한 엄중한 침해이다"라는 표현은 "중국 핵심이익을 엄중하게 손상한다"로[87] 교체되었다.

핵심이익의 제기는 중국의 미국에 대한 불신이 여전히 존재하며 중국의 핵심이익에 대한 주요한 위협과 도전이 미국에서 올 것이라고 판단

86 "中國的和平發展白皮書(全文)," http://politics.people.com.cn/GB/1026/15598619.html(검색일: 2013년 4월 10일).

87 "人民日報： 美國必須停止損害中國核心利益之擧," http://mil.news.sina.com.cn/2011-09-22/0731666552.html(검색일: 2013년 4월 8일).

하는 데서 연원한다. 핵심이익을 제기한 후 2010-2012년 세 차례의 미중 전략경제대화에서 후진타오 주석은 중국을 방문한 오바마 대통령과의 회담에서 "서로의 핵심이익을 존중하는 것이 미중관계의 꾸준한 발전을 위해 매우 중요하다"[88]고 강조하였다. 중국 입장에서 볼 때 핵심이익의 제기는 미국에 경계선을 제공함으로써 미국이 중국의 내정에 개입하지 못하게 하기 위한 것이다.

특히 2008년 이후 중국은 대국의 위상을 드러냈지만 역내 강대국인 중국은 세계 패권국인 미국과의 협력 및 경쟁 속에서 강조되는 국가이익, 즉 중국의 안보이익을 추구하는 것이 과거보다 더 중요해졌다. 미국의 동아시아로의 회귀 이후 한미동맹, 미일동맹의 강화, 조어도·남중국해 문제가 나타나고 일본 및 베트남 등 중국과 해양 분쟁이 있는 국가들과의 영역분쟁이 빈번하게 일어났기 때문이다.

중국 안보환경의 악화로 인해 중국 지도부 내에서는 18차 당대회 이후부터 군사와 안보문제에 대한 집단학습이 많았다. 18차 당대회 이후 출범한 18차 중국공산당 중앙정치국에서 2012년 11월 17일부터 2014년 6월 30일까지 실시한 집단 학습의 내용을 살펴보면, 대체로 정치개혁(법치) 3차, 경제(시장경제 작용강화) 1차, 이데올로기(반부패, 당풍 건설) 5차, 환경 문제 1차, 과학기술 혁신 문제 1차, 민생 문제 1차 및 외교안보 문제 4차 등 모두 16차례 실시되었다. 집단학습의 횟수를 통해서도 중국 지도부가 외교안보 문제를 중요시하는 것을 알 수 있다. 18차 당대회 이후 중국공산

88 "美國必須停止損害中國核心利益之擧," http://news.xinhuanet.com/world/2011-09/22/c_122070921.htm(검색일: 2013년 4월 10일).

당중앙정치국 군사외교 영역에 대한 집단 학습의 주요 내용은 아래와 같다.

〈표 5-2〉 18차 중국공산당 중앙정치국 집단학습 중 군사 외교 분야

차례	내용	발언자 또는 강의자	비고
第3차 2013년 1월 28일	평화발전 전략과 핵심이익 고수	양제츠(楊潔篪) 외교부 부장, 왕자루이(王家瑞) 중공중앙대외연락부 부장, 천더밍(陳德銘) 상무부 부장	중국 외교의 연속성 강조
第8차 2013년 7월 30일	해양 전략 촉진	쩡헝이(曾恒一) 중국 해양석유총공사 기술 엔지니어, 가오즈궈(高之國) 해양발전전략연구원	해양 강국, 해외 이익을 수호. 분쟁에 대해 "주권은 우리에게, 쟁의는 보류, 공동개발(主權歸我, 擱置爭議, 共同開發)"을 강조
第8차 2013년 12월 30일	국가문화 소프트파워 제고	선짱하이(沈壯海) 무한대 교수, 황즈지안(黃志堅) 전국선전간부학원 교수	국제발언권 제고, 문명의 다양성 강조, 국제 평등 정의를 수호하는 책임대국 이미지 건설
第14차 2014년 4월 25일	국가 안전과 사회 안정	왕융칭(汪永清) 중국공산당 중앙정치법률위원회 비서장	국가안전위원회 창설 후 최초로 국가 안전과 사회 안정에 대한 집단 학습
第17차 2014년 8월 29일	세계 군사 발전의 새로운 추세, 중국 군사 개혁	샤오톈량(蕭天亮) 국방대 전략연구부 교수	군사혁신, 18기3중 전회 군대 고위급 인사 조정 위해 준비

(출처: 中共中央政治局集体学習," http://www.12371.cn/special/lnzzjjtxx/(검색일: 2014년 12월 15일)

강대국으로 발전하는 와중에 중국은 국내적 한계와 국가 안보환경을 모두 중요시할 수밖에 없었다. 중국 외교정책을 자문한 왕지스(王緝思)

가 주장한 것처럼 “중국 역대 정부가 걱정하는 것은 내부의 혼란이 외부의 불안으로 이어지면서 정권이 무너진 수많은 경우이며 그러한 경험을 중국 정부는 잊을 수 없다.”[89] 내우외환(内憂外患)의 처지를 벗어나기 위해 중국은 아시아에서 새로운 정책을 전개해야 할 시점을 맞게 되었다.

2) 포괄적 국가이익과 강대국 외교

포괄적 국가이익에 대해 중시하면서 중국은 강대국으로서 대국외교로 나아가고 있다. 2013년 6월 왕이(王毅) 중국 외교부장은 칭화대학교에서 주최한 “세계평화포럼”에서 “중국 특색 대국외교의 길 모색”이라는 주제로 발언한다. 이 발언은 외교부장직에 취임한 지 3개월 된 왕이(王毅)가 처음으로 시진핑 정부의 외교정책에 대해 공개적으로 발언한 것으로 주목을 받았다. 발언 제목에 나온 것처럼 시진핑 정부의 중국 외교정책은 중국 특색 대국외교라는 기본적 외교 노선을 견지한다. 이 발언에서 먼저 중국은 발전중대국(発展中大国)으로 중국의 정체성을 규정한 다음, 적극적 외교관계 구축, 주변 우선발전도상국과의 운명공동체 수립, 개방 확대와 기회 공유, 적극적인 국제 및 지역 현안 해결 참여, 국제질서와 널리 인정되는 국제정치의 원칙 지지, 국민의 해외 이익 수호 등을 골자로 하는

89 Jisi Wang, “China s search for a grand strategy: a rising great power finds its way,” *Foreign Affairs*, Vol. 90 No. 2, 2011, pp. 68–79.

이른바 "중국 특색 대국외교의 발전 방향"을 제시하고 있다.[90] 이상주의와 현실주의가 공존하는 시진핑 정부는 등장한 지 3개월 만에 처음으로 정부의 공식적인 외교 정책을 발표하면서 "대국외교"라는 용어를 중국 외교 사상 처음으로 명확히 밝혔다. 중국은 발전도상국이라는 정체성을 줄곧 주장해 왔고 대국외교의 길을 제기한 적은 없었다. 당시 외교부 부장의 공식적 발언을 계기로 시진핑 정부는 지배적으로 나타나기 시작한 강대국 정체성 담론을 바탕으로 외교정책을 조정하려는 시도를 공식화하기 시작했다.

현재까지 중국의 강대국 외교는 경제 영역, 정책 방향 및 안보 영역이라는 세 가지 경로를 통해 전개되었다.

우선 중국은 동아시아 지역에서 경제 영역에 대해 새로운 경제 질서를 수립하고자 하였다. 중국은 미국과 일본이 주도하는 아시아개발은행(ADB) 등 기존 역내 금융질서를 재편하고자 했다. 2013년 10월 2일 중국 시진핑 주석은 인도네시아를 방문하여 아시아인프라투자은행(AIIB) 설립을 제안했다.[91] AIIB는 아시아 개발도상국 등의 인프라 정비를 자금 면에서 지원하는 역할을 담당하고 아시아 경제의 일체화를 목표로 하고 있다. 출범 자본금 규모는 1000억 달러 이상으로 30개국 이상의 회원국을 끌어모을 계획이다.

2014년 8월, 20개 회원국 대표가 AIIB 제4차 회의에 참석하는 가운데 양해각서(MOU, Memorandum of Understanding)를 만장일치로 통과시켰

90 王毅, "探索中國特色大國外交之路,"『人民論壇』, 2013年第22期.

91 "習近平: 中國倡議籌建亞洲基礎設施投資銀行,"『人民網』, 2013年10月9日.

다. 그 후 중국은 몽골과의 관계를 '전면적 전략 동반자 관계'로 격상시켰고 몽골은 중국이 추진 중인 AIIB에 대해 적극적인 참여 의사를 밝혔다. 왕이(王毅) 외교부장은 7월 인도를 방문하여 인도의 참여를 공식적으로 제안하였고 8월 말 인도 정부는 AIIB에 참여를 고려하고 있다고 알려졌다.[92]

반면, 한국은 AIIB가 취하고 있는 지배구조의 방식을 우려했다. 중국의 자본분담금을 50%로 설정하고 있는 AIIB 구성에 따르면, 다자개발은행이라기보다는 중국 중심의 중국개발은행(CBD)에 가깝기 때문이다.[93] 중국이 추진하는 지역 금융제도의 변혁은 결국 중국의 정치적 영향력을 대폭 증가시키며 그 결과로 아시아 국가들이 중국에 과도하게 의존하는 상황을 초래할 우려가 있다.[94] 이러한 우려에 대해 러우지웨이(楼継偉) 중국 재정부장관은 중국이 자분분담금을 많이 보유하겠다는 것은 일방적으로 AIIB를 지배하려는 것이 아니고, 중국이 AIIB를 설정하겠다는 결심을 밝히기 위한 것일 뿐이라고 발표하였다. 또한 AIIB는 세계은행과 경쟁하려는 것이 아니고 세계은행이 소홀하게 여기는 발전도상국가의 인프라 건설에 투자하는 목적을 가지기 때문에 상호 협력적 관계라고 설명했다.[95]

92 "外媒：印度考慮加入亞洲基礎設施投資銀行," http://finance.ifeng.com/a/20140828/13016255_0.shtml(검색일: 2014년 9월 1일).

93 이지용, "중 경제벨트 구상과 AIIB," 《국민일보》, 2014년 9월 1일.

94 한우덕, "중국의 가오테 외교, " 《중앙일보》, http://article.joins.com/news/article/article.asp?total_id=15625691&cloc=olink|article|default(검색일: 2014년 5월 27일).

95 "樓繼偉談亞洲基礎設施投資銀行: 不是說中國一定控股," 『中國新聞網』http://finance.chinanews.com/fortune/2014/04-10/6050898.shtml(검색일: 2014년 5월 27일).

또한 중국이 AIIB 지분을 가장 많이 보유하지 않아도 상관없다고 하면서 미국·일본·유럽 국가들의 참여도 환영한다고 표명했다.

비록 중국 측이 지역 내 타 국가의 우려를 감소시켰다고 하지만 중국 GDP의 규모와 AIIB의 지분을 연결시킨다면 중국이 지역 내 금융질서의 변화를 적극적으로 꾀하고 있다는 것을 쉽게 알 수 있다. 중국은 세계은행에서 미국(15.58%)과 일본(6.84%)에 이어 4.42%의 지분을 차지하고 있지만 미국이 세계은행에서 유일하게 거부권을 행사할 수 있으며 세계은행 총재의 임명권을 갖고 있기 때문에 세계은행은 미국화의 산물이라고 본다.[96] 따라서 아시아 지역에서 중국의 발언권을 확대시키기 위해 AIIB를 설립하고 주도하는 것이다.

아시아 지역 경제 질서의 재편을 시도하면서도 중국은 러시아, 인도, 브라질, 남아프리카공화국 등 브릭스(BRICS) 국가들과 함께 브릭스의 자체 개발은행인 신개발은행(NDB)을 2014년 7월 16일 설립하였다. 7월 중순에 브라질에서 열린 브릭스 정상회의에서 이를 합의하였으며, 신개발은행의 설립은 세계경제 질서 재편의 신호로 볼 수 있다.[97] 브릭스는 500억 달러의 초기 자본금을 5개국이 100억 달러씩 출자하고 5년 안에 자본금을 1000억 달러로 확대하는 방침에 합의했다. 신개발은행 본부는 중국 상하이에 들어서고 5년 임기의 초대 총재는 인도 출신 인사가 맡게 된다.

96 "世界銀行：美國化和政治化," http://finance.sina.com.cn/review/20070603/01503656111.shtml(검색일: 2014년 9월 15일).

97 "브릭스 개발은행 설립, 세계경제질서의 재편 신호," http://www.yonhapnews.co.kr/bulletin/2014/08/16/0200000000AKR20140816058700094.HTML?from=search(검색일: 2014년 8월 30일).

신개발은행 설립은 브릭스 신흥경제체제의 굴기와 국제금융구조 개혁의 실질적 진전이라는 상징적인 의미를 지니고 있다. 이는 브릭스 국가의 협력이 과거 정상 간 협상에서 경제 및 금융 측면의 협력까지 확대되고 협력적 레짐을 설립하는 단계에까지 도달한 것을 의미한다.[98] 물론 신개발은행이 규모와 중요성 측면에서 미국이 주도한 경제 질서를 대체할 수는 없지만, 현재 미국이 주도하는 국제금융질서에 대해 새로운 합리적 조정을 촉진할 수 있는 능력을 무시할 수는 없다. 특히, 중국은 신개발은행의 위기대응기금(총액 1000억 달러) 중 410억 달러를 분담하기로 했다. 종합적으로 중국은 신개발은행에서 39.95%의 투표권을 가지게 된다.[99] 즉 이는 위안화의 세계화, 현존 국제금융질서의 개혁, 중국의 국제적인 책임 부담 등을 촉진하는 효과가 있으리라고 예측된다.[100]

한편 경제외교를 추진하기 위해 중국 외교부는 전문적 경제외교 부문을 창설하였다. 2012년 10월 국제경제사(国际经济司)를 창설하였다. 양제츠(楊潔篪) 외교부장은 국제경제사 창설 목적은 경제외교를 강화하고 서로 윈윈 할 수 있는 대외개방정책을 실현하기 위한 것이라고 밝혔다.[101] 또한 2013년 12월 외교부는 국제경제금융자문위원회(国际经济金融咨询委

98 徐秀軍, "金磚銀行經不起過度解讀,"『财經國家周刊』, 2014年第15期.

99 "央行 : 金磚銀行中國投票權爲39.95%," http://finance.huanqiu.com/data/2014-07/5070469.html(검색일: 2014년 8월 30일).

100 黄志勇·鄺中·顔潔, "世界銀行的經驗及其對籌建亞洲基礎設施投資銀行的啓示,"『東南亞縱横』2013年12期; "金磚銀行總部設在上海 專家稱彰顯中國責任," 環球網, http://world.huanqiu.com/article/2014-07/5066585.html(검색일: 2014년 8월 9일).

101 "外交部成立國際經濟司," http://news.xinhuanet.com/politics/2012-10/09/c_113314912.htm(검색일: 2014년 3월 27일).

員会)를 설립하였다. 위원회는 섭외금융문제, 국제금융협력, 다자경제정상회담 등의 영역에 중국의 발언권을 확대하기 위한 것이다.[102]

다음으로, 정치이익에 대해 중국은 국제 위상을 높이려고 책임대국과 대국외교를 전개하였다. 중국이 강대국외교를 펼쳐야 한다는 인식이 소극적 외교정책을 대신해 급속도로 등장하였다. 예쯔청(葉自成)은 대국외교를 실행해야 한다고 주장해왔는데, 그에게 대국외교란 반드시 중국의 종합적인 국력이 미국을 초월했을 때에만 실시할 수 있는 것은 아니다.[103] 그에 따르면, 가장 중요한 문제는 대국외교의 마인드이다. 즉 근대 중국이 열강으로부터 받았던 굴욕적 외교의 어두운 그림자와 피해의식에서 벗어나고, 대국의 자신감과 이상, 그리고 정상적인 마인드를 회복해야 한다는 것이다.[104] 중국 사회과학원 쉬진(徐進) 연구원은 중국 외교 영역의 개혁이

---

102 "中國外交部成立國際經濟金融咨詢委員會," http://www.chinanews.com/gn/2013/12-03/5576525.shtml(검색일: 2014년 3월 27일).

103 예쯔청(葉自成)은 중국이 대국인가 아닌가에 대해서 세 가지 과제를 해결해야 한다고 주장한다. 첫 번째로, 경제, 군사 및 과학기술 등 포괄적인 능력을 전면적으로 발전시켜나가야 하지만, 향후 일정한 기간 동안에 경제와 안보 중 어느 것에 우선적으로 중점을 두어야 할 것인지의 문제이다. 두 번째 문제는 국내 정치에 있어 중국이 향후 서방의 민주 발전 모델을 추구해야 하는지 아니면 중국 특색의 민주화를 모색해야 하는지의 문제이다. 세 번째는 대외 관계의 분야에서 중국이 어떠한 외교 전략을 선택하느냐의 문제이다. 이상 세 가지 과제는 첫 번째는 하드파워, 두 번째와 세 번째는 정치력인데 소프트파워로 볼 수 있다. 그리고 옌쉐퉁도 종합국력=정치력*(군사력+경제력+문화력)으로 도식화하였다. 그들은 국력을 판단할 때 모두 외교를 포함한 정치력을 강조한다. 예쯔청에 대한 인터뷰, 정덕구,『거대 중국과의 대화』(서울: 삼성경제연구소), 2004, pp. 189-209. 閻學通,『歷史的慣性: 未來十年的中國與世界』, 北京: 中信出版社, 2013, p. 19.

104 중국의 대국외교 전략은 중국이 전 세계의 모든 지역과 국가의 모든 일에 관심을 갖겠다는 것을 의미하지는 않는다. 또한 대국외교 전략의 실시가 미국에 대항하는 것을 의미하지도 않는다. 중국은 대국외교 실시 여부와 상관없이 미국의 패권주의

필요하며 6가지 관성화된 잘못된 인식을 타파해야 한다고 주장한다. 중국의 6가지 잘못된 인식이란 저자세를 유지하는 것(保持低調), 비동맹 정책을 고수하는 것(不応結盟), 글로벌 리더십을 맡지 않는 것(不応充当領秀), 슈퍼 파워가 되는 것을 회피하는 것(不会成為超級大国), 미중관계를 가장 중요시하는 것(中美関系最重要), 외교를 경제발전을 위해 복무시키는 것(外交服務経済発展) 등이다.[105]

마지막으로, 안보 영역에서는 2014년 9월 중국이 주최하는 국방·안보 포럼인 5차 향산포럼(香山論壇)에서 한국, 미국, 북한, 일본을 비롯한 50여 개국 국방부 실무자를 초청하였다. 2006년부터 격년제로 열려온 향산포럼은 2014년부터 중국 국방부가 직접 관여하면서 '트랙2'(민간) 형식에서 '트랙1.5'(반민반관) 형식으로 격상되었다. 향산포럼 준비영도소조의 위안즈밍(袁志明) 사무총장은 이번 회의에서 규모를 확대하고 수준을 격상시킨 것은 "아태지역 안보 분야의 새로운 변화와 협력의 새로운 요구에 적응하기 위한 것"이라고 말했다. 시진핑 주석이 '신안보관'을 주창한 것과 맞물려 이는 중국이 아시아 태평양 지역에서 국방·안보 분야에서도 주도권을 강화하겠다는 의도가 담긴 것이라는 분석이 나왔다.[106] 나아가 중국

와 강권 정치에는 반대할 것이다. 중국의 대국외교는 미국의 패권주의에 대한 반대를 목표로 하는 것도 아니며, 미국과 대항하겠다는 것도 아니다. 또한 중국이 인민들을 희생시키면서 대외적으로는 대량 원조를 뿌려가며 대국 행세를 하고 그 영향력을 발휘하겠다는 것도 아니다. 예쯔청에 대한 인터뷰, 정덕구,『거대 중국과의 대화』, 2004, pp. 189−209.

105 徐進, "反思中國外交政策研究中的思維定勢,"『國際政治科學』2014年第3期; "徐進: 中國特色的大國外交特在哪裏," http://opinion.huanqiu.com/opinion_world/2013-07/4081563.html(검색일: 2014년 7월 14일).

106 "중국, 국방포럼 최대규모 개최 50여 개국 참가,"《연합뉴스》, 2014년 11월 17일.

이 금융, 지역안보에 이어 국방 분야까지 미국에 맞서는 국제포럼을 강화하고 있다고 지적되었다. 특히 이 회의는 미국과 그 동맹국이 주도해온 샹그릴라 대화에 대응하는 성격이 짙기 때문이다.[107]

순탄치 않은 강대국의 길로 나아가는 중국은 경제, 정치 및 안보 등 세 가지의 분야에서 강대국의 힘과 영향력을 발휘해왔다. 그러나 이러한 행위를 통해 중국을 미국 주도의 국제질서에 대한 수정주의 세력이라고 보기는 어렵다. 능력과 의도 두 가지 측면에서 본다면, 우선 중국의 의도는 합리적 세계정치경제질서를 건설한다는 것이다. 중국이 주장하는 국제정치경제신질서는 정치 영역에서 영토 및 주권의 상호 존중, 내정의 불간섭, 각국 발전 방식 및 가치관의 존중 등을 포함한다. 경제 영역에서는 비합리적 국제경제질서의 개혁, 후진국의 경제발전 이익 수호 등의 내용을 담고 있다.[108] 이는 현존 국제정치경제질서를 변화시키는 것이 아니다. 램튼(David Lampton)이 지적하듯 현재 국제질서의 수혜자인 중국은 국제질서(특히 글로벌 경제 기구)를 뒤집고 싶은 것이 아니라 단지 기존 국제질서 속에 불공정한 것을 수정하고 자국의 영향력을 확대시키고자 한다.[109] 따라서 세계적 권력 재분배 과정에서 중국과 미국의 전략적 경쟁은 불가피하지만 현존 질서에서 미국과의 협력을 계속 심화할 수밖에 없을 것이다.

이상의 논의를 종합하면, 강대와 취약, 선진과 낙후의 모순적 측면

107 "중국, 금융·지역안보 이어 국방포럼까지 미국에 맞장," 《내일신문》, 2014년 9월 16일.

108 "中國對建立國際政治經濟新秩序的主張," http://www.fmprc.gov.cn/ce/cede/chn/zt/zgwj/t90701.htm(검색일: 2014년 4월 3일).

109 David M. Lampton, *Following the Leader Ruling China, from Deng Xiaoping to Xi Jinping*, University of California Press, 2014, p. 211.

이 중국이라는 하나의 행위자에 함께 존재한다. 중국은 대국이지만 심각한 국내 문제로 인해 아직 취약하고 불완전한 강대국으로 볼 수 있다. 그러나 대외정책에 있어 중국은 경제외교, 정책 방향 및 군사 전략 등 세 가지 영역에서 강대국 외교로 전환하고 있다. 종합 국력 및 심각한 국내문제를 비춰봤을 때 중국은 현재 강대국이 아니지만 향후 강대국으로 부흥하기 위해 강대국 외교의 담론과 행위를 외교 영역에서 지배적으로 펼치고 있다고 할 수 있다.

제3장 포괄적 개입 정책(達則兼済天下)

2008년 금융위기 이후 강대국으로 부상한 중국은 3차 북핵위기에 포괄적으로 개입하였다. 중국의 대북인식에서 새로운 전환이 발생하여 북한문제와 북핵문제를 분리하여 대응하게 되었다. 북핵에 대한 북미대립, 지역안보 문제와 함께 중국의 대국화에 포괄적 인식이 형성되었다. 이러한 인식의 바탕에서 중국은 북핵에 대응하면서 한반도 평화라는 레드라인을 설정하였다. 2차 핵실험 때 중국은 미국에 대한 반균형과 북중 혁명적 정체성을 구축함으로써 북한에 영향력을 확대하고자 하였다. 3차 북핵위기 때 중국은 레드라인에 의해 독자적 위기관리를 진행하였다. 『맹자』에서 "현달하면 천하를 구제함(達則兼済天)"이라 한 것처럼 강대국으로 가는 중국은 종북이나 종미가 아니라 독자적인 포괄적 개입에 나섰다.

1. 3차 북핵위기 때 중국의 대북 인식

1) 대북 인식의 전향

2009년 10월 원자바오 총리 방북이라는 전기를 마련한 것은 핵을 가진 북한에 대한 정책결정을 둘러싼 중국 내부의 논쟁과 대북 기조의 재정립이었다. 2009년 7월 15일 후진타오 직속 외사영도소조 회의가 개최되었고, 2009년 7월 17-20일 베이징에서 개최된 재외공관장 회의기간 중 전현직 북한대사, 외교부장 등이 이례적으로 참석한 가운데 "중국의 대북 정책 관련 내부회의"가 개최되었다.[110]

중국 대북정책과 관련한 내부회의 개최에는 세 가지 배경이 있다. 첫째, 북한은 2009년 5월 2차 핵실험으로 핵위기가 재연되면서 중국의 대응책이 필요했다. 둘째, 중국은 북한의 1차 핵실험에 대한 강압 대응으로 인해 대북 영향력에서 실패한 경험에서 학습효과를 얻었다. 중국은 북한에 대한 영향력을 행사하는 순간 오히려 영향력을 상실한 것이다.[111] 특히 우다웨이(武大偉) 한반도사무 특별대표는 1차 핵실험에 대한 중국의 응대는 미국에게 사기 당한 것이라고 생각했다. 그는 중국의 대북 강경태도는

---

110 이희옥, "북중관계의 새로운 발전," 『동아시아 브리프』, 제5권, 2호, 2010.

111 李熙玉, "中國の朝鮮半島政策の変化と中韓關係," 小此木政夫·文正仁·西野純也 編著『轉換期の東アジアと北朝鮮問題』慶應義塾大學出版會, 2012, p. 49; 李熙玉, "ポスト冷戰期の中朝關係 : 連續と非連續," 『KEIO SFC Journal』 Vol. 10 No. 2, 2011; 이영학, "북한의 세 차례 핵실험과 중국의 대북정책 변화 분석," 『국제정치논총』, 제53집 4호, 2013.

북미의 접근을 야기하고 중국은 양쪽에 영향력을 상실했다고 지적하였다.[112] 셋째, 미국의 동북아 균형정책으로 인해 중국이 포위되고 있다는 의식이 고조되었다. 2009년 5월 북한의 2차 핵실험과 2010년 3월 천안함 사건 후 중국 군대 고위급 현직 장군은 한미 양국이 밀접하게 협력하고 한반도 정세가 불안정하다고 후진타오 주석에게 보고하였다.[113]

2) 대북 인식 구조: 이익에 기초한 재검토

중국 내부에서는 2009년 대북정책에 대한 '백가쟁명'식 논쟁이 있었다. 논쟁의 핵심은 '중국은 북한에게 무엇인가—북한은 전략적 자산인가, 아니면 부담인가—'로, 주제에 대한 다양한 의견을 수렴한 결과, 전통파와 전략파 양측의 대립 속에서 논쟁은 전통파의 입장으로 정리되었다.[114]

전통파의 논지로 논쟁이 종료된 것은 중국이 북한의 전략적 가치에 대한 평가를 재확인하고 동맹 유지의 방향을 재정립하였다는 것을 의미했지만, 전략파의 문제제기와 주장, 대북 인식의 기조는 논쟁 이후 영향력이 소멸된 것이 아니라 최근에도 활발하게 지속되고 있다.[115] 2차 북핵위기

---

112 중국의 북핵문제 전문가에 대한 인터뷰, 2014년 9월 29일, 서울.

113 중국의 북핵문제 전문가에 대한 인터뷰, 2014년 9월 29일, 서울.

114 International Crisis Group, "Shades of Red: China's Debate over North Korea," Asia Report No. 179, 2009.

115 2013년 2월 12일 북한 3차 핵실험 계기로 전략파의 논지가 증대되고 있다. 대표적으로 장롄구이는 북한 핵실험 때문에 핵 방사능 유출 사고가 있을 수도 있다는 우려를 표출하면서 중국이 국제사회에서 북한문제로 인해 부담을 지고 있을 뿐 아

와 1차 핵실험에 대한 중국의 북핵 대응의 학습 효과와 더불어 이 시기 국내 정치사회적 논의의 흐름을 이해하는 것은 중국 지도부의 북핵문제 및 안보 인식을 분석하는 데 중요한 의미를 가진다. 이에 따라 이번 장에서는 전통파와 전략파의 구도로 표현되는 북한문제/북핵문제와 연관된 중국의 정책에 대한 논쟁을 분석하였다.

한국에서는 중국의 한반도 전문가들을 크게 전략파와 전통파 두 가지로 구분한다. 전통파는 북한을 전략적 자산으로 강조하는 입장이다. 북한은 중국의 완충지대로, 상실 시 중국의 전략적 여건이 악화될 수 있다고 고려한다. 전통파 입장에서는 중국이 일정한 비용이 들더라도 북한 체제의 안정성을 유지함으로써 미국을 견제할 수 있다고 판단한다. 이러한 입장과 달리, 전략파는 북한으로부터 피로감을 느끼며 전략적 부담이 된다고 생각한다. 그들은 북한의 지정학적 함정에 빠지는 것보다 북한의 나쁜 행동을 처벌하고 북한을 정상적 국가로 만들어야 한다고 본다. 전략파의 접근 방식이 북핵문제를 미국과의 관계에서 조명한다면, 전통파는 미국과의 정책 조율보다는 중국의 전통적 국익과 주변국과의 선린 관계에서 북핵문제를 보려는 방식을 취한다.[116]

니라 핵실험으로 직접적인 피해를 당할 수도 있다고 주장한다. 핵실험을 강행하는 북한은 중국 주변 정세의 지속적 긴장을 초래하며, 이는 발전에 전념해야 하는 중국의 국가이익을 침해하기 때문에 중국은 북한 핵실험의 최대 피해자라는 인식이다. 장롄구이, "한반도의 비핵화 성패를 가르는 관건적 시기이다" 張璉瑰, "維護朝鮮半島無核化出于成敗關鍵期,"『東北亞論壇』, 2013年第3期.

116 치바오량, "중국의 대한 정책-불편한 전략적 동반자 관계," 문정인 지음,『중국의 내일을 묻다』, 삼성경제연구소, 2010, pp. 332-333. 李熙玉, "中國の朝鮮半島政策の変化と中韓關係," 小此木政夫·文正仁·西野純也 編著『轉換期の東アジアと北朝鮮問題』慶應義塾大學出版會, 2012, pp. 48-49.

이러한 구분은 중국의 북한에 대한 인식과 정책 산출의 복잡성을 과소평가한다고 지적할 수 있다. 우선 전략파와 전통파의 구분은 이분법적 시각이다. 북한에 대한 인식은 단지 친북/반미 혹은 친미/반북의 양자택일의 문제가 아니다. 전략파나 전통파는 모두 중국의 국가 이익에 의해 도출된 견해이다. 둘째, 중국 대북 인식의 복잡성을 간과한다. 예컨대 전략파는 북한이 부담이라고 생각한다. 그러나 전략파 안에서도 북한 방기론자, 북한체제 비판론자, 지정학적 가치 비관론자로 나눠볼 수 있다. 그리고 전통파는 북한을 자산으로 인식하고 있는데 그 안에 북한 포용론, 북한체제 동정론, 완충지대론이 있다.[117] 그리고 규범을 준수해야 한다고 강조하는 규범파도 있다.[118] 결국 전략파나 전통파는 모두 기본적으로 중국의 국가이익을 중시한다는 전략적 사고를 가지고 있다.[119] 따라서 기존과 이익에 대한 인식에 따라 중국의 북한 인식을 다양하게 분류할 수 있다.

기존 구분의 문제점을 고려한 본 연구에서는 여러 파벌의 근본적 차이는 국가이익에 대한 인식과 규정이 다르기 때문이라고 여긴다. 즉 국가이익의 출발점에 따라 그들의 주장을 아래와 같이 구분할 수 있다.

---

117 박용국, "북중관계 재정상화 성격 연구−2차 북핵실험 이후를 중심으로," 성균관대학교 박사학위논문, 2014.

118 李熙玉, "中國の朝鮮半島政策の変化と中韓關係," 小此木政夫·文正仁·西野純也 編著『轉換期の東アジアと北朝鮮問題』慶應義塾大學出版會, 2012, p. 49.

119 리빈, "북핵, 무엇이 문제인가," 문정인 지음, 『중국의 내일을 묻다』(서울: 삼성경제연구소), 2010, pp. 338−339.

〈표 5-3〉 국가 이익에 대한 인식을 기준으로 본 대북 인식과 대북정책

입장 분류	국가이익 인식	대북정책
도의(道義)파	국제위상	약소국 지원(扶傾救弱), 북한 지원
규범파		국제규범 준수
완충지대 낙관파	안보	대북 지원 현상유지
완충지대 비관파		통일 지지, 현상유지 비판
경협파	경제	경협 강화, 경협과 북핵 분리
대미협상 낙관파	대미협상	대미 카드로 활용
대미협상 비관파		북한 방기

가. 도의파(道義)

이 입장은 북한을 중국의 투영이라고 본다. 현재 북한이 처한 국내 경제 악화와 국제 고립의 환경은 중국이 1960-1970년대 처한 환경과 비슷하다. 그들에 따르면, 중국은 역지사지(异地思之)로 약소국 북한에 안전보장을 제공하며 경제 원조를 확대하고 북한체제가 위급할 경우 북한을 구해야 한다.[120] 이들은 또한 북한의 핵개발은 정당성을 지닌다고 여긴다.[121] 2006년 10월 4일 북한 외무성 성명과 1964년 10월 17일 핵실험 직후 중국 정부가 발표한 성명은 비슷한 내용을 담고 있다. 미 제국주의의 핵 공갈과 위협정책에 대한 투쟁으로 북한이 핵실험을 했으나, 그들이 핵무기를 선제사용하지 않을 것이며 핵무기를 전면적으로 금지하고 폐기하는 문

120 虞少華, "朝核問題轉圈與六方會談前景,"『國際問題研究』, 2007年第3期; 王宜勝, "朝鮮半島無核化問題前景分析,"『韓國研究論叢』, 2008年第1期; 王宜勝, "朝鮮戰爭中的危機管理問題研究,"『韓國研究論叢』, 2009年第1期.

121 沈丁立, "朝美棄核政治與前景,"『韓國研究論叢』, 2007年第2期; 于美華, "朝鮮半島形勢及中國政策分析,"『現代國際關系』, 1996年第10期.

제를 논의해야 한다는 것이 중국의 핵실험에 대한 성명의 주요 내용이었다.[122] 핵실험에 성공한 중국에 북한은 이것은 아시아와 세계평화 사업의 거대한 공헌이며 "미제국주의 핵공갈"에 대한 유력한 타격이라고 축전을 보냈다.[123] 이들은 중국이 핵실험에 성공한 북한을 강경한 어조로 비판하고 경제 제재를 가한 것은 이미지를 격추시킨 행위로 본다.

나. 규범파

이들은 중국의 국제위상을 중요시하여 국제 규범을 준수하는 입장이다. 규범파는 두 유형으로 나눠볼 수 있다. 하나는 국제규범에 의해 북한이 핵실험이나 미사일을 발사하면 국제조약에 의해 제재해야 한다는 입장이다. 마찬가지로 북한의 도발 행위가 없는데도 미국이 일방적으로 북한을 압박한다면 중국은 북한을 지지하고 미국을 비판하고 제재해야 한다고 본다. 다른 하나는 전통적 평화공존 5원칙에 따라 중국은 북한의 핵개발을 인정해야 한다는 입장이다.[124] 이와 달리 현실주의적 입장에서 북핵을 비판하지만 북한을 두고 보면서 평화적 외교적 방식으로 해결해야 한다고 주장한다.

---

122 구갑우,『비판적 평화연구와 한반도』(서울: 도서출판 후마니타스), 2007, pp. 284–285 각주.

123 新華社十月十八日訊,《人民日報》, 1964年 10月 19日.

124 李熙玉, "中國の朝鮮半島政策の変化と中韓關係," 小此木政夫·文正仁·西野純也 編著『轉換期の東アジアと北朝鮮問題』慶應義塾大學出版會, 2012, p. 49. 李熙玉, "ポスト冷戰期の中朝關係 : 連續と非連續,"『KEIO SFC Journal』Vol.10 No.2(2011), 慶應義塾大學湘南藤澤學會. 曲星, "堅持" 韜光養晦, 有所作爲" 的外交戰略,"『中國人民大學學報』, 2001年第5期.

다. 완충지대 낙관파

이들에 따르면, 북한은 미중의 직접적 대치로 인한 중국의 부담을 줄일 수 있는 완충지대이다. 북한의 존재 덕분에 미국으로부터의 안보위협을 덜 받기 때문에 북한의 체제유지 및 국가 안정이 중국의 국익에 부합한다는 것이다.[125] 따라서 북한에 계속 지원하고, 미국으로부터의 강압을 완화시키고, 북중관계를 강화해야 한다.

라. 완충지대 비관파

완충지대 자체가 중국 안보에 마이너스라고 보는 시각이다. 남북한의 분단으로 인해 주한 미군이 주둔하고 있는데 한반도가 통일된다면 주한 미군의 존재 이유가 사라지고, 중국은 남북한 통일을 지지함으로써 완충지대가 중국에 주는 마이너스 요소를 줄여야 한다.[126]

125 羅援, "偉大的抗美援朝精神萬歲,"『瞭望』, 2010年40期; 戚保良·楊伯江·程玉潔·常志忠, "朝鮮半島緩和進程中的東北亞地區形勢,"『現代國際關系』, 2001年第1期; 王在邦·李軍, "朝鮮二次核試探源與外交思考,"『現代國際關系』, 2009年第6–7期; 王在邦, "朝鮮平穩過渡的經濟社會基礎,"『現代國際關系』, 2012年第1期; 陳峰君, "21世紀朝鮮半島對中國的戰略意義,"『國際政治研究』, 2005年第4期; 楊毅, "戰略機遇期的中國國家安全,"『教學與研究』, 2006年第4期; 楚樹龍·金一南·顧國良, "核武器發展有 '動力',"『世界知識』, 2003年第22期; 崔立如, "朝鮮半島安全問題: 中國的作用,"『現代國際關系』, 2006年第9期; 黃鳳志, "東北亞地區均勢安全格局探析,"『現代國際關系』, 2006年第10期; 黃鳳志·金新, "朝核問題六方會談機制評析,"『現代國際關系』, 2011年12期; 朴鍵一, "朝鮮半島核問題與新世紀中國外交,"『東疆學刊』, 2007年第2期.

126 金景一·金强一, "朝鮮半島的地緣政治及其對我國的影響研究",『延邊大學學報』2008年第4期.

마. 지경학파

북한과 경협을 통해 중국 동북 지역의 경제발전을 활성화시키려는 의미에서 북중경협을 중요시하는 학파이다. 이들은 경협을 통해 세 가지 이익을 얻을 수 있다고 본다.[127] 첫째, 낙후된 동북 지역 경제의 활성화, 둘째, 북한의 개혁개방을 통한 중국의 대북 원조 부담 감소, 셋째, 북한의 경제발전을 통해 국제적 고립을 탈피하고 핵개발을 포기하도록 유도하는 것이다.

바. 대미협상 낙관파

북한문제와 북핵문제의 존재가 중국의 대미협상에 유리하다는 입장의 대미협상 낙관파도 있다. 이들은 중국이 북한과 북핵문제를 대미협상 카드로 쓸 수 있다고 본다.[128] 6자회담에서 중국의 역할에서 드러났던 것처럼 북핵문제가 없었더라면 미국이 중국을 무시했을 것이라고 본다.

---

127 呂超, "中國確立東北亞安全環境的戰略選擇," 『世界經濟與政治』, 2008年第7期; 張東明, "朝鮮半島南北陸路交通連接開通的戰略意義——從構築東北亞物流網絡的視角," 『韓國學論文集』, 2010年.

128 蘇浩, "東亞的區域主義與朝鮮半島的統一進程," 『外交學院學報』, 2001年第1期; 夏立平, "論美韓同盟的修復與擴展," 『美國問題研究』, 2008年第1期; 滿海峰, "解讀與展望: 美國應對朝核問題的政策選擇," 『當代韓國』, 2008年第4期; 時殷弘, "非傳統安全與中美反擴散博弈——在朝鮮及伊朗核問題上," 『現代國際關系』, 2010年第5期; 金燦榮, "東北亞新變局與 "後金正日時代" 的朝鮮半島," 『現代國際關系』, 2012年第1期; 林利民, "朝核危機管理與中國的外交抉擇," 『現代國際關系』, 2006年第8期; 崔志鷹, "'核危機' 與朝美關系前景," 『東北亞論壇』, 2004年第4期.

사. 대미협상 비관파

중국이 대미협상에 있어 북한 카드를 쓸 수 없다는 시각이다.[129] 북한은 주체사상 및 자주를 강조한 국가이므로 중국이 북한을 이용하면 북한의 반감을 일으켜 북중관계가 악화하고 영향력이 오히려 상실되기 때문이다. 다른 한편으로 북한의 여러 차례의 핵실험과 도발 행위에 대해 중국이 포용하는 태도는 미중 간의 갈등을 유발하고 많은 외교적 부담이 되었다. 오히려 북한이 중국 카드를 이용하여 미국의 선제적 타격을 회피하는 것이다.

이러한 주장을 하는 학자들은 주로 중국 정부의 싱크탱크와 주요 대학의 싱크탱크 출신이기 때문에 직접적인 정책 결정을 못하더라도 정부의 정책 자문으로서 정책에 영향을 준다.[130]

이상과 같이, 중국 내 정치사회적 논쟁에서 나타나는 북한문제/북핵문제에 대한 인식과 그 변화를 파악할 수 있다. 학계의 대북 인식 추이는 상대적으로 눈에 띄는 변화가 나타나지 않는 당국의 입장 표명에 비해 보다 상세하고 다양한 입장의 명시와 태도 변화를 관찰할 수 있다는 점에서 중국 당국의 인식 변화를 유추하는 데 도움이 된다. 이러한 중국 내 학계의 다양한 논쟁의 결과는 지도부의 정책 대응 및 인식과 상통하거나 필요에 따라 선택적으로 취합, 반영되는 등 밀접히 연관되므로 지도부의 인

129 沈志華, "試論朝鮮戰爭期間的中朝同盟關系,"『歷史教學問題』, 2012年第1期; 成曉河, "主義與安全之爭: 60年代朝鮮與中, 蘇關系的演變,"『外交評論』, 2009年第2期; 沈驥如, "維護東北亞安全的當務之急——制止朝核問題上的危險博弈,"『世界經濟與政治』, 2003年第9期； 吳心伯, "中美摩擦不會影響中美關系的大局,"『世界知識』, 2010年第4期.

130 朱旭峰,『中國思想庫:政策過程中的影響力研究』, 清華大學出版社, 2009年.

식 및 그 변화에 대한 이해를 가능하게 한다.

2. 3차 북핵위기에 대한 중국의 인식

2009년부터의 3차 북핵위기는 중국의 대북정책 및 북핵정책을 검증할 수 있는 새로운 계기가 되었다. 3차 북핵위기에서 중국의 북핵에 대한 인식은 연속성 및 변화가 드러나기 시작하였다.

1) 연속성에 대한 인식: 북미대립과 지역안보를 중심으로

우선 북핵문제를 북미 양자 문제와 지역의 문제로 보는 기존의 시각은 지속되었다. 중국 주류 학계는 북핵문제의 근본원인을 예전과 같이 북미대립으로 보고 있다. 미국은 북한 체제를 붕괴시키기 위해 핵문제와 인권문제 등을 이용해 북한을 고립시켰고, 북한은 핵억제력을 통해 체제를 유지하게 되었다. 따라서 북미대립을 완화시키지 않으면 북한은 핵을 포기하지 않을 것이다. 이러한 입장에서는 중국은 대립을 완화하는 열쇠를 미국이 쥐고 있다고 여긴다.

한편 북핵문제는 동아시아 지역 안보 환경의 악화를 야기하였다. 첫째, 일본 극우 세력으로부터 억제력 차원에서 일본도 핵무기를 가져야 하고 핵무기 모의실험을 할 필요가 있다는 주장이 대두하였다.[131] 둘째, 한미동맹이 강화되었다. 이명박 정부에서 한미 FTA 협정을 비준한 계기로 한미동맹은 안보–경제 영역을 넘어 '가치' 동맹이 되었다.[132] 한미일 삼각 동맹관계의 강화로 인해 동아시아 안보구조는 계속 비대칭 쪽으로 빠지게 되고 중국의 안보환경은 악화될 수밖에 없다. 예컨대 미국은 TPP(환태평양경제동반자협정)와 사드를 둘러싼 경제와 군사 영역에서 중국을 견제하려고 한다.

2) 북핵인식의 변화: 강대국화에 대한 영향

북미 양자 문제와 지역문제에 대한 기존 북핵 인식에 연속성이 있다면, 이 시기 북한의 핵개발이 중국의 강대국화에 어떤 영향을 주는가에 대한 새로운 논쟁도 등장하였다. 중국이 강대국으로 성장하려면 세 가지 조건이 필요하다. 첫째, 평화적이고 안정적인 주변 환경, 둘째, 중국이 대국의 책임을 담보하는 것, 셋째, 중국의 지역 및 국제적 규범의 제정이다.

먼저 북한의 핵개발은 중국의 대국화에 위협이 되지 않는다는 인식이 있다. 첫째, 북한이 핵을 개발해도 중국의 평화적이고 안정적인 주변 환경에 대한 영향은 한정적이다. 그 이유는 북한의 핵은 북한 체제의 생존을 위한 것이다. 중국이 핵무기 개발로 인해 생존을 보장받은 후 미국과

---

131 "日 이시하라 "핵무기 모의실험 할 필요,"《연합뉴스》, 2012년 11월 20일; "楊承軍：必須遏制日本發展核武器,"《環球時報》, 2014年4月17日.

132 "김성환 외교 '한미동맹은 가치동맹',"《연합뉴스》, 2012년 6월 16일.

국교정상화를 이뤘던 것처럼 북한의 핵은 자국의 생존을 위한 카드이다. 중국 주변에 핵무기 보유국은 이미 적지 않다. 인도나 파키스탄 등 국가들이 핵을 보유해도 중국의 안보에 위협을 주지는 않았다. 둘째, 핵위기를 해결하는데 중국의 대국으로서 책임은 북미대립을 완화하는 데 있다는 것이다. 북미대립의 악화를 방지하고 담판을 통해 평화적 방법으로 해결하는 것이 중국의 책임이다. 셋째, 중국은 6자회담의 기회를 통해 한반도 평화체제와 동아시아 지역안보 기제를 만들고 동아시아 안보딜레마를 벗어날 수 있다는 것이다.

반면 북한의 핵개발은 중국 강대국화에 위협이라는 주장도 있다. 첫째, 북핵위기는 중국의 평화적 주변 환경에 악영향을 미칠 수 있다. 북중 접경지역에서의 핵실험으로 인해 핵물질로 인한 오염도 배제할 수 없다. 현재 북한의 핵무기 수준은 아직 미국을 위협하지 못한다. 핵위협이 성공하려면 핵실험 성공 외에도 소형화와 함께 운송수단 등의 확보가 중요하기 때문이다. 북한의 핵무기가 미국을 향해 쓰이는 것은 아직 먼 일이다. 오히려 일본, 한국 및 대만의 핵개발에 핑계를 줄 수 있다. 그리고 중국을 향해 핵공갈로 쓰는 것이 더 용이하다. 둘째, 중국이 책임있는 대국으로 비핵화에 대한 국제법과 규범에 입각해 북한의 비핵화를 단호히 요구해야 한다는 것이다. 중국은 대국으로서 핵확산을 막아야 한다. 셋째, 북한이 핵을 보유한다면 한반도 평화체제나 새로운 동아시아 안보 기제를 구축하는 것은 비현실적인 제안이 된다는 것이다.

실제로 2009년 당내 논쟁을 정리한 결과, 중국은 북한문제와 북핵문제를 분리시켜 접근하는 원칙을 세웠고,[133] 2009년 하반기 이후 북중 고위급 상호방문이 빈번하게 이루어졌으며 북핵문제를 제외한 부분에서 우호친선 관계를 중심으로 양국 협력이 성립되면서 북중관계가 높은 수준으로 발전하였다.[134] 김정일 국방위원장이 2010년 5월 3–7일, 8월 26–30일, 2011년 5월 20–27일 세 차례 방중을 통해 양국 간 상호협력에 중요한 합의들을 도출한 것은 이러한 양국의 새로운 관계발전 모색 노력을 가장 명확하게 반증하였다.[135]

---

133 2009년 10월 4–6일 북중수교 60주년을 기념하기 위해 방북한 중국 원자바오 총리는 김정일 국방위원장과 가진 회담에서 한반도 비핵화를 언급했지만, "피로 맺은 북중 우의는 대를 이어 계승해야 한다"며 양국 간 전통적 우호친선을 강조하였다. "양제츠 외교부장의 원자바오 총리의 방조 상화에 대한 담화," 《인민일보》, 2009년 10월 7일. 원자바오 총리의 방북에서 양국은 "경제기술 협조에 관한 협정"과 "경제원조에 관한 교환문서"를 비롯하여 교육, 소프트웨어 산업, 관광 등의 협정들을 통해 탈냉전 이후 가장 광범위한 경제협력 합의를 이끌어냈다. 이종석, 2012. 이외에도 중국은 대북 무상 지원, 압록강 철교 건설 지원을 포함해 최소 2억 불의 '큰 선물'(大礼包)을 보냈다고 한다. 《대지주간》(大地周刊), 2009년 10월 1일.
http://paper.people.com.cn/dd/html/2009-10/01/content_383921.htm(검색일 2013년 8월 25일).

134 이희옥, "중국의 부상과 미중관계의 새로운 변화: 중첩의 확대와 갈등의 일상화," 『외교안보연구』, 제6권 제2호, 2010.

135 2011년 5월 후진타오 중국 국가주석의 초청으로 비공식 방문한 김정일 국방위원장은 정상회담에서 '고위층 교류 강화', '치당치국의 경험 교류', '호혜협력 확대', '문화·교류·체육·청소년 교류 확대', '국제·지역 문제 소통강화 및 협조유지' 등 5개 항에 합의하였다, 《人民日報》, 2011년 5월 27일.

3. 포괄적 개입: 하나의 레드라인, 두 개의 얼굴

3차 북핵위기 때 중국의 북핵정책은 더욱 명확하게 나타났다. 즉 동아시아 평화는 레드라인으로 중국이 고수하는 지침이다. 이는 북한을 향한 것뿐만 아니라 북한의 핵실험 이후 지역 내 긴장 국면을 격화시킨 미국을 향한 것이라는 양면성을 가진다.

1) 북한 2차 핵실험: 대미 반균형과 북중 혁명 정체성의 구축

2009년 여름에 재정립된 중국의 대북정책 기조를 토대로 북중 양자관계가 발전하였으나, 한반도를 둘러싼 지역 내 안보 상황은 중국이 목표하는 평화와 안정 유지와 정반대로 전개되었다. 2010년 3월 천안함 사건, 11월 연평도 사건 이후 한반도를 둘러싼 긴장 고조는 한미일 삼각동맹의 강화와 연합 군사훈련의 확대로 이어졌고, 중국은 동북아시아 위기 국면에 대해 강한 우려를 표명했다. 한 예로, 2010년 원자바오 총리는 천안함 사건 이후 인터뷰에서 "성문에 난 불을 끄려고 해자의 물을 다 퍼내 물고기가 말라 죽다(城門失火, 殃及池魚)"는 표현으로 한반도의 전쟁위기가 고조되면 주변국 모두가 피해를 겪게 된다고 밝혔다.[136] 이 시기 중국은 한

136 "溫家寶: 城門失火, 殃及池魚," http://news.sina.com.cn/w/2010-06-03/060817602769s.shtml(검색일: 2013년 8월 25일).

반도에서의 위기 고조 원인을 2009년부터 명백해진 미국의 동아시아로의 회귀(pivot to Asia) 전략에 따른 대 중국 재균형 행위로 파악하고, 천안함 사건 이후 항공모함을 동원한 한미일 연합 군사훈련 강화 및 확대에 대항해 강하게 반발했다. 북중관계의 '신밀월'은 미국의 동아시아로의 회귀 전략에 따른 위협 인식 증대로 인해 중국으로서도 전략적 이해가 분명하였다는 점에서 지속되었다. 2009년 들어 미국이 위안화 절상, 대만 문제, 티베트 문제 등에서 중국의 핵심적 국가이익을 위협할 뿐만 아니라 동아시아로의 회귀 전략에 입각해 중국의 주변국, 특히 남중국해에서 중국과 해양 분쟁이 있는 국가들과 공조를 보이자, 중국은 북한의 전략적 가치가 유효하다고 인식했다.[137] 그리고 북한 핵실험을 이유로 동아시아의 긴장국면을 격화하는 미국에 대한 반균형을 통해 동아시아의 안정을 지키고자 했다. 이것이 2009년 들어 진행된 북중 밀월기의 근원적 원인이다.

한편 북한과 중국은 다시 공동 혁명에 대한 추억 속에서 공동적 정체성을 구축하려고 하였다. 중국 건국 60주년과 북중수교 60주년 전인 2008년 12월 북한은『중국 동북해방전쟁을 도와』라는 책을 출판하였다. 북한은 1940년대 후반기에 김일성이 중국공산당을 물심양면으로 도와주고 동북해방전쟁승리를 위해 조선인부대들이 투쟁했던 역사를 기술하였다. 북한의 도움을 이미 잊은 중국에 다시 알리기 위한 것이다. 북한은 중국에 '조선인민혁명군 지휘원'을 파견하고, 1945년부터 1949년까지 수십만 여정의 무기와 포, 그리고 표련대, 공병부대를 조직하여 지원, 동북해방

137 黄鳳志,『東北亞地區政治與安全報告』, 北京: 社會科學文獻出版社, 2012.

전쟁에 필요한 군복, 의약품을 지원해주었다.[138]

반면 2010년 당시 시진핑 부주석은 한국전쟁에 있어 중국 지원군 참전 60주년 기념 좌담회에서 발표한 연설에서 "항미원조는 평화를 수호하고 침략에 반항하는 정의의 전쟁이다"라며 "이 승리로 중화민족은 어떤 강포한 것도 두려워하지 않으며 세계의 평화를 지키겠다는 견고한 결심과 역량을 보여주었고 우리의 국제적 지위를 극대화해 주었다고"[139] 발언하였다. 이미 2009년 2월 부주석 자격으로 멕시코를 방문했을 때 시진핑은 "소수의 배부르고 할 일 없는 외국인이 중국의 일에 함부로 이러쿵저러쿵 말하면서 간섭하고 있다"고[140] 중국 인권문제에 대한 간섭을 비판해 주목을 받았다.

중국과 북한은 상호 투영하는 국가이다. 공산혁명 및 인권문제에서 양국은 국제적 압력을 받고 있다. 2차 북핵위기 때 대미 반균형 정책을 전개하는 중국은 북한과 공동적 역사 인식 속에서 기존에 약화된 공동적 정체성을 강화시키는 것으로 보였다. 이러한 맥락에서 중국은 2009년 '중조우호의 해', 원자바오 총리의 방북, 북중경협의 강화 등을 통해 소원해진 북중관계를 복원시켰다. 특히 2010년 후진타오 주석이 장춘까지 가서 방중한 김정일 위원장과 회담을 개최하였고, 그 자리에서 공식적으로 김

138 길재준·리상전, 『중국 동북해방전쟁을 도와』(평양: 과학백과사전출판사), 2008년, pp. 312-316.

139 "在紀念中國人民志願軍抗美援朝出國作戰60周年座談會上的講話,"《人民日報》, 2010年10月26日.

140 "習近平痛批少數外國人對中國事務指手畫脚," http://news.cctv.com/china/20090213/102301.shtml(검색일: 2012년 12월 5일).

일성 주석이 중국 혁명 승리에 커다란 기여를 한다고 지적하면서,[141] 양당 지도부는 정체성을 촉진하는 데 공조하였다.

2) 북한 3차 핵실험: 독자적 위기관리

중국은 동아시아의 긴장국면을 조성하는 북한에 대해 레드라인을 계속 지켜왔다. 2013년 등장한 시진핑 지도부는 북한의 3차 핵실험에 대해 동아시아 질서 및 안정을 훼손한다고 인식하면서 북한에 금융 영역을 포함한 광범위한 제재를 가하였다. 중국은 북한에게 잇달아 세 차례 경고를 보냈다. 먼저 2013년 4월 6일 중국 왕이(王毅) 외교부장은 유엔 반기문 사무총장과의 통화에서 한반도는 중국의 인접국이며, 중국은 누구든 이 지역에서 도발행위를 진행하는 것에 반대하며 중국의 문 앞에서 문제를 일으키는 것을 허용하지 않겠다고 했다.[142] 7일 중국 시진핑 국가주석은 보아오포럼 개막 연설에서 "어떤 국가든 자신의 이익만을 위해 지역 및 세계를 혼란에 빠뜨리는 일은 용납될 수 없다"[143]고 말했다. 그리고 리커창 중국 총리는 13일 베이징을 방문한 존 케리 미국 국무장관과 만난 자리에서 한반도와 이 지역에서 자꾸 문제를 일으키는 것은 관련국 모두의 이익

141 『조선중앙년감』, p. 362.

142 "王毅與潘基文通話稱中國有信心管好家門口的事," http://www.china.com.cn/international/txt/2013-04/12/content_28519582.htm(검색일: 2013년 4월 17일).

143 "習近平'不能爲一己之私'警告誰," http://news.xinhuanet.com/comments/2013-04/08/c_115307266.htm(검색일: 2013년 4월 17일).

을 해치는 것으로, 이는 마치 돌을 들어 자기 발등을 내리찍는 것과 같다며 사실상 북한의 도발과 미국의 강압을 모두 중단할 것을 촉구하였다.[144]

중국의 적극적인 동참을 통한 만장일치로 유엔 안전보장이사회 대북제재 결의안 2087호, 2094호가 통과되었다. 유엔안보리 2094호 결의안은 지금까지의 대북제재를 뛰어넘는 가장 높은 수위의 제재로 알려졌고 중국 역시 대북제재에 적극적이고 단호한 태도를 보였다. 유엔에서 2094호 결의안이 채택된 직후인 3월 8일 중국 외교부 대변인은 정례브리핑에서 북중 양국 관계는 "일반적 국가 대 국가 관계"라고 공식 발언하였고,[145] 5월 중국의 4대 상업은행은 북한과 거래를 중단한다고 밝혔다. 그리고 2014년 상반기 중국의 대북 원유 수출은 전무하다는 보도가 나왔다.

북핵위기로 인해 북한이 중국의 완충지대라는 인식도 변했다. 만일 한반도에 통제 불가능한 사태가 벌어진다면 중국은 엄청난 대가를 치러야 한다. 그렇다고 북한을 전략적인 완충지대로 인식하여 북한과 우호관계를 구축한다는 것은 더욱 근거가 없다. 왜냐하면 소위 완충지대란 적대국과의 완충적인 작용을 할 수 있는 지대를 가리키는데, 한국과 급속히 진행되고 있는 경제 협력만 보더라도 한국을 적대국으로 인식할 이유가 없다. 더구나 혹여 북한의 핵개발 등의 위기가 발생한다면 전략적인 완충지대가 오히려 심각한 안보문제를 초래할 수 있다.

물론 중국은 한편으로는 북한의 도발 행동을 처벌하면서도 한편으

144 "李克强會見克里:在半島挑事會搬石頭砸自己脚," http://www.china.com.cn/international/txt/2013-04/14/content_28535644.htm(검색일: 2013년 4월 17일).

145 중국 외교부 정례브리핑, 2013년 3월 8일.

로는 대화를 계속 시도하였다. 5월 22–24일 최룡해 북한 총정치국장이 김정은 제1국방위원장의 특사 자격으로 중국을 방문하여 비핵화를 위한 대화 재개를 상의하였다. 김계관 외무성 제1부상은 6월 18–22일 중국을 방문한 동안 열린 북중 첫 전략대화에서 한반도 정세에 대한 양국 간 의사를 조율하는 한편 우다웨이(武大偉) 한반도사무특별대표와의 협의에서 6자회담을 포함한 다양한 형태의 대화를 재개하기를 희망한다는 의사를 표명했고 중국은 이에 긍정적으로 반응하였다. 그리고 7월 25–28일 전승절 60주년 기념행사를 위해 리위안차오 국가부주석이 방북하여 시진핑 주석의 '비핵화' 의지를 담은 친서를 전달한 것은 중국이 북핵문제에 대해서 대화를 통한 해결을 다시금 강조한 것으로 볼 수 있다.

한편 중국은 북중관계의 냉각에도 불구하고 레드라인을 고수하는 의지를 보여주었다. 조선중앙통신은 8월 미얀마에서 열린 아세안지역안보포럼(ARF)에 참석한 리수용 외무상이 일본, 말레이시아, 캐나다, 몽골 등 9개국 외무상 및 부수상 등과 회담한다는 내용을 보도한다. 하지만 왕이 중국 외교부장과의 회담에 대해서는 이례적으로 언급하지 않았다. 북한이 이처럼 리수용 외무상의 동정을 보도하면서 왕이 외교부장과의 회담 소식을 다루지 않는 것은 중국에 대한 불편한 심기를 드러낸 의도적 행동이라는 관측이 있다. 북한은 7월 북중조약 체결 기념일에도 북중 친선을 강조하는 메시지를 내놓지 않고 북핵문제에서 국제사회와 보조를 같이 하는 중국을 '줏대 없는 나라'라고 비꼬기도 한다.

이에 대해 중국은 "조선 외무상은 조선 핵개발을 미국의 적대정책에 못 이겨 어쩔 수 없는 것이라며 미국의 적대 정책을 비평"이라는 제목으로 아세안지역안보포럼(ARF)에 참석한 외교 무대에 처음 등장하는 리수용 외무상에 대해 보도했다.[146] 기사 내용에서는 중국을 지적하여 언급하지 않지만, "어떤 사람들은 조선의 로켓 발사 훈련이 긴장 국면을 조성한다고 지적하지만 조선반도에서 더 빈번하고 큰 규모의 군사훈련을 하는 국가는 한미"라고 언급한다. 북한이 일본, 말레이시아 등 9개국 외무상 및 부수상과 회담하는 것만 보도한 데 반해 중국에서는 왕이 외교부장이 리수용 신임 외무상과 회담하는 것이 보도되었다. 북한이 중국 외교부장과의 회담 소식을 다루지 않는 것은 이례적인 일로, 북중관계가 냉각되었음을 다시 한번 보여준다. 여기서 "어떤 사람"은 바로 중국을 가리키는 것으로 관측되며 이를 북한이 중국의 대북정책을 비판한다는 메시지라고 볼 수 있다.[147]

2014년 들어서 중국은 자신들이 설정한 레드라인을 계속 지키는 행보를 보였다. 예컨대 2014년 한국을 방문한 시진핑 주석이 박근혜 대통령과 회담할 때 언급한 북핵불용 입장에서도 확인할 수 있다. 시진핑 주석의 방한에 한중 양국이 "북핵 불용"을 재확인한 후 북중관계가 상당히 냉각된 것은 사실이다. 9월 9일 북한 국가수립을 기념해 시진핑 주석이 보낸 축전은 《로동신문》 9일자 3면에 실렸다. 이것은 김정은이 시리아 대통령에게 보낸 생일 축전보다 뒤로 밀렸고 심지어 10일자 신문은 푸틴 러시아 대통령의 축전을 1면에 실어 북한은 중국에 대해 상당한 불만이 있음을 다

146 "朝鮮外務相稱核研發實屬被逼無奈批評美過敵朝," http://www.chinanews.com/gj/2014/08-12/6483597.shtml(검색일: 2014년 9월 20일).

147 "朝中社: 朝鮮外長李洙墉在東盟地區論壇上公開指責中國的對朝政策," http://www.xici.net/d206406590.htm(검색일: 2014년 9월 20일). "북-중 외교장관 회담 갈등 노출…북한 매체 언급 안해," "http://www.voakorea.com/content/article/2410608.html(검색일: 2014년 9월 20일).

시 표명한다. 시진핑 주석이 축전을 보냈다는 것 자체가 틀어진 북중관계 회복을 의미한다는 의견도 있지만, 양국 사이 냉랭한 분위기는 당분간 이어질 것으로 판단된다.[148] 또한 시진핑 주석의 축전에서 북중 친선관계의 기본 원칙을 담은 16자 방침이 생략된 것은 주목할 만하다.

요컨대 강대국으로 성장한 중국은 북핵문제에 대해서는 미국에 따르지 않고 독자적 정책을 펼쳤다. 중국의 북핵 레드라인은 두 가지이다. 하나는 북한의 핵실험이고, 다른 하나는 북핵을 이유로 동아시아의 긴장 국면을 격화시키는 미국을 향한 것이다.

4. 소결: 중국식 독자주의

3차 북핵위기 때 중국의 세계대국을 지향하는 국가 정체성 변화로 인해 북핵에 대한 중국의 독자적 행위 추구가 나타났다. 중국은 1, 2차 북핵위기에서와 같이 미국과 행보를 같이 하지 않고 독자적인 북핵정책을 펼쳤다. 우선 중국이 북핵위기에 대해 취한 태도는 크게 달라졌다. 1차 북핵위기 때 중국은 관망적 태도를 보였고, 2차 북핵위기 때 중국은 중재자로서 제한적으로 개입했는데 이는 오히려 대북 영향력 상실이라는 결과

148 "시진핑 축전 푸틴에 밀려…의도적 깎아내리기," http://mbn.mk.co.kr/pages/news/newsView.php?category=mbn00006&news_seq_no=1976762(검색일: 2014년 9월 20일).

를 야기하였다. 그러나 3차 북핵위기가 2009년 5월 북한 2차 핵실험 이후 중국은 어떠한 외교적인 중재도 하지 않고 사태의 진전을 지켜보면서 북한의 태도 변화를 기다렸다. 북한 핵실험 이후부터 8월까지 중국과 북한 간에는 고위급 인사 왕래가 없는 상태였다. 중국은 북핵위기는 더 이상 북미 양자의 일이 아니며 핵위기 당사자로서 북핵위기를 심각한 이익관계로 여기기 시작하였다.

중국은 과거 북한이 도발할 때 미국을 따라 제재할 것인지에 대한 딜레마를 탈피하기도 하였다. 중국 정부가 북한의 핵개발이 근본적으로 인류사회의 존망을 위협하고 모든 주변국이 직면한 공통의 문제라고 인식했기 때문이다. 또한 중국 정부는 1차 북핵위기 때 소극적인 자세를 보였으며 북핵문제 해결의 열쇠가 북미관계의 개선에 있다고 판단하였다. 이러한 인식들은 북한의 핵개발을 두둔한 중요한 이유가 되었다.

중국은 책임을 지는 강대국의 이미지를 형성하기 위해 북한의 핵카드를 활용하고 있다. 북한은 자국이 중국의 완충지대로서 미국이 직접적으로 중국에 위협을 가하는 것을 막음으로써 중국의 국가이익을 지킨다고 생각한다. 따라서 김정일 국방위원장은 중국의 대북 지원과 북핵문제 해결을 중국의 국익을 위한 당연한 행동이라고 생각해서 중국에 감사해하지 않았다.[149] 한편 3차 북핵위기 때 중국에서는 미중 간 힘의 격차가 줄어드는 물질적 기초 하에 국가 성격에 대한 강대국 담론이 지배적으로 나타났다. 이에 따라 중국은 포괄적인 핵심이익을 제기하면서 북핵문제는

149 David M. Lampton, *Following the Leader Ruling China, from Deng Xiaoping to Xi Jinping*, University of California Press, 2014, p. 194.

북미 양자문제와 지역문제이면서 중국이 대국화하는 데 중요한 문제로 여기게 되었다. 그 결과 중국은 북한문제와 북핵문제를 분리시킴으로써 레드라인을 설정하여 북핵문제에 대응하였다.

제6부
결론

이 책에서는 탈냉전기 중국 대북정책의 변화 요인 및 과정을 분석하였다. 중국의 대북정책에는 다양한 요인이 영향을 미치지만, 본 연구는 그중에서 학계에서 연구가 소홀했던 중국의 국가 정체성의 변화를 강조한다. 국가 정체성은 자신과 타자를 구별할 수 있는 요소가 되며 집단적 차별성과 집단적 목표에 대한 국가의 아이디어이다. 국가 정체성은 상대적 힘에 대한 인식에서 연원하며 중국의 국가 정체성은 미국과의 관계 변화 속에서 형성되었다. 중국의 국가 정체성은 개발도상국, 책임대국 및 강대국의 유형으로 나눠볼 수 있으나 이러한 구분은 중국의 국가 정체성이 세 차례 변화를 겪었다는 것을 의미하지는 않는다. 세 가지 국가 정체성은 해당 기간 내에 공존하기도 하고 모순되기도 한다. 본 연구는 특정한 시기에 지배적 정체성 담론이 국가의 행위에 영향을 미치는 데 주목한다. 국가의 지배적 정체성, 국가 이익에 대한 담론은 북한에 대한 인식 및 북핵에 대한 인식에 작용하여 중국의 북핵정책에 영향을 미친다.

구체적으로 보자면, 1차 북핵위기 시에 중국이 스스로를 발전도상국으로 규정하였다. 미중 간 거대한 국력 차로 인해 미국이 대중 강압정책을 취하더라도 중국은 미국에게 반발하기 어려웠다. 이 때문에 경제발전을 통해 미국과 국력 격차를 축소하는 것이 중국의 가장 중요하고 긴박한 국가 이익이었다. 개발도상국 및 경제이익에 대한 중시는 탈냉전기 북한과 중국의 공유된 이데올로기가 점차 퇴색하고 일반적 국가 관계로 진화된 데 따른 변화였다. 따라서 1차 북핵위기 때 중국은 북미대립이 북핵문제의 근원이라 주장하면서 북한의 핵개발을 확신하지 않고 중국식 고립주의 정책을 취했다. 반면 북한은 중국이 당사자가 아니라고 주장하면서 중국의 개입을 배제하였다. 북한과 미국이 제네바합의에 도달하면서 북한은 원조와 핵개발의 시간을 벌고 미국은 한반도에 대한 영향력을 확대시켰다. 중국은 이 과정에서 한반도에 대한 영향력이 감소되고 소외감을 느꼈다.

2차 북핵위기에는 미중 양국이 이익공유자의 관계를 형성하면서 중국은 중국위협론과 편승론을 넘어 책임 있는 중국이라는 관념을 제시하였다. 이 시기에는 국제적 위상을 포함한 정치이익이 경제이익과 함께 주목을 받았다. 중국은 책임대국 담론과 함께 정치이익 및 경제이익이 강조되는 국가이익 규정을 통해, 기존에 냉각된 북중관계를 회복하고 대북 16자 방침을 통해 영향력을 확대시키려고 하였다. 북핵문제에 대해서는 북미대립이 심화되면서 북한 핵능력의 향상으로 지역안보 환경이 악화되었다고 인식하였다. 따라서 중국은 6자회담 채널을 통해 북미 충돌 및 전쟁을 방지하고 북한에 대한 제재에 동참하면서 소극적이고 제한적인 개입정책을 펼쳤다. 그러나 중국이 제한적으로 개입하자 북한의 반발로 중국의 대북 영향력이 오히려 상실되는 상황이 연출되었다. 결과적으로 북미대립은 북중 균열을 야기하고 다시 북중관계가 냉각되는 형국이었다.

3차 북핵위기에는 미중 간 국력 차가 축소됨에 따라 중국의 강대국 담론이 등장하게 되었다. 미국이 대중 재균형 정책을 취하고 중국이 대미 반균형 정책으로 응대하는 과정에서 중국의 강대국 정체성 담론을 한층 더 강화시켰다. 그러나 이러한 중국의 강대국 담론과 관련해 중국은 국제적 한계를 지닌 취약한 강대국으로 평가할 수밖에 없다. 중국은 미국과의 충돌을 방지하기 위해 경제이익, 정치이익, 안보이익을 포함한 핵심이익을 제기하였다. 이러한 정체성과 이익 담론 속에 2009년 여름부터 재정립된 대북 인식에서 분기한 다양한 의견이 나타났고, 논쟁의 결과 북핵문제에 대해서 중국은 북미대립의 측면, 지역안보의 측면과 더불어 중국의 강대국화에 대한 영향을 재검토하였다. 결과적으로 3차 북핵위기 때 중국은 군사충돌 방지와 정치 소통 강화, 경제 제재와 경제 협력을 병행하는 포괄적 대북정책을 형성하였다.

이 책의 이론적 함의는 다음과 같다.

첫째, 당-국가 체제인 중국에서 정체성과 같은 관념적 요소는 중국의 비전과 발전방향을 제시하는 결정적 요인이다. 이것은 체제가 다른 국가들과의 차이점이다. 미국이 구체적 이슈에서 전략을 산출하는 것과 반대로 중국은 항상 전략으로부터 구체적인 이슈로 생산한다. 어떻게 보면 변덕스럽게 보이는 중국의 대북정책은 중국의 정체성이라는 큰 범주의 영향 하에 도출되는 내적 일관성을 가진 결과물이다.

둘째, 정체성이 생산과 재생산하는 과정에서 특징적인 영역, 예를 들어 대외정책에 반영되는 국가 정체성은 복수의 정체성이 상호 모순적이고 모호한 형태로 공존할 수 있다. 여러 개의 정체성 중에서 지배적 국가 정체성과 국가 이익에 대한 인식이 상호 작용함으로써 국가의 행위에 영향을 미치게 된다. 이는 구성주의적 시각에서 주장하는 바와 같이 국가 정체성의 변화가 국가 행위에 영향을 미치는 과정에 대한 하나의 설명을 제공한다.

셋째, 북중동맹은 비대칭적 동맹임에도 불구하고 명확한 안보와 자율성 교환이 존재하지 않는 이유에 대한 설명을 제공한다. 하나는 3자, 4자 및 6자 회담에서 나타나는 약소국 북한의 자주성 때문이고, 다른 하나는 북중의 공동적 정체성이 사라졌기 때문이다. 개혁기 이전 중국은 북한과 공동의 사회주의 정체성을 지니고 있었으나 개혁기 이후 당-국가 체제가 지속되면서 다른 발전 경로를 선택하였다. 그 결과 북중의 공유된 이데올로기적 정체성이 점차 퇴색해왔다. 2009년 이후 양국은 수교 60년을 계기로 공동의 혁명 정체성을 재구축하려고 했지만 결국 강대국 중국은 북한을 이용해서 지역의 규범을 제정하는 자국의 이미지를 성취하려 했고, 북한은 대미협상을 위해 중국 카드를 쓰면서 상호 불신을 야기하였다. 중국은 우크라이나에 핵우산을 제공해도 북한에 안전보장을 제공해주지는 않았다. 반면 북한은 적대국 미국으로부터 안전보장을 요구해도 동맹국 중국과 자율성과 안보교환을 원치 않았다.

이 책의 현실적 함의는 아래와 같다.

2013년 시진핑 지도부의 등장과 함께 중국은 공식적으로 북한과 "일반적 국가 대 국가 관계"라는 입장을 표명하였다. 특히 2014년 시진핑 주석은 북한보다 한국을 먼저 방문함으로써 북중관계의 냉각을 보여주었다. 그러나 이러한 "일반적 국가 대 국가 관계"가 중국의 기존 북중동맹관계 포기를 의미하지는 않는다. 북한의 3차 핵실험 이후 중국 내에서 대한반도 정책이나 대북정책을 조정하고 북한을 포기해야 한다는 목소리가 높아졌을 때, 중국공산당 중앙당교 기관지 학습시보(学習時報) 부편집인 덩위원(鄧聿文)의 "중국은 북한을 버려야 한다"[1]는 주장이 한국 뉴스를 통해 보도된 직후, 덩위원은 중국 외교부의 불만으로 정직되었다. 북중 간 불신과 갈등을 강조하면서도 북중동맹의 내구력을 간과해서는 안 되는 이유이다. 또 다른 예로 2011년 중국현대국제관계연구원의 연구원이 북중관계 정보를 한국에 제공함으로써 두 명이 해직되고 사형을 선고받은 사건도 있었다.

한편 중국의 대북정책 변화는 북한에 영향을 미쳤을 뿐만 아니라 한반도에 대한 정책기조에도 영향을 미쳤다. 한반도가 중국과 미국의 경쟁의 장으로 상정될 경우, 중국에게 북한의 전략적 가치는 높아질 수밖에 없다. 이때 북한은 중국, 미국, 일본, 한국과의 관계에서 전략적 지렛대로의 가치가 부각될 것이다. 따라서 중국은 일차적으로 북한체제의 유지, 더 나아가 북한에 대한 일정한 정치 외교적 영향력을 확보하려는 시도를 할 것이다.

현재 북한은 여러 차례 성공적 핵실험을 통해 핵능력과 핵억제력 모두 향상시켰다. 비핵화라는 것은 이미 비현실적인 목표에 가깝다. 그럼에도 불구하고 중국은 북한을 핵보유국으로 인정하지 않을 것이다. 중국의 대외정책과 관련해 자문하는 어느 국제정치 전문가가 인터뷰에서 얘기한

---

1 "中 당기관지 부편집장 "중국은 이제 북한을 버려야"," http://news.chosun.com/site/data/html_dir/2013/03/01/2013030100190.html(검색일: 2013년 4월 1일).

것처럼, "비록 미국이 북한을 핵보유국으로 인정하더라도 중국은 인정하지 않을 것이다."[2] 그 이유는 첫째, 북핵이 중국의 국가 안보환경을 훼손하기 때문이다. 북핵을 통한 중국에 대한 직접적인 위협을 배제할 수 없으며, 동북아시아에서 핵 도미노 현상을 야기할 수 있고, 북핵을 빌미로 미국의 한미동맹 및 미일동맹, 미-대만관계 강화로 중국 견제가 심화될 수도 있다. 둘째, 핵물질 유출의 위험이 있다. 셋째, 북한이 중국에 핵공갈을 가할 수도 있다. 넷째, 중국의 강대국 이미지를 훼손할 수 있다.

그렇다면, 북한이 핵을 포기하기 어려운 현 상황에서 중국은 향후 어떤 정책을 선택할 것인가?

중국은 자국의 영향력 확대와 지속적인 부상, 미래의 불확실성에 대비해 2009년 여름부터 재정립한 북한과 북핵문제 분리 기조에서 나아가 북핵문제에 대해 포괄적으로 개입할 가능성이 높다. 중국은 북한과의 동맹조약에 대한 기존의 모호한 입장을 견지하는 한편, 북중관계의 재정의를 통해 북한으로 인한 부담을 줄여가는 입장을 채택할 가능성이 높다. 또한 중국은 남북한에 대해 모두 공정과 공평의 인식을 견지하는 한편, 북한의 도발을 비판하는 동시에 한미연합 군사훈련에 따른 동북아의 안보 국면의 격화도 비판하게 될 것이다. 이를 통해 북한과 한미 양쪽부터 믿음을 취득할 수 있을 것이다. 중국은 남북한 사이에서의 균형 유지, 한반도와 관련된 주변 4강 사이에서의 균형 유지, 그리고 동북지역의 경제 및 안정을 위한 북한 체제 안정의 유지[3]를 지향할 것이다.

---

2 인터뷰, 2011년 8월, 베이징.

3 David M. Lampton, *Following the Leader Ruling China, from Deng Xiaoping to Xi*

북한의 입장에도 불구하고 북핵에 대해 중국이 취할 수 있는 행위가 완전히 제약되는 것은 아니다. 중국이 계속 비핵화를 주장할 때 다른 국가는 이를 레토릭으로 간주할 수 있다. 물론 중국이 직접 북한에 강압을 행사한다면 북한의 반발을 초래할 수밖에 없다. 이러한 상황에서 중국이 쓸 수 있는 카드는 관이 아닌 민간의 카드이다. 북핵과 관련된 학계 논쟁이 중국의 북핵에 대한 인식을 변화시켜온 것처럼 핵을 반대하는 NGO 단체들이 설립될 수도 있다. 즉 민간이 건강 및 핵물질 유출 등을 이유로 북핵을 제어할 수 있는 유연한 조치를 요구할 가능성도 열려있는 것이다.

Jinping, 2014, p. 130.

참고문헌

국문 자료

북한 자료

《로동신문》

《조선중앙통신》

『조선중앙년감』

공제민. 1989.『고려민주련방공화국창립방안』. 평양: 사회과학출판사.

길재준·리상전. 2008.『중국 동북해방전쟁을 도와』. 평양: 과학백과사전출판사.

리정석·김성수. 2010.『21세기의 핵에네르기』. 평양: 금성청년출판사.

국내 자료

《연합뉴스》

《조선일보》

《중앙일보》

《통일뉴스》

《내일신문》

《시사인》

구갑우. 2007.『비판적 평화연구와 한반도』. 서울: 도서출판 후마니타스.

김보미. 2013. "중소분쟁과 북한의 병진노선 채택."『2013년 북한연구학회 추계학술회의 발표논문집』.

김애경. 2004. "중국의 대외정체성 인식 변화: 제1, 2차 북핵위기에 대한 중국의 역할변화 분석을 사례로."『국가전략』, 제10권 4호.

김우상. 2007.『신한국전략』. 서울: 나남.
김웅. 1995.『외교정책론』. 서울: 법문사.
김웅진·박찬욱·신윤환. 2006.『비교정치론강의』. 서울: 한울아카데미.
김태경. 2010. "자주와 동맹 사이에서: 북중동맹 딜레마와 북한의 핵카드(2002—2009)." 서울대학교 석사학위논문.
김태경. 2012. "자주와 동맹 사이에서: 북한의 핵보유와 북중 결박동맹."『사회과학연구』, 경성대학교 사회과학연구소, 28집 1호.
김태호. 2009. "한중관계의 명(明)과 암(暗): 다층적 맥락 및 한미동맹을 중심으로." 백권호 편.『미래지향적인 한중관계』. 폴리테이아.
김흥규. 2008. "중국의 북핵외교," 윤영관·신성호 편,『북핵문제와 한반도 평화정착』. 파주: 한울.
김흥규. 2011. "21세기 변화 중의 미중관계와 북핵문제."『한국과국제정치』, 27권 1호.
김흥규. 2013. "시진핑 시기 미중 새로운 강대국 관계 형성 전망과 대한반도 정책."『국방연구』, 제56권 3호.
리빈. 2010. "북핵, 무엇이 문제인가." 문정인 저.『중국의 내일을 묻다』. 삼성경제연구소.
리언 시걸 지음, 구갑우·김갑식·윤여령 옮김. 1999.『미국은 협력하려 하지 않았다: 북한과 미국의 핵외교』. 사회평론.
마누엘 카스텔 지음, 정병순 옮김. 2008.『정체성 권력』. 서울: 한울아카데미.
문대근. 2013.『중국의 대북정책: 정책 결정 요인 연구』. 늘품프러스.
문정인. 2010.『중국의 내일을 묻다』. 삼성경제연구소.
문흥호. 2009. "후진타오 집권기 중국의 대 북한 인식과 정책: 변화와 지속."『중소연구』, 33권 2호.
박명림. 2003.『한국전쟁의 발발과 기원』. 서울: 나남.
박명림. 2009. "순응과 도전, 적응과 저항: '미국의 범위'와 한미관계 총설."『역사비평』, 통권 86호.

박용국. 2014. “북·중관계 재정상화 성격 연구–제2차 북핵실험 이후를 중심으로.” 성균관대학교 박사학위논문.

박종철. 2007. “순망치한 (脣亡齒寒)의 혈맹: 중국의 북한 지원을 중심으로 (1953–55년).” 『사회과학연구』, 제31집.

박종철. 2008. “북한에서 ‘중국인민지원군’의 철군을 둘러싼 북중관계연구.” 『군사사연구논총』, 제5집.

박종철. 2009. “1960 년대 중반의 북한과 중국: 긴장된 동맹.” 『한국사회』, 10권2호.

박창희. 2007. “지정학적 이익 변화와 북중 동맹관계: 기원, 발전, 그리고 전망.” 『중소연구』, 통권 113호.

박태균. 2005. 『한국전쟁: 끝나지 않은 전쟁, 끝나야 할 전쟁』. 책과함께.

박홍서. 2006. “북핵위기 때 중국의 대북 동맹안보딜레마 관리 연구: 대미관계변화를 주요 동인으로.” 『국제정치론총』, 제46집 1호.

박홍서. 2007. “탈냉전기 중미간 ‘협조체제’의 출현?: 9·19공동성명 후 북핵문제에대한 중미간 협력.” 『국제정치론총』, 제47집 3호.

박홍서. 2008. “중국의 부상과 탈냉전기 중미 양국의 대한반도 동맹전략: 동맹전이 이론의 시각에서.” 『한국정치학회보』, 제42집 제1호.

백창재. 2011. “미중관계의 장래와 한국 외교.” 『한국과 국제정치』, 27권 제4호.

벨러리 허드슨 지음, 신욱희·최동주·조윤영·김재천 옮김. 2009. 『외교정책론』. 을유문화사.

신종대. 2012. “김정은 체제의 대외정책 전망: 북미, 북중, 남북관계.” 『한반도 포커스』, 제20호.

서진영. 2006. 『21세기 중국 외교정책: 부강한 중국과 한반도』. 서울: 플리테이아.

신상진. 2007. “대만문제와 북핵문제를 둘러싼 중미관계: 동북아 안보위기의 협력적 관리.” 『국가전략』, 제13권 3호.

알렉산더 웬트 저, 박건영·이옥연·구갑우 역. 2009.『국제정치의 사회적 이론』. 사회평론.

아렌트 레이프하트 저, 김웅진 외 역. 2008.『비교정치론강의』. 한울.

안병준. 1997. "구소련해체후 미중관계와 향후전망."『전략연구』, 통권 9호.

안인해. 2006. "북한핵실험이후: 중국의 대북정책 현황과 전망."『한국국제정치학회학술대회발표논문집』.

오디 클로우츠·시실리아 린치 저, 손혁상·이주연 역. 2011.『구성주의 이론과 국제관계 연구전략』. 경희대학교출판문화원.

오버더퍼 돈 지음, 이종길 옮김. 2002.『두 개의 한국』. 도서출판 길산.

와다 하루키 저, 서동만 외 역. 2000.『북조선: 유격대국가에서 정규군국가로』. 돌베개.

이동률. 2008. "한·중관계의 쟁점과 과제." 전성흥·이종화 편,『중국의 부상』. 오름.

이동률. 2011. "북중 정상회담 이후 한반도 정세."『EMI논평』, 제20호.

이상숙. 2009. "1958년 북한 주둔 중국인민지원군 철수의 원인과 영향: 북한의 대중국 협력 확대와 대중동원 경제노선 강화를 중심으로."『북한연구학회보』, 제13권 1호.

이상숙. 2008. "북한·중국의 비대칭관계에 대한 연구: 베트남·중국의 관계와의 비교." 동국대학교 박사학위논문.

이영학. 2013. "북한의 세 차례 핵실험과 중국의 대북한 정책 변화 분석."『국제정치논총』, 53집 4호.

이용인·테일러 워시번. 2014.『미국의 아시아 회귀 전략 미국의 전문가 15인에게 묻는다』. 창비.

이정철. 2013. "선군경제, 시장 그리고 개혁." 장달중 편,『현대북한학강의』. 서울: 사회평론.

이종석. 2000.『북한-중국관계: 1945-2000』. 서울: 중심.

이종석. 2000.『새로 쓴 현대북한의 이해』. 역사비평사.

이종석. 2010. “북한과 중국 관계의 성격.” 아산정책연구원 북한-중국관계의 현주소, AIPS ROUNDTABLE No.2, 2010년 4월.

이종석. 2012.『2차 핵실험 이후 북한-중국 관계의 변화와 함의』. 세종연구소.

이지용. 2014. “중국의 국가정체성 진화와 동아시아 해양안보환경 변화.”『국제관계연구』, 제19권 1호.

이희옥. 2009. “북중관계의 변화와 한국의 대응.”『중국의 부상에 따른 한국의 국가전략연구』, 대외경제정책연구원.

이희옥. 2010. “북중관계의 새로운 발전.”『동아시아 브리프』, 5권 2호.

이희옥. 2011. “한반도 통일에 대한 중국의 입장.”『세종정책연구, 세종연구소』.

이희옥·박용국. 2013. “중국의 대북한 동맹안보딜레마 관리 대미인식과 북한 지정학의 재구성을 중심으로.”『중소연구』, 제37권 제3호.

이희옥. 2014. “중국의 신형대국론과 한중관계의 재구성.”『중국학연구』, 제67집.

임수호. 2007. “실존적 억지와 협상을 통한 확산: 북한의 핵정책과 위기조성외교(1989-2006).” 서울대학교 박사학위논문.

임수호. 2013. “탈냉전기 대외정책과 대외관계.” 장달중 편,『현대북한학강의』.

장달중·이정철·임수호. 2011.『북미대립』. 서울대학교출판문화원.

장달중 편. 2013.『현대북한학강의』. 서울: 사회평론.

장루이좡. 2014. “신형대국관계 전략의 기원과 난제.”『성균차이나브리프』, 제2권 제1호.

전병곤. 2009. “중국의 세계금융위기 인식과 대북정책: 지속과 변화.”『중국학연구』, 제50집.

전병곤. 2011. “천안함 이후 북중관계의 변화와 영향.”『한중사회과학연구』, 19권.

정덕구. 2004.『거대 중국과의 대화』. 삼성경제연구소.

정병일. 2008. “‘반민생단투쟁’의 정치사적 의의: 김일성 부상과 조국광복회 성립의 동인." 『사회과학연구』, 제16집 1호.
정재호. 2006. 『중국의 강대국화』. 도서출판 길.
정재호. 2010. 『중국연구방법론』. 서울대학교출판문화원.
정재호. 2011. 『중국의 부상과 한반도의 미래』. 서울대학교출판문화원.
정재호. 2011. 『중국을 고민하다』. 삼성경제연구소.
조영남. 2009. 『21세기 중국이 가는 길』. 나남.
조영남. 2012. "한중관계의 장래." 장달중·한택영 편. 『21세기 한국 외교와 국가이익』. 서울: 사회평론.
조영남. 2013. 『중국의 꿈』. 서울: 민음사.
최명해. 2009. 『중국·북한 동맹관계: 불편한 동거의 역사』. 서울: 오름.
최명해. 2012. "북중 경제관계와 안보." 2012 Asan Conference.
치보아량. 2010. "중국의 대한 정책—불현한 전략적 동반자 관계." 문정인. 『중국의 내일을 묻다』. 서울: 삼성경제연구소.
케네스 월츠 지음, 박건영 옮김. 2000. 『국제정치이론』. 서울: 사회평론.
한석희. 2005. "6자회담" 과 중국의 딜레마." 『국제정치논총』, 제45집 1호.
히라이와 슌지 저, 이종국 역. 2013. 『북한·중국관계 60년: '순치관계'의 구조와 변용』. 선인.

영문 자료

Rawi Abdelal and Yoshiko, Herrera and Johnston, Alastair Iain eds., *Mesuring Identity: A Guide for Social Science*, New York: Cambridge University Press, 2009.
Barnett, Telhami eds. 2002. *Identity and Foreign Policy in the Middle East,* Ithaca and London: Cornell University Press.
Bennett D. Scott. 1997. "Testing Alternative Models of Alliance Duration, 1816–1984." *American Journal of Political Science*, Vol. 41 No. 3.
Bradbury, John. 1961. "Sino–Soviet Competition in North Korea." *The*

China Quarterly, Vol. 6(Jun.).

Buzan, Barry and Waever Ole. 2003. *Regions and Powers: the Structure of International Security.* Cambridge University Press.

Chen, Jian. 1994. *China's Road to the Korean War: The Making of the Sino-American Confrontation.* Columbia University Press.

Chen, Jian. 2003. "Limits of the 'Lips and Teeth' Alliance: An Historical Review of Chinese–North Korean Relations." in Hildebrandt, Timothy eds. *Uneasy Allies: Fifty Years of China-North Korea Relations.* Washington: Woodrow Wilson Center.

Cheng Xiaohe. 2010. "The Evolution of Sino–North Korean Relations in the 1960s." *Asian Perspective,* Vol. 34. Issue 2.

Chung, Jaeho. 2011. "Decoding the Evolutionary Path of Chinese Foreign Policy, 1949–2009: Assessments and Inferences." *East Asia*, Vol. 28 No. 3.

Chung, Jaeho and Choi Myunghae. 2013. "Uncertain Allies or Uncomfortable Neighbors? Making Sense of China–North Korea Relations, 1949–2013." *The Pacific Review,* Vol. 26 No. 3.

Chung, Jaeho. 2014. "China's Evolving Views of the Korean–American Alliance, 1953–2012." *Journal of Contemporary China,* Vol. 23.

Clinton, Hillary. 2010. "Remarks on Regional Architecture in Asia: Principles and Priorities." Jan. 12.

Campbell Kurt and Shirk Susan. 2013. "The Pivot to Asia with Kurt Campbell and Susan Shirk." *UCtv* Aug. 5.

Glenn, Kessler. 2010. "Analysis: North Korea tests US policy of 'strategic patience'." *Washington Post,* May 27.

Dittmer Lowell, Kim, Samuel. 1993. "In Search of a Theory of National Identity." in Dittmer, Lowell and Kim, Samuel , eds., *China's Quest for National Identity.* Ithaca and London: Cornell University Press, 2007.

Drezner, Daniel. 2007. "The New World Order." *Foreign Affairs*, March/April.

Epstein, Charlotte. 2011. "Who Speaks? Discourse, the Subject and the Study of Identity in International Politics." *European Journal of International Relations,* Vol. 17 No. 2.

Fang Xiuyu, Xin Hua. 2013. "The China–U.S. Relations and The Security of the Korea Peninsula." *The Korean Journal of Defense Analysis,* Vol. 25 No. 3.

Feaver, Peter D. 2000. "Correspondence: Brther, Can You Spare a Paradigm?(Or Was Anybody Ever a Realist?)." *International Security*, Vol. 25 No. 1.

Giddens. 2013. *Modernity and self-identity: self and society in the late modern age.* John Wiley & Sons.

Gilpin, Robert. 1983. *War and Change in World Politics.* Cambridge University Press.

Greehill, Brian. 2008. "Recognition and Collective Identity Formation in International Politics." *European Journal of International Relations,* Vol. 14 No. 2.

Hao, Yufan, Zhai, Zhihai. 1990. "China's Decision to Enter the Korean War: History Revisted." *The China Quarterly,* Vol. 121.

Hao Yufan. 2005. "Constructing the US Rapprochement with China, 191–1974: From 'Red Menace' to 'Tacit Ally', by Evelyn Goh." *Perspectives on Politics*, Vol. 3 No. 4.

Harding, Harry. 1984. "China's Changing Role in Contemporary World." in Harry Harding ed., *China's Foreign Relations in the 1980s.* Yale

University Press.

International Crisis Group. 2006. "China and North Korea: Comrades Forever?" *Asia Report* No. 112.

International Crisis Group, "Shades of Red:China's Debate over North Korea." *Asia Report* No. 179, 2009.

Jakobson and Knox. 2010. "New Foreign Policy Actors in China." Stockholm International Peace Research Institute (SIPRI).

Jepperson, Ronald and Wendt, Alexander and Katzenstein. 1996. *The Culture of National Security: norms and identity in world politics.* Columbia University Press.

Jervis, Robert. 1978. "Cooperation Under the Security Dilemma." *World Politics,* Vol. 30 No. 2.

Jin Linbo. 2012. "China's National Identity and Foreign Policy: Continuity amid Transformation." in Rozman ed., *East Asian National identities: common roots and Chinese exceptionalism.* Woodrow Wilson Center Press.

Johnston, Alastair. 1996. "Cultural Realism and Strategy in Maoist China." in Peter Katzenstein ed., *The culture of national security: norms and identity in world politics,* New York: Columbia University Press.

Johnston, Alastair Iain. 2013. "How New and Assertive Is China's New Assertiveness?." *International Security,* Vol. 37 No. 4.

Kagan, Robert. 2009. and Blumenthal, Dan, "'China's zero-sum game." *Washington Post,* Nov. 10.

Katzenstein. 1998. "International Organization and the Study of World Polities." *International Organization,* Vol. 52 No. 4.

Kelley Currie. 2009. "The Doctrine of 'Strategic Reassurance' What does the Obama formula for U.S.-China relations really mean?" *The*

Wall Street Journal, Oct. 22,

Kenneth, Lieberthal and Miche,l Oksenber. 1988. *Policy making in China: Leaders, structures, and processes.* Princeton University Press.

Keohane, Goldstein ed., 1993. *Ideas and Foreign Policy: Beliefs, Institutions and Political.* Cornell University Press.

Keohane, Robert O. 2000. "Ideas part—way down." *Review of International Studies,* Vol. 26, No, 1.

Glenn Kessler. 2010. "Analysis: North Korea tests US policy of 'strategic patience'." *Washington Post,* May 27.

Kim, HeungKuy. 2010. "From a Buffer Zone to a Strategic Burden: Evolving Sino—North Korea Relations during Hu Jintao Era." *The Korean Journal of Defense Analysis,* Vol. 22 No. 1.

Koh, B. C. 1969. "North Korea and the Sino—Soviet Schism." *The Western Political Quarterly,* Vol. 22 No. 4.

Kornai, Janos. 1992. *The Socialist System: The Political Economy of Communism*: Oxford University Press.

Kranuthammer, Charles. 1995. "Why We Must Contain China." *Time,* July 31.

Lampton, David. 1992. "A plum for a peach: Bargaining, interest, and bureaucratic politics in China." *Bureaucracy, Politics, and Decision Making in Post-Mao China*, Berkeley.

Lampton, David. 2001. *Same bed, different dreams: Managing US-China relations, 1989-2000,* University of California Press.

Lampton, David. 2014. *Following the Leader Ruling China, from Deng Xiaoping to Xi Jinping,* University of California Press.

Lebow, Richard Ned. 2008. "Identity and International Relations." *International Relation,* Vol. 22 No. 4.

Lee, Hochul. 2013. "China in the North Korean Nuclear Crises: 'interest' and 'identity' in foreign behavior." *Contemporary China*, Vol. 22 No. 80.

Legro, Jeffrey W. and Moravcsik, Andrew. 1999. "Is Anybody Still a Realist?" *International Security,* Vol. 24 No. 2.

Li, Cheng. 2001. *China's leaders: the new generation.* Rowman & Littlefield Publishers.

Lieberthal Kenneth and Wang Jisi. 2012. *Addressing US.-China Strategic Distrust,* Brookings John L. Thornton China Center

Lu, Ning. 1997. *The dynamics of foreign-policy decisionmaking in China.* Westview Press.

Morrow, James D. 1991. "Alliance and Asymmetry: An Alternative to the Capability Aggregation Model of Alliances." *American Journal of Political Science,* Vol. 35.

Nathan Andrew J. and Scobell Andrew. 2012. "How China Sees Amercia." *Foreign Policy*, Aug. 25.

Pritchard, Charles L. 2007. *Failed Diplomacy: The Tragic Story of How North Korea Got The Bomb*. Brookings Institution Press, 2007.

Pritchard, Charles L. and Tilelli, John H. Chairs, Jr.. 2010. "U.S. Policy Toward the Korean Peninsula." *Independent Task Force Report* No. 64, Council on Foreign Relations, June 2010.

Rennack, Dianne. 1997. "China: U.S. Sanctions." CRS Report for Congress. Library of Congress, Congressional Research Service.

Ross, Robert S. 2009. "China's Naval Nationalism." *International Security,* Vol. 34 No. 2.

Rozman, Gilbert. ed., 2012. *East Asian National Identities: Common Roots and Chinese Exceptionalism,* Washington: Woodrow Wilson Center

Press; Stanford: Stanford University Press.

Ruggie, John Gerard. 1998. "What Makes the World Hang Together? Neo–utilitarianism and the Social Constructivist Changes." *International Organization*, Vol. 52 No. 4.

Schweller, Randall L. 2003. "The Progressiveness of Neoclassical Realism." in Colin Elaman and Miriam Fendius Elman, eds., *Progress in International Relations Theory*, Cambridge: MIT Press.

Schweller, Randall L. 2004. "Unanswered threats: A neoclassical realist theory of underbalancing." *International Security*, Vol. 29 No. 2.

Shambaugh, David. 2003. "China and the Korean peninsula: Playing for the long term." *The Washington Quarterly*, Vol. 26 No. 2.

Shambaugh, David. 2013. *China Goes Global: The Partial Power.* New York: Oxford University Press.

Shi Yinhong,. 2012. "China and the United States in East Asia." 『전략연구』, 제55호.

Shirk, Susan. 2008. *China: Fragile Superpower.* Oxford University Press.

Shogo, Suzuki. 2010. "The Importance of 'Othering' in China's National Identity: Sino–Japanese Relations as a Stage of Identity Conflicts." in Li, Mingjiang eds. 2010. *China's International Relations in Asia.* New York: Routledge.

Snyder, Glenn H. 1984. "The security dilemma in alliance politics." *World politics*, Vol. 36 No.

Song, Jooyoung. 2011. "Understanding China's Response to North Korea's Provocations." *Asian Surey*, Vol. 51 No. 6.

Steinberg, James B. 2009. "Administration's Vision of the U.S.–China Relationship." Keynote Address at the Center for a New American Security, Sep. 24.

Sutter, Robert. 2010. "Assessing China's Rise and US Leadership in Asia growing maturity and balance." *Journal of Contemporary China,* Vol. 19.

Tsou, Tang. 1963. *Americas Failure in China, 1941-1950,* Chicago: University of Chicago Press.

Tang, Shiping. 2008. "From offensive to defensive realism: A social evolutionary interpretation of China's security strategy." in Ross, Robert S., and Feng Zhu, eds. *China's ascent: Power, security, and the future of international politics.* Cornell University Press.

Walt, Stephen. 1985. "Alliance formation and the balance of world power." *International security,* Vol. 9 No. 4.

Walt, Stephen. 1987. *The Origins of Alliance.* Ithaca and London: Cornell University Press.

Wan, Ming. 2012. "China's National Identity in Diplomacy: Noninterference in Internal Affairs." in Rozman Gilbert ed., *East Asian National Identities: Common Roots and Chinese Exceptionalism.* Woodrow Wilson Center Press.

Wang, Jisi. 2011. "China s search for a grand strategy: a rising great power finds its way." *Foreign Affairs,* Vol. 90 No. 2.

Wang, Yiwei. 2005. "Special Issue on From Division Toward Peaceful Unification in Korea: Articles; Chinas Role in Dealing with the North Korea Nuclear Issue." *Korea Observer* Vol. 36 No. 3.

Wang, Yiwei. 2005. "China and the North Korean Nuclear Issue." *International Studies,* Vol. 42 No. 3–4.

Wendt, Alexander. 2008. "Recognition and Collective Identity Formation in international Politics." *European Journal of International Relations,* Vol. 14 No. 2.

Whiting, Allen S. 1960. *China Croses the Yalu: The Decison to Enter the Korean War*, New York: Stanford University Press.

Wit, Joel. 1999. "The Korean Peninsula Energy Development Organization: Achievements and Challenges." *The Nonproliferation Review*, Vol. 6 No. 2.

You, Ji. 2001. "China and north Korea: a fragile relationship of strategic convenience." *Journal of Contemporary China*, Vol. 10 No. 28.

Yuan, Peng. 2008. "A Harmonious World and China's New Diplomacy." *Contemporary International Relations*, Vol. 17 No. 3.

Zhao, Quansheng. 2007. "Managed Great Power: Do We See 'One Up and One Down?'" *Journal of Strategic Studies*, Vol. 30, Issue. 4–5.

Zoellick, Robert B. 2005. "Whither China: from membership to responsibility?" *NBR ANALYSIS*, Vol. 16 No. 4.

중문 자료

『外交部档案』: 105–00024–01호.

《人民日報》

《光明日報》

《環球時報》

『政府工作報告』

鳳凰網, 環球網, 人民網, 新華網, 求是理論網, 中国新聞網.

奥爾森著, 陳郁訳.『集体行動的邏輯』. 上海: 上海人民出版社 1995.

蔡建. "中朝邊界争執与'図們江中韓街舞条款'."『韓国研究論叢』, 2004年第11期.

蔡建. "中国在朝核問題上的有限作用."『国際観察』, 2006年3期.

蔡建. "中国在朝核問題上的有限作用."『韓国研究論叢』, 2012年第1期.

蔡建. "朝鮮半島核問題与東北亜安全学術研討会綜述."『国際観察』, 2005年第1

期.

陳峰君. “21 世紀朝鮮半島対中国的戦略意義.”『国際政治研究』, 2005年第4期.

陳広猛. “論思想庫対中国外交政策的影響.”『外交評論』, 2010年第1期.

陳墾. “浅析21世紀初的中朝経貿関系.”『財経論壇』, 第99期.

陳竜山. “中朝経済合作対朝鮮経済的影響.”『当代亜太』, 2006年1期.

成暁河. “主義与安全之争: 60年代朝鮮与中, 蘇関系的演変.”『外交評論』, 2009年第2期.

楚樹竜·金一南·顧国良. “核武器発展有 '動力'.”『世界知識』, 2003年第22期.

崔立如. “朝鮮半島安全問題: 中国的作用.”『現代国際関系』, 2006年第9期.

崔志鷹. ““核危機” 与朝美関系前景.”『東北亜論壇』, 2004年第4期.

達巍. “構建中関新型大国関系的路徑選択.”『世界経済与政治』, 2013年第7期.

鄧小平. “在武昌、深圳、珠海、上海的談話要点.”『鄧小平文選』. 人民出版社, 2001年.

丁工. “中等強国与中国周邊外交.”『世界経済与政治』, 2014年第7期.

馮慧雲. “中国是現状改変国嗎?——基于信念体系操作碼的解読.”『国際政治科学』 2009年第3期.

傅夢孜. “布什政府対華政策与中美関系的未来.”『現代国際関系』, 2003年 第1期.

龔克瑜. “中国参与朝鮮半島問題的努力.”『第十届韓国学国際研討会論文集–外交安全 卷』.

郭鋭, 蘇紅紅. “朝鮮式特区経済与中朝邊境経済合作.”『亜太経済』, 2013年第2期.

国家統計局.『中国統計摘要 2005』. 北京 : 中国統計出版社, 2005年.

胡鞍鋼. “加入WTO後的中国農業和農民.”『理論与実践』, 2002年第4期.

胡鞍鋼. “全面深化改革的非凡意義.”『北京日報』, 2013年11月18日.

胡聯合·胡鞍鋼·廖立勇. “空前巨変 : 改革開放以来中国社会的六大躍遷.”『新疆師範大学 学報』, 2012年第3期.

黄鳳志. “東北亜地区均勢安全格局探析.”『現代国際関系』, 2006年第10期黄鳳志.『東北亜地区政治与安全報告』. 社会科学文献出版社, 2012.

黄鳳志·金新, "朝核問題六方会談機制評析."『現代国際関系』, 2011年12期

黄河·呉雪. "新形勢下中国対朝外交政策的調整."『東北亜論壇』, 2011年5期.

黄靖. "西方不断伝来嘆服之声 警惕有人捧殺中国."《環球時報》, 2006년 2月 9日.

黄仁偉. "従美国走向霸権的過程看当前中美権力転移."『美国研究』, 2012年第3期.

黄仁偉. "美国亜洲戦略的再平衡与中国戦略優勢再評估."『現代国際関系』, 2012年第8期.

黄志勇·鄺中·顔潔. "世界銀行的経験及其対籌建亜洲基礎設施投資銀行的啓示."『東南亜縦横』, 2013年12期.

賈慶国. "克林頓執政以来的中美関系."『美国研究』, 1998年第2期.

江西元·夏立平.『中国和平掘起』. 中国社会科学出版社, 2004.

姜竜範. "朝鮮半島的地縁政治意義与中朝関系的未来走向."『東北亜研究』, 2011年第1期.

蒋昌建·沈逸. "大衆伝媒与中国外交政策的制定."『国際観察』, 2007年第1期.

金燦栄 발언, 陳向陽·種昕. "韓美同盟研討会紀要."『現代国際関系』, 2006年第12期.

金燦栄. "東北亜新変局与"後金正日時代"的朝鮮半島."『現代国際関系』, 2012年第1期.

金東吉. "三国同謀論'分析 : 朝鮮戦争起源的再思考."『当代中国史研究』, 2006年第2期.

金景一. "浅論中国与朝鮮半島関系史的三個層面."『東疆学刊』, 2002第2期.

金景一.『中国参加朝鮮戦争起源』. 韓国論衡学術出版社, 2005年.

金景一·金強一. "朝鮮半島的地縁政治及其対我国的影響研究."『延邊大学学報』, 2008年第4期.

孔寒冰. "負責任大国要内外兼修."《環球時報》, 2003年9月24日.

孔軍, 程浩. "中国对朝鮮経済援助内幕."『国防時報』, 2009年6月19日
李花子. "朝鮮王朝的長白山認識."『中国邊疆史地研究』, 2007年第2期.
李華·方秀玉. "外交与威懾—論中美在朝核問題中的政策取向及其限度."『国際問題論壇』, 2007年春季号.
李少軍. "論中国双重身份的困境与応対."『世界経済与政治』, 2012年第4期.
李永春. "試論中韓関系中朝鮮因素和美国因素."『亜太地区発展報告2013』.
李肇星. "第五章朝鮮 : 友好相処-友情雖無価公私卻分明."『説不尽的外交』. 北京: 中信出版 社, 2013.
林利民. "朝核危機管理与中国的外交抉択."『現代国際関系』, 2006年第8期.
劉阿明.『変動中的東亜与中美関系』. 北京: 知識産権出版社, 2012.
劉金田, 張愛茹. "鄧小平一針見血批評左的言論."『走出中南海的鄧小平』. 台海出版社, 2011.
劉金質·楊渭生.『中朝中韓関系文件資料匯編』. 中国社会科学出版社, 1994.
劉鳴. "中国国際責任論評析."『毛沢東鄧小平理論研究』. 2008年第1期.
呂超, 張万裏. "中朝経済関系的現状与前景."『東北亜論壇』, 2009年第4期.
呂超. "中国確立東北亜安全環境的戦略選択."『世界経済与政治』, 2008年第7期.
羅援. "偉大的抗美援朝精神万歳."『瞭望』, 2010年40期.
羅援. "新熱点, 朝鮮半島核危機."『国防』, 1994年第9期.
馬継森.『外交部文革紀実』. 香港中文大学出版社, 2003年.
馬立誠. "対日関系新思維——中日民間之憂."『戦略与管理』, 2002年第6期.
馬栄久. "中美権力転移与亜州地区体系."『当代亜太』, 2014年1期.
馬暁河, 藍海涛. "加入WTO後我国農業補貼政策研究."『管理世界』, 2002年第5期.
馬躍. "中国加入 WTO: 不可逆決策的金融経済学分析."『経済研究』, 2001年12期.
満海峰. "解読与展望: 美国応対朝核問題的政策選択."『当代韓国』, 2008年第4期.

潘忠岐. “地縁学的発展与中国的地縁戦略——種分析框架.”『国際政治研究』, 2008年第2期.

蒲国良. “朝鮮半島核危機問題的歴史由来及其実質.”『中国特色社会主義研究』, 2003年第5期.

朴鍵一. “朝鮮半島核問題与新世紀中国外交.”『東疆学刊』, 2007年第2期

朴鍵一. “朝鮮核問題及其未来走向.”『当代亜太』, 2003年第3期.

戚保良. “朝鮮半島緩和進程中的東北亜地区形勢.”『現代国際関系』, 2001年第1期

銭其琛.『外交十記』. 北京: 世界知識出版社, 2003年.

秦亜青. “国際政治的社会建構.”『欧洲』, 2001年第3期.

秦亜青. “国家身份,戦略文化和安全利益–関于中国与国際社会関系的三個仮設.”『世界経済与政治』, 2003年第1期.

秦亜青. “国家身份、戦略文化和安全利益.”『世界経済与政治』, 2003年第1期.

曲星. “堅持” 韜光養晦, 有所作為” 的外交戦略.”『中国人民大学学報』, 2001年第5期

沈丁立. “朝美棄核政治与前景.”『韓国研究論叢』, 2007年第2期.

沈国放, 張璉瑰, 于美華. “替換朝鮮半島停戦協議 : 三方還是四方.”『世界知識』, 2007年21期.

沈驥如. “維護東北亜安全的当務之急——制止朝核問題上的危険博弈.”『世界経済与政治』, 2003年第9期.

沈志華, 董潔. “朝鮮戦後重建与中国的経済援助.”『中国党史研究』, 2011年第3期.

沈志華. “朝鮮戦争期間的中朝同盟.”『歴史教学問題』, 2011年01期

沈志華. “朝鮮戦争期間中朝高層的矛盾、分岐及解.”『晩霞』, 2008年1–3期.

沈志華. “唇歯相依還是政治聯姻–中朝同盟的建立及其延続.”『中央研究院近代史研究所集刊』. 台北 : 中央研究院近代史研究所, 2009.

沈志華. “毛沢東因中朝関系大局撤出志願軍.”『鳳凰衛視訪談』, 2013年8月20日.

沈志華.“試論朝鮮戦争期間的中朝同盟関系.”『歴史教学問題』, 2012年第1期.
沈志華.“中朝邊界争議的解決(1950—64).”『二十一世紀双月刊』, 2011年4月号.
沈志華.『毛沢東、斯大林和朝鮮戦争』. 広東人民出版社, 2004年.
石源華, 汪偉民.“美日, 美韓同盟比較研究—兼論美日韓安全互動与東北亜安全.”『国際観察』, 2006年第1期.
時殷弘.“非伝統安全与中美反拡散博弈—在朝鮮及伊朗核問題上.”『現代国際関系』, 2010年第5期.
時殷弘.“中国如何面対朝鮮.”『中国新聞周刊』, 2009年第3期.
宋泓均, 朱楚珠.“国有商業銀行的公司化治理.”『金融研究』, 2003年第2期
蘇長河.“論中国海外利益.”『世界経済与政治』, 2009年第8期.
蘇浩.“東亜的区域主義与朝鮮半島的統一進程.”『外交学院学報』, 2001年第1期.
蘇若琳, 唐世平.“相互制約:聯盟管理的核心機制.”『当代亜太』, 2012年第3期.
孫茹,『朝核問題地区合作進程研究』. 時事出版社, 2009年
孫学峰.“掘起困境与冷戦後中国的東亜政策.”『外交評論』, 2010年第4期.
孫学峰.『中国掘起困境:理論思考与戦略選択』. 北京:社会科学文献出版社, 2011年.
孫哲.“向世界説明中国的責任—読2008中国国際地位報告有感.”『世界経済研究』, 2008年第10期.
唐昊.“関于中国海外利益保護的戦略思考.”『現代国際関系』, 2011年第6期.
唐小松.“進攻性現実主義及其“修正主義国家論”.”『世界経済与政治』, 2004年第3期.
王逸舟,『磨合中的建構: 中国与国際組織関系的多視角透視』. 中国発展出版社, 2003.
王逸舟,『創造性介入—中国外交新取向』. 北京大学出版社, 2011.
汪偉民, 李辛.“美韓同盟再定義与韓国的戦略選択: 進程与争論.”『当代亜太』, 2011年第2期.
汪偉民.『美韓同盟再定義与東北亜安全』. 上海辞書出版社 , 2013年.

王伝劍. "従双重遏制到双重規制—戦後美韓軍事同盟的歴史考察."『美国研究』, 2002年第2期.

王緝思, 倪峰, 張立平. "美国全球戦略調整対我国的影響."『中国社会科学院院報』, 2004年第5期.

王緝思.『高処不勝寒: 冷戦後美国的全球戦略和世界地位』. 北京： 世界知識出版社, 1999.

王俊生.『朝核問題与中国角色: 多元背景下的共同管理』. 北京: 世界知識出版社, 2012.

王紹光, 嶽経綸. "従経済政策到社会政策: 中国公共政策格局的歴史性転変."『中国公共政策評論』, 2007年第1期.

王紹光. "従経済政策到社会政策 : 中国公共政策格局的歴史性転変."『中国公共政策評論』, 2007年第1期.

王宜勝. "朝鮮戦争中的危機管理問題研究."『韓国研究論叢』, 2009年第1期.

王宜勝. "朝鮮半島無核化問題前景分析."『韓国研究論叢』, 2008年第1期

王逸舟.『創造性介入 : 中国外交新取向』. 北京: 北京大学出版社, 2011年. 왕이저우 지음, 정원식 옮김,『중국 외교의 창조적 개입』, 서울: 차이나하우스 2013.

王毅, "中国在会談中発揮三大作用."『新華網』, 2004년 6월 26일.

王毅. "探索中国特色大国外交之路."『人民論壇』, 2013年第22期.

王毅. "亜洲区域合作与中日関系."『外交学院学報』, 2005年第1期.

王在邦·李軍. "朝鮮第二次核試験探源与外交思考."『現代国際関系』, 2009年第7期.

王在邦. "朝鮮平穏過渡的経済社会基礎."『現代国際関系』, 2012年第1期.

蔚彬. "転型期中国国家身份認同的困境."『現代国際関系』, 2007年第7期.

呉心伯. "反応与調整: 1996 年台海危機与美国対台政策."『復旦学報』, 2004年第2期.

呉心伯. "中美経貿関系的新格局及其対双邊関系的影響."『復旦学報』, 2007年第

1期.
呉心伯. "中美摩擦不会影響中美関系的大局."『世界知識』, 2010年第4期.
夏立平. "論美韓同盟的修復与拡展."『美国問題研究』, 2008年第1期.
肖歓栄. "中国的大国責任与地区主義戦略."『世界経済与政治』, 2003年第1期.
新聞周刊. "中国多了個核鄰居嗎？"『新聞周刊』, 2002年12月23日.
熊光楷. "劃時代盛会, 跨世紀強音ー万隆会議的歴史影響与現実意義."『世界知識』, 2005年第8期.
熊光楷. "中文詞匯韜光養晦翻訳的外交戦略意義."『公共外交季刊』, 2010年夏季号.
徐堅. "中華民族復興的国際認同問題ー対中国改革開放30年外交的回顧与思考."『国際問題研究』, 2008年第6期.
徐進. "反思中国外交政策研究中的思維定勢."『国際政治科学』, 2014年第3期.
徐緯地. "朝鮮半島核危機的化解与半島走出冷戦."『世界経済与政治』, 2003年第9期.
徐秀軍. "金磚銀行経不起過度解読."『財経国家周刊』, 2014年第15期.
閻学通. "対中国安全環境的分析与思考."『世界経済与政治』, 2000年第2期.
閻学通. "対中美関系不穏定性的分析."『世界経済与政治』, 2010年第12期.
閻学通. "権力中心転移与国際体系転変."『当代亜太』, 2012年第6期.
閻学通.『歴史的慣性: 未来十年的中国与世界』. 中信出版社, 2013年.
閻学通. "未来十年中国与大国的関系." 北京師範大学演講, 2014年4月9日.
楊成緒. "試論鄧小平外交思想."『国際問題研究』, 2004年第6期.
楊軍·王秋彬.『中国与朝鮮半島関系史論』. 社会科学文献出版社, 2006.
楊奎松. "新中国的革命外交思想与実践."『史学月刊』, 2010年第2期.
楊毅. "戦略機遇期的中国国家安全."『教学与研究』, 2006年第4期
楊昭全.『中朝関系通史』. 長春: 吉林人民出版社, 1996.
袁鵬. "対中美関系未来発展的戦略思考."『現代国際関系』, 2010年第1期.
葉自成. "朝核之変·中国策."《南方周末》, 2003年7月24日.

葉自成. “中美関系十論—紀念中美1972年上海聯合公報発表30周年.” 『世界経済与政治』, 2002年第5期.

于建嵘. “従剛性穏定到韌性穏定——関于中国社会秩序的一個分析框架.”『学習与探索』, 2009年第5期

于建嵘. “当前農民維権活動的一個解釈框架.” 『社会学研究』, 2004年第2期.

于建嵘. “当前我国群体性事件的主要類型及其基本特征.” 『中国政法大学学報』, 2009年第6期.

于建嵘. “当前圧力維穏的困境与出路——再論中国社会的剛性穏定.” 『探索与争鳴』, 2012年第9期.

于美華. “朝鮮半島形勢及中国政策分析.” 『現代国際関系』, 1996年第10期

俞邃. “這六説値得商榷——当前国際形勢与国際関系的若看提法辨析.” 『北京日報』, 2014年4月28日.

俞沂暄. “朝鮮核危機浅析.” 『探索与争鳴』, 2003年第2期.

虞少華. “朝核問題転圏与六方会談前景.” 『国際問題研究』, 2007年第3期

袁鵬. “‘和諧世界’与中国‘新外交’.”『現代国際関系』, 2007年4期.

袁鵬. “中美関系 : 新変化与新挑戦.” 『現代国際関系』, 2006年第5期.

張東明. “朝鮮半島南北陸路交通連接開通的戦略意義——従構築東北亜物流網絡的視角.”『韓国学論文集』, 2010年.

張荊紅. “‘維権’与‘維穏’的高成本困局——対中国維穏現状的審視与建議.” 『理論与改革』, 2011年第3期.

張璉瑰. “朝鮮的核武器与美国的警察角色.” 『戦略与管理』, 2003年第5期.

張璉瑰 “朝鮮核問題的過去, 現在和未来.” 『亜非縦横』, 2004年1期.

張璉瑰. “朝鮮核爆後, 世界怎麼辦.”『世界知識』, 2006年第22期.

張璉瑰. “朝鮮半島国際政治生態発生深刻変化.” 『環球』, 2011年第1期.

張璉瑰 “朝鮮核問題現状与美国責任.” 『東北亜学刊』, 2012年第2期.

張璉瑰. “維護朝鮮半島無核化処于成敗関鍵期.” 『東北亜論壇』, 2013年第3期.

張曙光. “国家海外利益風険的外交管理.” 『世界経済与政治』, 2009年第8期.

張庭延. “跨越歷史的時刻.”『当代韓国』, 2005年第4期; 2006年第1期.
張沱生, 張璉瑰. “美国終極目標: 改変金正日政権.”『世界知識』, 2003年第6期.
張西虎. “朝鮮半島核危機与中国的現実選択.”『二十一世紀網絡版』, 2005年第42期.
張幼文, 黃仁偉.『2008中国国際地位報告』. 上海遠東出版社, 2008.
張玉山. “朝鮮核政治的選択与命運.”『貴州師範大学学報』, 2004年第5期.
章百家. “論独立自主的和平外交政策的実践与経験”《光明日報》, 2004年 10月26日.
趙成烈, 崔強. “韓半島和平機制的構築与東北亜安全合作.”『当代韓国』, 2007年第2期.
趙全勝. “中美関系和亜太地区的双領導体制.”『美国研究』, 2012年第1期.
鄭必堅. “中国的和平掘起与亜洲的新角色.”『学習時報』, 2005年第5期.
鄭永年. “中国在朝核問題上応吸取的教訓.” 聯合早報, 2009年 7月7日.
中共中央文献出版社編.『江沢民文選』第2巻. 中共中央文献出版社, 2006.
中共中央文献研究室編.『鄧小平年譜』(1975—1997). 中共文献出版社, 2004.
中華人民共和国外交部政策研究室編.『中国外交』. 世界知識出版社, 1999.
朱鋒,. “伊拉克戦争後布什政府的朝核政策: 変化和調整.”『国際政治研究』, 2003年3期.
朱鋒. “中国朝核政策的変化与発展.”『中国戦略』, 2004年第3期.
朱鋒.”中美関系与東亜安全秩序:調整和変革.”『国際政治研究』, 2011年第1期.
朱鋒. “中美戦略競争与東亜安全秩序的未来.”『世界経済与政治』, 2013年第3期.
朱旭峰.『中国思想庫:政策過程中的影響力研究』. 清華大学出版社, 2009年.
資中筠. “我対当下中国的幾点看法.”『当代社科視野』, 2014年第2期.

일문 자료

李熙玉. 2012. “中国の朝鮮半島政策の変化と中韓関係.” 小此木政夫·文正仁·西野純也 編著.『転換期の東アジアと北朝鮮問題』. 慶応義塾大学出版会.

李熙玉. 2011. “ポスト冷戦期の中朝関係：連続と非連続.”『KEIO SFC Journal』, Vol. 10 No. 2.

후기

이 책은 1990년대 초 1차 북핵위기부터 2010년대 중반 3차 북핵위기까지 중국의 대북정책을 다루고 있다. 중국의 대북정책에는 다양한 요인이 영향을 미치지만, 이 책은 학계에서 연구가 소홀했던 중국의 국가 정체성의 변화를 강조한다. 특히 국가 정체성을 지배하는 국가의 지위, 성격과 이익이 어떻게 변화되어왔는지 추적하고 있다. 미중관계가 최악이 된 오늘날 중국의 대북정책은 그 연장선이라고 볼 수 있다.

북중관계의 전반에 대한 분석, 또는 북한의 대중 정책에 대한 생생한 묘사를 기대하는 독자에게는 조금 실망스러울지도 모른다. 나름대로 서술의 일관성을 갖추려고 노력했지만, 짧은 지식과 잘못된 견해를 풀어놓은 것은 아닌지 걱정하기도 했다. 그럼에도 불구하고 중국의 연구자로서 한국 독자에게 중국의 본심을 친절하게 해설하고 싶어서 이 주제를 선정했고 북한의 대중정책에 관한 서술은 미래 작업의 몫으로 남겼다.

서울대에서 공부하고 논문을 쓰면서 많은 분의 가르침과 도움을 받았다. 은사이신 백창재, 장달중 교수님께 감사의 말씀을 올린다. 2010년부터 장달중 교수님이 이끄는 북한연구세미나에 참여하게 되었고 북한 연구의 방법과 자료를 접할 수 있었으며, 2013년 백창재 교수님의 연구팀에 참여하여 국제정치 이론과 연구의 시각을 배울 수 있었다. 박사논문 심사위원이신 서울대 김의영, 권형기 교수님, 성균관대 이희옥 교수님과 북한대학원대학교 구갑우 교수님께 이 자리를 빌어 감사의 말씀을 올린다. 또한 정치학과 임경훈, 임혜란, 강원택, 박찬욱, 안도경, 유홍림, 박원호 교수님의 수업을 수강하면서 각 분야의 패러다임을 공부하게 되었다. 대학원에서 같이 공부하고 자주 토론한 형진, 경모, 현, 지성, 혜석, 태경, 혜림, 반디, 지선 박사께 감사하는 말씀을 올린다.

아울러 정부장학생으로 초청해주신 국립국제교육원, 한국 통일부 이창열 국장님, 문대근 전 소장님, 추천해주신 푸단대 쑨커쯔와 쓰위안화 교수님, 늘 격려해주신 상해사회과학원 류밍 교수님과 고 권혁수 요녕대 교수님, 상해사범대 리루취 교수님께 감사 말씀을 드린다. 하숙집 엄연희 이모, 엄순용 언니께 감사의 말씀을 올린다. 이런 응원이 없었다면 학업을 순조롭게 마치지 못했을 것이다. 그리고 이 책을 출판한 도서출판 인간사랑에 진심으로 감사의 말씀을 드리고 싶다.

끝으로 언제나 나를 성원해주는 사랑하는 부모님과 남편에게 이 책을 바친다.

2020년 5월 1일

이신

중국의 국가 정체성과 대북정책의 신진대사
–상대적 지위, 국가 성격, 국가 이익을 중심으로

발행일 1쇄 2020년 5월 30일
지은이 이신
펴낸이 여국동

펴낸곳 도서출판 인간사랑
출판등록 1983. 1. 26. 제일 – 3호
주소 경기도 고양시 일산동구 백석로 108번길 60 – 5 2층
물류센타 경기도 고양시 일산동구 문원길 13 – 34(문봉동)
전화 031)901 – 8144(대표) | 031)907 – 2003(영업부)
팩스 031)905 – 5815
전자우편 igsr@naver.com
페이스북 http://www.facebook.com/igsrpub
블로그 http://blog.naver.com/igsr
인쇄 하정인쇄 **출력** 현대미디어 **종이** 세원지업사

ISBN 978 – 89 – 7418 – 400 – 1 93340

* 책값은 뒤표지에 있습니다. * 잘못된 책은 바꿔드립니다.